Alles moet bevochten worden

„Carpe Diem"

Camille Oostwegel JR.

Camille

ROSALIE SPROOTEN, JOHN HOENEN
& MAARTEN VAN LAARHOVEN

Alles moet bevochten worden

Van eenmanszaak naar familiebedrijf

FOR BOOKS

Foto's binnenwerk:
Bell'Arte Gallery; Derdejaars studenten fotografie van de Academie Beeldende Kunsten Maastricht; Harry Heuts (MGL); Marcel van Hoorn; Chris van Koeverden; Robert Kot; Vincent Mentzel; Arno Roeloffzen; Pim van Schaik; Etienne van Sloun; Frits Widdershoven; Peter van der Wielen; Luc Boegly; Collectie Camille Oostwegel sr.; Collectie Museum aan het Vrijthof; Collectie Natuurhistorisch Museum Maastricht; Jo Pöttgens; Richard Stark, Anne Jannes; Air-Vision.
Omslagfoto: Richard Stark

Colofon

Rosalie Sprooten, John Hoenen en Maarten van Laarhoven:
Alles moet bevochten worden. Van eenmanszaak naar familiebedrijf

Hilversum, B for Books B.V.
ISBN: 9789085167273
NUR 320 – Literaire non-fictie algemeen
Eerste druk: april 2007
Tweede druk: juni 2008
Derde druk: juni 2011
Vierde geheel herziene druk: januari 2022

Copyright © 2022 Oostwegel Collection
Uitgeverij B for Books B.V.
Loosdrechtse Bos 19
1213 RH Hilversum
www.b4books.nl

WOORD VOORAF

Per 1 januari 2020 ben ik mijn vader opgevolgd als eigenaar en algemeen directeur van het familiebedrijf. 40 jaar heeft Camille sr. aan het hoofd gestaan van het tegenwoordige Oostwegel Collection dat hij in 1980 oprichtte en in de loop der jaren heeft laten uitgroeien tot een van de bekendste familiebedrijven van Limburg.

De overdracht is op een heel natuurlijke manier gegaan. Ik begon met sales en marketing en elk jaar kwamen er één of twee dossiers bij. Gaandeweg de rit heeft mijn vader steeds meer taken aan mij overgelaten. Toch is het bijzonder om opeens eigenaar van een bedrijf te zijn waar je eigenlijk zo'n beetje je hele leven in hebt rondgelopen en waar jij voortaan de belangrijkste beslissingen moet nemen. Ik was goed voorbereid, maar dan vraag je je toch even af of je er wel klaar voor bent. Gelukkig heeft dat gevoel niet lang geduurd. Het verschil tussen voor en na de overdracht was voor mij dat ik extra kritisch naar het bedrijf kijk. Niet omdat ik daarvoor minder verantwoordelijkheid voelde, maar misschien omdat je vanaf de overdracht helemaal je eigen koers kunt en ook moet varen.

Het is mijn taak om verbetering en vernieuwing in het bedrijf te brengen. Ervoor te zorgen dat het bedrijf gezond blijft, zodat de volgende generatie het over 30, 35 jaar weer van mij kan overnemen.

Ik ben me ongelofelijk bewust van die taak. Waar staat Oostwegel Collection over 30 jaar? Ik realiseer me dat kunnen denken op zo'n lange termijn een luxe is en dat je dat alleen kunt doen met een in alle opzichten kerngezond bedrijf. Daar heeft mijn vader voor gezorgd. Maar er is ook nog veel werk te verzetten om het bedrijf weer van deze tijd te maken en naar een hoger niveau te tillen. Want als we de wereld een stukje mooier willen maken voor onze kinderen en kleinkinderen, dan moeten we niet wachten, maar nu in actie komen. Bij alle besluiten die we nemen, kijken we of die passen bij onze kernwaarden en bij onze visie en ambitie, maar ook uitvoerig naar de gevolgen voor het milieu. Duurzaamheid is binnen de organisatie in de loop der jaren steeds meer een sleutelbegrip geworden. Het is van belang dat we als familiebedrijf blijven investeren in verjonging en vernieuwing om relevant te blijven in een wereld waar alles voortdurend en in een hoog tempo verandert. Als het ons bijvoorbeeld lukt om de locatie van het Kruisherenhotel uit te breiden met de plannen die er liggen, dan bewijst het familiebedrijf opnieuw zijn waarde. In dit boek licht ik een tipje van de sluier op.

In *Alles moet bevochten worden – van eenmanszaak naar familiebedrijf* vindt u ook het oorspronkelijke verhaal over de opkomst en ontwikkeling van het familiebedrijf dat in 2007 vakkundig is opgetekend door Rosalie Sprooten en John Hoenen. Echter, sinds 2007 is er veel gebeurd dat de moeite van het vertellen waard is. Na Matthijs Smits - die enkele hoofdstukken toevoegde - is nu Maarten van Laarhoven aan de slag gegaan met het ruimhartig aanvullen van alle mooie momenten, maar ook minder gelukkige episodes uit de geschiedenis van ons mooie familiebedrijf. Hij is daarin goed geslaagd. Want wat is er alleen al veel gebeurd sinds mijn vader het bedrijf heeft overgedragen!

De coronacrisis die uitbrak in maart 2020 en de forse overstromingen in de derde week van juli 2021… Het zal u misschien vreemd in de oren klinken, maar de gebeurtenissen die hebben plaatsgevonden sinds ik directeur geworden ben, hebben ervoor gezorgd dat ik met enorm veel vertrouwen naar de toekomst kijk. Ik heb het voorrecht om te mogen werken met fantastische mensen. En ik verheug me dan ook op het moment dat ik weer fulltime hotelier kan zijn in plaats van crisismanager.

Wat u als lezer nog dient te weten is dat met de overdracht van het bedrijf mijn vader en ik hebben afgesproken dat voor mij het achtervoegsel 'jr.' wordt geschrapt en dat mijn vader voortaan door het leven gaat als Camille sr. In het nieuwe deel van *Alles moet bevochten worden – van eenmanszaak naar familiebedrijf* worden mijn vader en ik ook zo aangeduid.

Ik wens u veel leesplezier.

Camille Oostwegel
September 2021

Per aspera ad astra

Door volharding tot de sterren geraken

Seneca

INHOUDSOPGAVE

ALLES IS
BEVOCHTEN

VOORJAAR 2021

Vanuit de houten uitkijkpost midden in de wijngaard kijkt Camille sr. uit over de omgeving. De plek, verscholen tussen de wijnstokken, ligt op zowat gelijke afstand van het landgoed van Château St. Gerlach als van zijn ouderlijk huis.

Camille sr., die zijn strakke pak heeft ingeruild voor een vlot jasje en een hippe katoenen broek, heeft net een interview achter de rug.

'Anders was ik misschien wel gehuld geweest in een overall,' lacht hij. 'Zeker één dag per week ben ik hier aan het werk als tuinman. Er is op het landgoed genoeg werk te verrichten.'

Sinds hij zijn taken als eigenaar en algemeen directeur officieel heeft overgedragen aan zijn zoon, heeft hij zich nog geen moment verveeld, zegt hij. Of het hem moeite heeft gekost? Camille sr. lacht.

'Kijk eens om je heen,' zegt hij. 'Daar ligt het antwoord. Dit is een stukje Frankrijk of Toscane, maar dan in eigen land. En met drie kleinkinderen heb ik meer dan genoeg omhanden,' verzekert hij.

Zeker in combinatie met de diverse onbezoldigde bestuurs- en adviseursfuncties op cultureel gebied die hij bekleedt.

'Ik word gevraagd voor heel mooie dingen. De kunst is eerder om ervoor te zorgen dat ik niet te veel hooi op mijn vork neem.'

Voor Camille sr. staat nu een lang gekoesterde wens op het punt om uit te komen: de wijngaard van het Oostwegel-concern aan de overkant van het landgoed heeft zijn eerste vruchten al afgegeven. De verwerving van de grond – het perceel is in totaal drieënhalve hectare groot – heeft de nodige voeten in de aarde gehad, vertelt Camille sr.

'De eigenaar wilde eigenlijk niet verkopen. Hij dacht dat ik hier zou gaan bouwen. Toen ik hem verzekerde dat er een grote wijngaard zou komen, was hij wél bereid tot verkoop. De oude Romeinen verbouwden hier namelijk al wijndruiven. Een beter bewijs dat je hier goede wijn kunt maken, is er eigenlijk niet.'

Camille Oostwegel sr. met Oliviér.

Tot dat oordeel kwam ook wijnboer Stan Beurskens, eigenaar van Wijndomein St. Martinus in Vijlen en de vaste adviseur van Oostwegel Collection als het gaat om wijnbouw en wijnbereiding. Beurskens' bedrijf behoort tot de modernste wijnmakerijen van Europa. De wijnbouwer heeft het afgelopen decennium veel geïnvesteerd in een duurzame manier van werken. Zijn wijnen vallen geregeld in de prijzen en trekken keer op keer de aandacht van de vakpers.

De huiswijnen die in samenwerking met Wijndomein St. Martinus worden geproduceerd.

Samenwerking met Wijndomein St. Martinus, Camille Oostwegel en Stan Beurskens.

De samenwerking tussen de twee Limburgse bedrijven – allebei toonaangevend als het gaat om de permanente aandacht voor het landschap en de omgeving - begon kleinschalig, maar in mei 2021 maken ze bekend dat ze een langjarige relatie aangaan. Het vertaalt zich in een jaarlijkse productie van 20.000 flessen huiswijn. De collectie omvat een rode en een witte wijn én een rosé. Daarnaast zijn er twee mousserende wijnen (onder de naam Mosaïc) en twee premium cuvées, die gedeeltelijk op hout gerijpt zijn. Met name de laatste twee kunnen volgens kenners zonder enige moeite de strijd aan met het beste wat in Frankrijk wordt gemaakt. Daarmee vormen ze een waardig eerbetoon aan de grondlegger van het familiebedrijf en diens echtgenote: Hommage Camille (rood) is krachtig en vrij complex. Hommage Judith (wit) subtiel en charmant. De zeven etiketten zijn ontworpen door 'huisontwerpster' Françoise Oostwegel.
'Met een eigen collectie huiswijnen zijn we in staat een extra dimensie toe te voegen aan de ultieme gastbeleving waarnaar in alle vier de huizen voortdurend wordt gestreefd,' legt Camille sr. uit. 'Want wat is er leuker dan gasten aan tafel uit te leggen dat de druiven in de wijnen die ze bij hun lunch of diner gaan drinken afkomstig zijn van de eigen percelen!'
Naast de drieënhalve hectare in de omgeving van het spoor beschikt landgoed Château St. Gerlach over een kleine wijngaard achter het kasteel, Clos St. Gerlach genaamd. Ook Winselerhof en Château Neercanne hebben een kleine wijngaard in de voortuin. De steile zuidhelling bij Neercanne werd in 1985 aangeplant. In 2021 is de wijngaard opnieuw ingericht: de pinot noir-druiven hebben plaatsgemaakt voor souvignier gris.

De huiswijnen worden exclusief geschonken in de eigen restaurants. Ze zijn niet alleen op een milieuvriendelijke manier gemaakt, maar dragen ook anderszins de duurzaamheidsgedachte uit waarmee het bedrijf vooroploopt.

'Als familiebedrijf dat nog generaties meegaat doen we er alles aan om een bijdrage te leveren aan het terugdringen van de uitstoot van broeikasgassen. Met ten minste 20.000 flessen wijn die niet meer uit Frankrijk of Italië hoeven te komen, zet je als bedrijf een hele stap.'

DE OVERDRACHT

'Camille, laat die kastelen los.' In het St. Gerlach Paviljoen in Valkenburg luisteren op maandagavond 10 februari 2020 een kleine 250 gasten met ingehouden adem naar de bekende Perzisch-Nederlandse schrijver Kader Abdolah. De kern van zijn redevoering: durf zaken achter je te laten en je blik te richten op nieuwe horizonten, hoe moeilijk dat soms ook is.

Degene tot wie hij het woord richt is de Limburgse ondernemer Camille Oostwegel sr. De voormalig eigenaar van exclusieve

Familie Oostwegel tijdens de 70e verjaardag van Camille Oostwegel sr.

hotels en restaurants in historische gebouwen in Zuid-Limburg is vandaag 70 jaar geworden. Dat viert hij met een uitbundig feest voor familie, vrienden, collega's en niet te vergeten zakelijke relaties, veelal afkomstig uit de top van het bedrijfsleven en het openbaar bestuur.

'40 jaar heeft de 70-jarige Camille sr. aan het hoofd gestaan van het bedrijf dat hij in 1980 oprichtte en in de loop der jaren is uit-gegroeid tot verreweg het bekendste familiebedrijf van Limburg. Sinds 1 januari 2020 staat zoon Camille aan het hoofd van de onderneming. Na vijf jaar van minutieuze voorbereiding is hij benoemd tot eigenaar en algemeen directeur, een historische gebeurtenis, waarbij vanavond eveneens uitvoerig wordt stil-gestaan.

Voor wie niet beter weet is de 'wisseling van de wacht' een formaliteit, die met enkele pennenstreken is geregeld. Het tegen-deel is waar. Een bedrijfsoverdracht in de familiesfeer is niet alleen zakelijk een heel intensief proces, ook emotioneel komt er het nodige bij kijken. Toch zijn vader en zoon tevreden over het verloop.

'Eigenlijk is het op een heel natuurlijke manier gegaan,' blikt Ca-mille terug. 'Ik ben begonnen met sales en marketing en elk jaar kwamen er één of twee dossiers bij. Gaandeweg de rit heeft mijn vader steeds meer taken aan mij overgelaten. We hebben altijd prima kunnen samenwerken, van enige druk is nooit sprake ge-weest.' Camille sr. is het met hem eens.

'Voor mij heeft altijd vooropgestaan dat Camille zich in alle rust op zijn taak moest kunnen voorbereiden. Vlak voordat ik 65 werd hebben we samen een marsroute uitgestippeld. Tot die tijd had hij kunnen zeggen: "Ik kies er toch voor mijn eigen weg te gaan." Ik ben blij dat hij dat laatste niet gedaan heeft, maar hij had wel de keuze. De afgelopen vijf jaar is er heel veel op Camille afge-komen. Ik heb altijd gezegd dat als het hem te snel ging, hij dat moest aangeven. Maar dat is nooit gebeurd.'

De soepele omgang tussen vader en zoon op de lange weg naar de bedrijfsoverdracht neemt niet weg dat er in zakelijk opzicht barrières genomen moesten worden.

'Het hele zakelijke verhaal heb je niet van de ene op de andere dag geregeld. Dat kan ook bijna niet anders als er zoveel belangen in het spel zijn,' zegt Camille sr.

'Er zijn talloze gesprekken geweest met experts, adviseurs en niet te vergeten de Belastingdienst. Vlak voor Kerstmis hebben we vele uren bij de notaris gezeten. Er moesten talloze aktes worden getekend.'

'En dan opeens is het 2020 en ben je eigenaar van een bedrijf waar je eigenlijk zo'n beetje je hele leven in hebt rondgelopen en moet jij voortaan de beslissingen nemen,' vult Camille lachend aan. 'Dat was best een spannend moment. Ik was zeker goed voorbereid, maar dan vraag je je toch even af of je er wel klaar voor bent. Gelukkig heeft dat gevoel niet lang geduurd. Maar toch kijk je in die eerste weken extra kritisch naar het bedrijf. Niet omdat ik daarvoor minder verantwoordelijkheid voelde, maar misschien omdat je vanaf de overdracht helemaal je eigen koers kunt en ook moet varen.'

Tekenen bij de notaris.

Met de operationele gang van zaken binnen het bedrijf houdt Camille sr. zich niet meer bezig, ook al heeft hij als lid van de raad van commissarissen een uitstekend beeld van hoe het bedrijf ervoor staat. Zo is er voor de officiële overdracht van de aandelen aan de kinderen een familiestatuut opgesteld, waarin onder meer de kernwaarden van Oostwegel Collection uitgebreid omschreven staan: inlevingsvermogen, uitstraling, actief en fatsoen.

'Het is een voortdurende meetlat in ons bedrijf,' zegt Camille sr. daarover. 'Ook als het gaat om de selectie van onze medewerkers. Er staat ook in dat de kinderen het bedrijf niet zomaar mogen verkopen. Zouden ze dat wel doen, dan zou namelijk een deel van de kracht en de betekenis van deze onderneming wegvallen.

Maar het is Camille die voortaan de besluiten neemt, alhoewel hij altijd bij me mag aankloppen voor advies of ondersteuning. Daar hebben we vijf jaar lang naartoe gewerkt en ik kan alleen maar constateren dat hij het goed doet. Daarnaast zie ik dat hij vernieuwing en verjonging in het bedrijf brengt. Dat is ook zijn

Michelle

Françoise, Meredith en Judith

belangrijkste taak: zorgen dat het bedrijf gezond blijft, zodat de volgende generatie het over 30, 35 jaar weer van hem kan overnemen.'

Camille sr. stelt met trots vast dat ook zijn twee dochters en schoondochter Meredith een vaste rol vervullen in het bedrijf en ook van plan zijn om dat in de toekomst te blijven doen. Michelle werkt met veel plezier in de keukens van de huizen.
'Ze krijgt geregeld complimenten van de chefs omdat ze de gewoonte heeft om gestructureerd te werken, wat in keukens van een hoog niveau een belangrijke pre is.'
Françoise, opgeleid aan het Maastricht Institute of Arts, werkt twee dagen per week mee in het bedrijf. Ze adviseert het directieteam over alles wat samenhangt met de interieurs en het gebruik van materialen. Daarnaast is ze verantwoordelijk voor alles wat een ontwerpershand behoeft, zoals de menukaarten en de etiketten van de huiswijnen.
Camille's echtgenote Meredith Stark begon in september 2019 met haar werk bij Oostwegel Collection. Sinds haar man de leiding heeft over het familiebedrijf geeft ze als director brand & marketing leiding aan het marketingteam dat de komende jaren de gedeeltelijke vernieuwing en verdere uitbreiding van het aanbod vorm moet gaan geven. Een van de uitgangspunten daarbij is dat de vier huizen nadrukkelijker in de markt worden gezet als afzonderlijke producten die elk hun eigen gezicht hebben.

Terug naar de feestelijke avond: het diner dat wordt geserveerd is gebaseerd op de allereerste menukaart van restaurant Kasteel Erenstein in Kerkrade, waar het zakelijke succes van Oostwegel Collection ooit begon.
De menukaart is in het Frans, met onder elk gerecht de Nederlandse vertaling. De liefde voor Frankrijk en de Franse taal en cultuur zijn nauw verweven met de opkomst en de groei van Oostwegel Collection. Tot vandaag was de jarige Camille sr. honorair consul van Frankrijk in Limburg, maar die functie heeft hij met het bereiken van de 70-jarige leeftijd moeten opgeven, na haar 18 jaar te hebben vervuld. De jarige had met alle liefde van de

wereld nog een aantal jaren willen doorgaan, maar helaas staat de Franse wetgeving dat niet toe.

Wat vanavond nog niemand weet, is dat het de Franse president Emmanuel Macron over niet al te lange tijd zal behagen Camille sr. tot *Chevalier dans l'Ordre national de la Légion d'Honneur* (Ridder in de Nationale Orde van het Legioen van Eer) te benoemen, de hoogste Franse onderscheiding. Dit uitzonderlijk eerbetoon dankt hij onder meer aan zijn jarenlange inzet als consul.

De flair waarmee de nieuwe directeur aan zijn veeleisende taak is begonnen, is ook tijdens de feestavond in het St. Gerlach Paviljoen veelvuldig onderwerp van gesprek. Zoon Camille mag dan pas zojuist zijn aangetreden als nieuwe directeur, in de Nederlandse zakenwereld is hij al lang geen onbekende meer. Als directeur business development neemt hij in 2016 een opmerkelijk besluit: de naam Camille Oostwegel ChâteauHotels & -Restaurants, een bekende merknaam die al sinds jaar en dag wordt geassocieerd met stijl en klasse, verdwijnt, om plaats te maken voor Oostwegel Collection. De nieuwe naam gaat een voorname rol spelen in de marketingstrategie van het bedrijf. Hij is niet alleen herkenbaarder en gemakkelijker te onthouden, maar sluit bovendien beter aan op de ontwikkelingen in de internationale hospitality-wereld. Het blijkt een meesterzet: Oostwegel Collection is binnen de kortste keren ingeburgerd. Mede dankzij de media, die alles wat er binnen het Limburgse familiebedrijf gebeurt met veel interesse volgen.

Een paar maanden voordat hij officieel het roer overneemt van zijn vader – en hij het achtervoegsel jr. laat vallen – staat hij opnieuw in het middelpunt van de belangstelling. In een open brief aan premier Mark Rutte maakt Camille zijn zorgen kenbaar over een aantal lastenverzwaringen die de gastvrijheidssector in een moeilijke positie brengen.

Het lage btw-tarief wordt verhoogd van zes naar negen procent: een maatregel die het hart van het bedrijf raakt, omdat hij van toepassing is op een aantal belangrijke onderdelen van de bedrijfsvoering. Maaltijden en overnachtingen worden er in één klap duurder door, net als niet-alcoholhoudende dranken.

De ingrijpende plannen die het kabinet heeft om werkgevers te ontmoedigen gebruik te maken van flexibele arbeid, door die zo onaantrekkelijk mogelijk te maken, zijn Camille eveneens een doorn in het oog. De gastvrijheidsbranche kan eenvoudigweg niet zonder flexibiliteit, is zijn opvatting.

Camille deelt de brief onder meer op zijn LinkedIn-pagina. Al snel is duidelijk dat zijn zorgen in de zakelijke wereld breed worden gedeeld: binnen enkele dagen is de brief maar liefst ruim 190.000 keer bekeken. Veel collega-ondernemers geven hem in een persoonlijke reactie te kennen dat ze het volledig met hem eens zijn.

Ook de pers pikt het verhaal op over de jonge, ambitieuze ondernemer die binnenkort zijn vader opvolgt, maar door de nationale overheid al meteen op achterstand wordt gezet.

Maar… geklaagd wordt er vanavond niet, integendeel. Wel wordt er gelachen, aandachtig geluisterd en stilgestaan bij alle mooie zaken die de afgelopen 40 jaar bereikt zijn.

Hoogtepunt van de avond is onmiskenbaar de presentatie van het nieuwe familiewapen, waarvan het ontwerp gebaseerd is op archiefonderzoek van de bekende genealoog en archiefonderzoeker Funs Patelski uit Klimmen: Camille Oostwegel sr. stamt rechtstreeks af van niemand minder dan Karel de Grote.

De wapenspreuk luidt *De Omnibus Certandum*, Latijn voor Alles moet bevochten worden, Camille's levensmotto dat in de loop der tijd een gevleugelde uitdrukking is geworden. Wat ermee bedoeld wordt hoef je niemand uit te leggen.

CORONACRISIS

Camille Oostwegel krijgt het als kersverse directeur meteen zwaar voor de kiezen. Een maand na de bedrijfsoverdracht in het St. Gerlach Paviljoen in Valkenburg is de hele wereld in de ban van een nieuw virus waarbij zelfs de kredietcrisis van 2008 verbleekt. Over btw-tarieven en de Wet arbeidsmarkt in balans hoor je niemand meer.

Op donderdag 12 maart 2020 gaat TEFAF, 's werelds grootste

kunst- en antiekbeurs, vier dagen eerder dan de bedoeling was, op slot. In de week daaraan voorafgaand hebben tienduizenden mensen, afkomstig uit alle delen van de wereld, door de prachtig aangeklede gangen van 's werelds grootste pop-upmuseum gestruind. Tientallen, zo niet honderden van hen zijn vermoedelijk besmet met het coronavirus.

Camille merkt dat direct, want alle vier de huizen draaien voor een belangrijk deel op gasten uit het buitenland. Het regent annuleringen. Evenementen worden afgeblazen, of in het beste geval verplaatst naar een latere datum. Van het ene op het andere moment zit het bedrijf tot halverwege de zomer met een lege agenda.

'We hadden er geen flauw idee van wat er allemaal nog meer op ons af zou komen,' blikt Camille een jaar later terug. 'Maar dat we een zware periode tegemoet zouden gaan, daar twijfelde niemand aan.'

Het komt uiteindelijk neer op een jaar lang improviseren en er tegelijkertijd het beste van zien te maken. Maar een jaar van onzekerheid maakt bij Oostwegel Collection heel veel energie los. Eigenlijk hebben Camille en zijn team steeds maar één doel voor ogen: de continuïteit van het bedrijf, dus deze crisis overleven. Dat zal uiteindelijk lukken, zij het niet zonder slag of stoot. Want op dezelfde dag dat de TEFAF haar deuren sluit, kondigt de minister-president tijdens een speciale persconferentie de eerste maatregelen af om het coronavirus in te dammen: als we allemaal een beetje uitkijken en ons gezond verstand gebruiken, krijgen we samen corona eronder, is de aanvankelijke boodschap.

Een paar dagen later is al duidelijk dat die inschatting volkomen verkeerd is. Op zondag 15 maart om half zes maakt het kabinet bekend dat alle horeca met onmiddellijke ingang dichtgaat. Er is een uitzondering voor hotels. Die mogen openblijven, maar hun restaurants zijn voorlopig alleen toegankelijk voor hotelgasten.

De gemaakte uitzondering zet sommige hoteleigenaren aan tot het heel ruim interpreteren van de regels: ze dragen actief uit dat gasten die gezellig uit eten willen, van harte welkom zijn als ze maar een overnachting boeken.

Maar Camille denkt geen seconde aan het creatief omzeilen van de regels.

'We zijn als directieteam bij elkaar gekomen en hebben onmiddellijk tegen elkaar gezegd dat alles meteen op slot ging. Drie van onze vier huizen mochten weliswaar openblijven, ook al was dat in het begin voor ons niet duidelijk, maar de veiligheid en gezondheid van onze medewerkers en onze gasten heeft voor ons altijd op de eerste plaats gestaan.'

De stille maanden die in het verschiet liggen worden zo goed mogelijk benut. Kosten worden zoveel mogelijk teruggedraaid en medewerkers maken zich op een andere wijze nuttig dan normaal. De gedwongen rust wordt aangegrepen voor een grondige onderhoudsbeurt. In de vier huizen wordt geschilderd en gepoetst dat het een lieve lust is. Medewerkers die normaal gesproken in de bediening werken, worden ingezet in de wijngaarden en de moestuinen. Later in het jaar wisselt de chef van hotel Winselerhof in Landgraaf tijdelijk van rol: hij draait een weekje mee achter de receptiebalie.

De flexibiliteit blijft niet beperkt tot het bedrijf zelf. Camille richt een speciale flexpool op om Envida en Sevagram, twee van Limburgs grootste zorgorganisaties, te ondersteunen. Het helpt alle partijen: de zorginstellingen kunnen in het heetst van de strijd tegen het virus extra handen goed gebruiken en de flexwerkers die altijd voor Oostwegel Collection klaarstaan kunnen een centje blijven bijverdienen.

'De bereidheid van vrijwel iedereen om er – soms met het nodige kunst- en vliegwerk – het beste van te maken, heeft het bedrijf enorm geholpen door de crisis heen te komen,' vertelt Camille. 'Medewerkers die bereid waren vakantiedagen op te nemen, kregen daar wat extra's voor terug. Om personeel in de gelegenheid te stellen de zaken thuis zo goed mogelijk te regelen – in veel gevallen moesten kinderen worden opgevangen omdat ze niet naar school konden – werden werkdagen verkort. Bij vrijwel iedereen leefde de gedachte: dit bedrijf is van ons allemaal, we moeten er met zijn allen voor vechten om hier goed uit te komen. Ik heb geprobeerd om al onze medewerkers zoveel mogelijk betrokken te houden bij wat er in het bedrijf gebeurde, onder andere door het opnemen van videoboodschappen. Waar hebben jullie behoefte aan? Waar vinden jullie dat het anders kan of moet? Laat het ons weten. Alle goede ideeën zijn van harte welkom.'

Op 1 juni 2020 mogen de restaurants en cafés onder strikte voorwaarden weer open. Camille wacht niet tot die datum. Al op 20 mei worden in drie van de vier huizen met een hotelfunctie de deuren van het slot gehaald. De keukens beginnen weer te draaien, zij het kleinschalig en tot 1 juni nog uitsluitend voor hotelgasten.

Château Neercanne in Maastricht is de enige locatie die nog even dicht blijft, want het kasteel heeft geen hotelkamers. Wel wordt aangekondigd dat het populaire restaurant l'Auberge de Neercanne voorlopig zeven dagen per week geopend zal zijn in plaats van vijf.

Met het oog op het opheffen van de eerste beperkingen stelt Camille Oostwegel een speciale functionaris aan om de heropstart van de horeca zo efficiënt, soepel en veilig mogelijk te laten verlopen. Deze 'anderhalve-metercoördinator', gespecialiseerd in het optimaliseren van bedrijfsprocessen, inventariseert voor alle vier de huizen van de hotel- en restaurantgroep de mogelijkheden. Elke verwachte handeling van de medewerkers en iedere veronderstelde beweging van de gast wordt getoetst aan de richtlijnen van het RIVM en vastgelegd in protocollen. Er komen, zoals in elk bedrijf, vaste looproutes. Er wordt nauwlettend op toegezien dat iedereen zich vrij en veilig kan bewegen. Het is een vrij ingewikkelde operatie: om de veiligheid van zowel de gasten als het personeel te kunnen garanderen wordt in de restaurants gewerkt met tijdslots. Gerechten die worden uitgeserveerd, worden neergezet op een apart tafeltje. De dikke, in kalfsleer verpakte menu- en wijnkaarten verdwijnen en maken plaats voor stijlvolle kaarten gedrukt op stevig papier. Daarnaast gelden uitgebreide hygiëneprocedures.

Het familiebedrijf heeft zich in de zeven weken dat alles op slot geweest is goed kunnen voorbereiden op een heropstart. In een 'corona-update' gericht aan gasten en vrienden van Oostwegel

Collection schrijft Camille: 'U kunt zich niet voorstellen wat een opluchting dit is voor onze medewerkers; eindelijk weer gasten ontvangen en doen waar we goed in zijn!'

Intussen is de vraag hoe mensen zich zullen gedragen nu ze weer uit eten mogen. Maken ze weer volop van de gelegenheid gebruik, of kijken ze de kat nog even uit de boom? Ook is het afwachten wat de hotelgasten gaan doen. Als internationaal bedrijf dat erop is ingesteld om gasten uit de hele wereld te ontvangen, houdt Camille met zijn team de mondiale ontwikkelingen nauwlettend in de gaten. De verwachting is dat het buitenland zich terughoudend zal opstellen als het gaat om het maken van verre reizen, zelfs als de vaccinatieprogramma's goed op gang gekomen zijn.

Tegenover het tijdelijk wegvallen van een deel van de omzet vanuit het verre buitenland staat een andere ontwikkeling: de eerste onderzoeken wijzen uit dat veel vakantiegangers uit Nederland, België en Duitsland het dichterbij huis zullen gaan zoeken. Niet alleen vanwege de beperkingen, maar ook omdat ze ontdekt hebben hoe mooi Zuid-Limburg is. Een gegeven waar Camille samen met de organisaties voor toerisme stevig op inhaakt.

Dat de mensen er weer zin in hebben is snel duidelijk. Het eerste weekend is voor Château St. Gerlach met een bezetting van 85 procent meteen al behoorlijk druk. Datzelfde geldt voor de weekenden daaropvolgend.

Camille stuurt behendig bij en komt met een stevig herzien concept voor het kasteel. Het chique restaurant heeft een laagdrempeligere formule gekregen. De tafeltjes worden verdeeld over alle zalen in het château. Gasten kunnen op die manier worden bediend in een ruimte waar het sfeervol en gezellig is, maar waar desondanks een zee aan ruimte is.

Het is geen tijdelijke oplossing, maar een blijvende bijsturing om een breed publiek op een eigentijdse en ontspannen manier te kunnen bedienen. De culinaire ambities blijven ondertussen fier overeind, maar de sfeer is losser en vooral ook eigentijdser. Voor de nieuwe formule wordt een nieuwe naam bedacht: Les Salons.

Wat inmiddels vaststaat is dat de hele bedrijfsvoering zal moeten veranderen, ook omdat de zakelijke markt door de opkomst van het op afstand vergaderen en congresseren voorlopig goeddeels wegvalt. Voor Camille en zijn team is het eerder een uitdaging dan een bedreiging. Nieuwe concepten en formules worden bedacht met het oog op het toekomstbestendig houden van het bedrijf. Zaken die toch al op de plank lagen om in de nabije toekomst te worden uitgewerkt, kunnen eerder hun beslag krijgen. Bijkomend voordeel is dat dat laatste wellicht ook helpt bij het wegwerken van de schade. Zo voert Camille goed gedoseerd een nieuw concept in op het gebied van banqueting, waarbij efficiënter wordt ingekocht en medewerkers doelmatiger worden ingezet. En dat centraal gecoördineerd vanuit het St. Gerlach Paviljoen.

'Investeringen in ICT zorgen er bijvoorbeeld voor dat medewerkers van het ene huis gemakkelijker kunnen worden ingezet in een van de andere huizen als de noodzaak daarom vraagt. Door nieuwe software is de communicatie met de medewerkers makkelijker en is de administratieve last aanzienlijk verlaagd. Ook hebben we tijdens de crisis gezien dat de directeuren van de verschillende huizen naar elkaar zijn toegegroeid en het bedrijf meer dan ooit als één geheel zijn gaan beschouwen. Dat alleen al heeft tot heel veel creativiteit geleid.'

Ondanks alle voorzorgs- en veiligheidsmaatregelen die de horeca neemt, gaat het tegen het einde van de zomer van 2020 opnieuw de verkeerde kant op. Als het tij niet tijdig keert, dreigen opnieuw draconische maatregelen, zo wordt van alle kanten gewaarschuwd. Het blijken geen loze woorden. Op woensdagavond 16 oktober gaat de hele horecasector opnieuw op slot. Dit keer niet voor tweeënhalve maand… Uiteindelijk mogen de cafés en restaurants pas vanaf 5 juni 2021 weer open.

Na bijna acht lange maanden min of meer gedwongen thuis te hebben gebivakkeerd met afhaalmenu's, snakt Nederland dan weer naar het terras.

Camille Oostwegel oogt in die periode nog altijd fit en monter. Hij ziet er allerminst uit als de evenwichtskunstenaar die samen met zijn team ruim een jaar lang alles heeft moeten bevechten om het familiebedrijf de juiste koers te laten houden. Integendeel: hij is optimistisch en vol vertrouwen in de toekomst, zeker gelet op de vele plannen die er liggen.

'Natuurlijk zijn er ook periodes geweest dat ik wat slechter sliep,' geeft hij toe. 'Toch probeerde ik om rust te blijven uitstralen en weloverwogen te blijven handelen. Er is veel kritiek geweest op het kabinetsbeleid, en eerlijk gezegd heb ik ook wel eens mijn bedenkingen geuit op momenten dat de horeca weer eens in onzekerheid werd gelaten.

Of toen duidelijk werd dat we met het nemen van de juiste maatregelen – voldoende afstand en inachtneming van een aantal protocollen – hadden kunnen volstaan. Maar dat gasten in onze huizen veiliger met elkaar konden genieten dan thuis, is een conclusie die je alleen maar achteraf kunt trekken. Daarom denk ik, alles overziend, dat de rijksoverheid het maximale heeft gedaan en zijn we blij met de uitgebreide steunpakketten die beschikbaar zijn gesteld. Zonder al die overbruggingsregelingen was de continuïteit van het bedrijf onzeker geworden.'

Camille windt er na anderhalf jaar aan de top geen doekjes om: 'Want we hebben het zwaar gehad; de verliezen lopen hoog op. Het zal nog een paar jaar duren voordat we dat allemaal hebben ingehaald. Maar ik kan ook zeggen dat we onze tijd goed hebben gebruikt. Er staat een sterk directieteam, bestaande uit energieke mensen, die redelijk jong zijn, maar desondanks al carrière hebben gemaakt in de internationale hotelwereld. En wat me met zeer veel trots vervult,' vervolgt Camille, 'is dat het familiebedrijf gedurende de crisis geen mensen heeft hoeven te ontslaan. We hadden, zoals zoveel bedrijven in onze sector, nogal wat vacatures. Die hebben we niet ingevuld. Wat ook erg heeft meegeholpen is dat al snel duidelijk werd dat de bank alle vertrouwen in ons had, want we kregen behoorlijk wat extra financiële ruimte. Zoiets geeft rust. Als de kwartaalcijfers en de jaarcijfers dan een keer tegenvallen, zegt dat lang niet alles. Als familiebedrijf houden we ons veel meer bezig met de vraag: waar staat Oostwegel Collection over 30 jaar? Ik realiseer me dat zoiets een luxe is en dat je dat alleen kunt doen met een in alle opzichten kerngezond bedrijf. Daar heeft mijn vader voor gezorgd. Maar er is ook nog veel werk te verzetten om het bedrijf weer van deze tijd te maken en naar een hoger niveau te tillen.'

VEEL TE VEEL WATER...

Net als het land met corona in een rustiger vaarwater lijkt te komen en iedereen geniet van meer bewegingsruimte, dienen zich opnieuw donkere wolken aan. Er valt een nieuwe crisissituatie op het bord van Camille.

In de derde week van juli 2021 hebben diverse Zuid-Limburgse gemeenten te maken met forse overstromingen door hevige regenval. Beken en rivieren treden buiten hun oevers. De situatie in Zuid-Limburg valt weliswaar in het niet bij de toestand in Duitsland en België, waar het nietsontziende water meer dan 200 mensen de dood insleurt en voor miljarden euro's aan materiële schade veroorzaakt, het neemt niet weg dat het kabinet de streek officieel tot rampgebied verklaart.

De zwaarst getroffen gemeente is Valkenburg aan de Geul, waar 700 gezinnen op zoek moeten naar tijdelijke woonruimte omdat hun eigen huizen te zwaar beschadigd zijn. De voorlopige schade

Winselerhof

in Valkenburg alleen al wordt geraamd op ongeveer 400 miljoen euro. Om ramptoeristen te weren wordt het centrum van het stadje voor enkele dagen gesloten voor publiek. Tientallen horecaondernemers hebben dagen werk om hun bedrijf weer op orde te krijgen.

Ook twee van de vier huizen van Oostwegel Collection – Winselerhof en Château St. Gerlach – ontkomen niet aan het natuurgeweld. Met name landgoed Château St. Gerlach; de schade aan het hotelgebouw is enorm. De kelder, waar alle apparatuur is ondergebracht, is zodanig door het water aangetast dat het nog maanden kan duren voordat het hotel weer volledig operationeel is. Op en rond Winselerhof in Landgraaf is de schade ook aanzienlijk. Acht hotelkamers en een van de restaurants (Luigi's Restaurant & Bar) zijn voorlopig niet te gebruiken.

Château St. Gerlach

Omdat de watersnood zich voltrekt aan de vooravond van de periode dat bouwend Nederland massaal op vakantie gaat, kan volledig herstel nog wel even op zich laten wachten.

Camille is op dat moment in de Verenigde Staten bij de schoonfamilie, waar hij samen met zijn gezin geniet van een korte vakantie. Hoewel hij weet dat hij volledig kan vertrouwen op zijn team, moet hij toch even volop aan de bak. Vanaf zijn vakantieadres laat hij zich voortdurend op de hoogte houden.

'Op zo'n moment ben je met je hoofd en met je hart bij Winselerhof en St. Gerlach,' blikt hij een maand na dato terug. 'Mede dankzij de moderne communicatiemiddelen waarmee we tijdens de coronacrisis veel ervaring hebben kunnen opdoen, was het voor mij ondanks de enorme afstand goed in de hand te houden. Aan virtueel vergaderen waren we inmiddels wel gewend. Ik heb dan ook geen moment het gevoel gehad dat ik iets niet wist.'

Over de schadeafwikkeling maakt Camille zich al snel minder zorgen.

'Geluk bij een ongeluk was dat we sinds de brand op Château Neercanne (zie p. 400) weten hoe zoiets in zijn werk gaat. Halsoverkop onze vakantie afbreken en terugkeren om besprekingen te voeren met de verzekeraar was in dit geval niet nodig. Wel heb ik diverse keren contact gehad met mijn vader. Hij is natuurlijk zelf gaan kijken, maar kon mij ook veel vertellen als ik wilde weten hoe bepaalde zaken waren verlopen tijdens de brand op Neercanne. Gelukkig kregen we al snel het bericht dat het overgrote deel van de schade was gedekt en dat is een hele zorg minder.

Hoewel het even slikken was, blijkt het natuurgeweld geen reden om op welke manier dan ook concessies te doen aan de ambities van Camille.

'Voor nu ligt het misschien even stil. Maar we vertrouwen erop dat we alles weer in goede orde kunnen herstellen. Wellicht moeten we het een tijdje doen met tijdelijke voorzieningen, maar die worden zo aangebracht dat onze gasten er niets van zullen merken.'

Wat hemzelf en zijn team zeker heeft geholpen zijn de vele steunbetuigingen. 'Het is werkelijk ongelooflijk hoeveel hartverwarmende reacties er zijn binnengekomen. Veel mensen spraken ons niet alleen moed in, maar vroegen ook of ze ons wellicht ergens mee konden helpen. Spijtig genoeg zijn ook enkele van onze medewerkers persoonlijk getroffen door de wateroverlast. Als hotelbedrijf kun je in zo'n geval laten zien dat ze er niet alleen voor staan, simpelweg door tijdelijk de gelegenheid te bieden om in een van onze hotels te blijven slapen. Wat je in gevallen als deze niet mag vergeten is dat alle onzekerheid een enorme impact heeft op je medewerkers,' aldus Camille. 'De afgelopen anderhalf jaar tijdens corona is het maar doorgegaan: open, dicht. Weer open en weer dicht. En dan mag je eindelijk weer open – naar het zich laat aanzien voorgoed - en dan gebeurt er dit. Om iedereen in het team volledig te blijven betrekken bij wat er gebeurde, heb ik alles wat ik wist met het team gedeeld, onder andere aan de hand van videoboodschappen.'

Net als tijdens de coronacrisis is tijdens de watersnoodramp gebleken dat de veerkracht van zijn team enorm is, stelt Camille vast. 'Het klinkt wellicht een beetje vreemd, maar de gebeurtenissen die hebben plaatsgevonden sinds ik directeur geworden ben, hebben ervoor gezorgd dat ik met enorm veel vertrouwen naar de toekomst kijk. Ik heb het voorrecht om te mogen werken met fantastische mensen. Ik verheug me dan ook op het moment dat ik weer fulltime hotelier kan zijn in plaats van crisismanager!'

KERNGEZOND

Dat Camille sr. voor een goede basis heeft gezorgd waarop Camille verder kan bouwen, is mede te danken aan zijn levensmotto: Alles moet bevochten worden (De Omnibus Certandum). Je krijgt in het leven niets voor niets, maar toch kom je met de juiste instelling en hard werken een heel eind. Daarbij is het meegenomen als je af en toe de wind mee hebt. Als bewonderaar van Napoleon (ook de grondlegger van de Légion d'Honneur) is op Camille sr. van toepassing wat een geschiedenisleraar op de École militaire in Parijs schreef over zijn leerling Napoleon: Il ira loin si les circonstances le favorisent, wat betekent Hij zal ver komen als de omstandigheden hem gunstig gezind zijn.

DE JEUGD-
EN SCHOOL-
JAREN

EEN INSPIRERENDE FAMILIE

Camille Oostwegel sr. werd geboren op 10 februari 1950. Zijn vader Jef was tandarts, maar had daarnaast ook andere bezigheden, vooral op het culinaire vlak. Moeder Mayel Hardy stamt uit een zeer ondernemende bakkersfamilie.

De invloed van zijn familie was groot en is dat nog steeds. Dat blijkt vooral uit de grote verzameling foto's, schilderijen en andere voorwerpen die hij bewaart en die over vele generaties teruggaat. Het oudste portret in familiebezit, van Petrus Hermanus Oostwegel, werd gemaakt nadat deze Napoleon had bevochten bij Waterloo.

Ieder kind krijgt al in een vroeg stadium van alles uit zijn omgeving mee. Uiteraard spelen daarin het eigen gezin en vaak ook de grootouders een rol. In het geval van Camille zijn dat vooral zijn beide opa's geweest, maar meer bijzonder was de invloed van een oudoom, broer van grootmoeder Hardy-Souren, oom Jeu. Een unieke figuur (de woorden zouden van Camille zelf kunnen zijn). Alle drie - grootvaders en oudoom - zijn medebepalend geweest bij de belangstellingen die Camille Oostwegel sr. ontwikkelde en de keuzes die hij in zijn leven heeft gemaakt.

Villa Casa Blanca, ontworpen in 1929 door de architect F.P.J. Peutz (1896-1974) voor Pierre Hardy.
De villa is in twee fasen gebouwd. Op deze afbeelding is het huidige privégedeelte te zien.

Villa Casa Blanca

Linker pagina:
Ingang privégedeelte
Villa Casa Blanca (2006).

Villa Casa Blanca (2006).

En de grootmoeders? Die werden minder oud dan de beide grootvaders, maar bereikten de toch altijd nog respectabele leeftijd van tachtig, in 1965 (oma Oostwegel-Crijns) en 1967 (bomma Hardy-Souren). 'Lieve, geïnteresseerde grootmoeders,' zegt Camille over hen, 'met wie mijn broers en ik een fijne band hadden. Bomma noemde mij altijd 'mien gouweke' wegens mijn fascinatie voor haar gouden broche, een adelaar met een diamant aan de snavel. De adelaar boven ons bedrijfslogo heeft hiermee te maken en kun je dus beschouwen als een eerbetoon aan bomma.'

Camille is er ook zeer trots op dat hij kan wonen en werken in Villa Casa Blanca, het vrijstaande huis dat zijn opa Pierre Hardy, ook wel bompa genoemd, in Houthem liet bouwen.
Een portret van Camille Oostwegel sr. is dan ook een familie-portret.

BOMPA HARDY

Pierre Hardy, Camilles grootvader van moederskant, is één van de mensen die heel belangrijk zijn geweest voor de vorming van de jonge Camille. Deze bompa was weliswaar een zwijg-zame man, maar maakte toch indruk op zijn kleinzoon. 'Omdat ik nogal dun was, noemde hij mij altijd "Sjpinsleech",' zo herinnert Camille zich nog zijn opa.
In zijn werkzame leven was bompa patissier en een gedreven ondernemer. Tijdens een wandeling door de stad was hij het die Camille al het Kruisherenklooster liet zien en erover vertelde. Vele verhalen kwamen los als ook oom Jeu meeliep. Zo leerde Camille Maastricht en haar historie al vroeg kennen.
Bompa maakte nog mee dat Camille stage liep in Frankrijk. Op een dag kwam hij, zelfs samen met kleinzoon Arthur, naar Frankrijk. Pierre Hardy was toen al 85 en voor het eerst sinds zeer lange tijd weer eens in het buitenland. Dat hij zijn klein-zoon midden in de Champagnestreek in een restaurant kon zien werken, vond hij geweldig, maar dat was het ook voor Camille zelf. 'Een onvergetelijke ervaring. Ik voelde me zo trots.'

In 1973, toen Camille in Antwerpen werkte, wilde grootvader Hardy weer naar zijn kleinzoon. Nu met zwager Jeu en zijn schoonzoon Jef. In de ondernemende jongen moet hij zeker iets van zichzelf hebben herkend.

Kinderen aanvaarden hun grootouders als een gegeven. Het was pas tijdens zijn studie aan de Hotelschool, dat Camille weer meer belangstelling voor bompa kreeg, temeer omdat hij hem, studerend in Maastricht, ook vaker ging opzoeken. 'Toen ik daar aangenomen werd heb ik me gerealiseerd dat bompa Hardy een goede patissier en ondernemer was geweest. Dat moet hij aan mij hebben doorgegeven.' Oom Jeu en bompa kwamen ook op de zondagsdiners van de hotelschool waar ze Camille van nabij konden meemaken als student. Van zijn beide grootvaders staat bompa Hardy Camille dan ook het meest nabij: 'Hij spreekt nog altijd tot mijn verbeelding. Het is alsof bompa

Oom Jeu Souren met Mayel Oostwegel (1924).

Familie Hardy: Pierre en Maria en zoon Léon en dochter Mayel.

Hardy nog met me meedenkt. Vooral ook omdat ik nu Villa Casa Blanca, het huis dat hij heeft laten bouwen, tot centrum van mijn onderneming heb gemaakt. Zijn foto hangt groot in de gang, uit respect voor hem.' Toen hij later, na een val, zijn heup had gebroken woonde hij al enkele jaren bij het gezin Oostwegel, totdat hij ten slotte naar een verzorgingshuis ging. Grootvader Hardy stierf in 1981, bijna 96 jaar oud.

Camille betreurt het dat hij niet meer met bompa Hardy heeft kunnen spreken, want hij had hem nog zoveel willen vragen, bijvoorbeeld waarom hij naar Houthem verhuisde en daar zo'n modern huis als Casa Blanca liet bouwen.

MAYEL HARDY

Camilles moeder, Mayel Hardy, werd geboren in de Maastrichtse Vijfharingenstraat. Daar is vandaag de dag nog steeds bakkerij Souren gevestigd.

Haar grootvader Léon Souren, de voormalige eigenaar van de bakkerij, trouwde Cornelia Jochems. Uit dit huwelijk werden vier kinderen geboren: Maria, Jeu, Mina en Sjo. Mina zou jong sterven. Ook moeder Cornelia stierf jong, waarna haar zuster de huishoudelijke taak en de verzorging van de kinderen op zich nam. Later trouwde Léon met haar. Uit dit tweede huwelijk werden nog vier kinderen geboren: Net, Emma, Sjaan en Pie.

Door een bloedvergiftiging moest een gedeelte van de rechterarm van Léon Souren worden geamputeerd. Op een foto, genomen voor de etalage in de Vijfharingenstraat, is goed te zien hoe hij die arm verbergt achter een bakkersknecht.

Léons dochter, Maria Souren, geboren 18 mei 1887, ging in haar jeugd als au pair in Luik werken bij een rijke, adellijke familie. Daar maakte ze kennis met de fijne Franse keuken.

Pierre Hardy, haar latere echtgenoot, werd geboren te Maastricht op 13 april 1886. Hij werkte eerder als leerling-patissier bij de bekende Boulangerie Block, eveneens in Luik. Hoe en waar ze elkaar precies leerden kennen, is niet bekend. Ze trouwden in Luik, zowel voor de wet als voor de kerk. Hun huwelijksreis voerde naar Brussel, waarna het paar zich vestigde in Luik. Pierre Hardy had al snel plannen om een eigen zaak te kopen. Het begin van de Eerste Wereldoorlog verhinderde dat echter, want op 29 juni 1914 moesten ze tijdens een bombardement naar Maastricht vluchten. Terugkeer naar België was onmogelijk. Nadat het paar een tijdje bij de ouders van Maria in de Vijfharingenstraat had gewoond, besloten ze de bakkerij van haar ouders in Maastricht voort te zetten.

Jeu Souren werkte bij zijn vader in de bakkerij. Hij noemde zichzelf koopman en levensgenieter. Na de overname van de bakkerij door zijn zuster Maria en haar man, ging hij het 'wat kalmer aan doen', maar bleef wel in de zaak. Daar hield hij zich voornamelijk bezig met de inkoop en de administratie. Het verhaal wil dat hij vaak meer sliep dan werkte.

Maria runde de drukbezochte winkel, terwijl haar man Pierre voor brood en gebak zorgde. Pierre Hardy introduceerde als eerste het Franse stokbrood in Nederland. De harde kadetjes waren zeer geliefd in Maastricht. Het echtpaar wist van aanpakken, want voorafgaand aan de feestdagen werkten ze vaak 48 uren achter elkaar.

Pierre was een bakker die met zijn tijd meeging. Zo beschikte

Familie Hardy-Souren en Léon Winckers (zwager) in de tuin van Casa Blanca (1930), uiterst rechts de moeder van Camille.

Mayel Oostwegel met haar vader Pierre Hardy.

hij over de eerste elektrische oven in Maastricht. Later liet hij een stoomoven installeren. Hij kocht ook al vroeg een automobiel, een T-Ford, waarmee het gezin iedere zondagmiddag ritjes naar Luik maakte. Cinema Palace of het theater waren favoriete bestemmingen. Ook werd regelmatig een bezoek gebracht aan hun excentrieke tante, die getrouwd was met Jonkheer Guillaume de Lantremange. Camille noemt haar naam met bewondering. Madame la Douarière was de eerste vrouw in België die fietste. Ook redde ze - in een tijd dat het verre van gewoon was dat vrouwen zwommen - een drenkeling uit zee, waarvoor ze door koning Leopold II werd onderscheiden.

Toen hij 44 jaar was, stopte Pierre met werken. De bakkerij in de Vijfharingenstraat werd verkocht aan een zekere Snepvangers. De zaak moet een kleine goudmijn zijn geweest, want de opbrengst stelde Hardy in staat in Maastricht elf huizen in eigendom te verwerven. In 1928 kocht hij een stuk grond van Baron Robert de Selys de Fanson in Houthem. De akte werd gepasseerd bij notaris Quix te Maastricht. Hardy liet er een kubistische villa bouwen, ontworpen door de befaamde architect Peutz.

In 1929, toen de bouw klaar was, verhuisden Pierre en Maria samen met haar broer Jeu naar Houthem. Het huis, Casa Blanca genaamd, is inmiddels rijksmonument. Anno 2006 heeft Camille Oostwegel sr. er naast het woonhuis ook zijn kantoor gevestigd.

Het echtpaar Hardy was, zoals dat heet, in 'goeden doen', maar had het beslist niet hoog in de bol. Ze leidden een eenvoudig leven.

Tussen de familie Hardy en Baron Robert de Selys bloeide een vriendschappelijke relatie op. Tijdens de oorlogsjaren bezocht Baron Robert Sr. regelmatig de familie Hardy om naar Radio Oranje te luisteren. Jeu Souren, een verwoed jager, was van 1935 tot 1947 pachter van de jacht van Baron de Selys.

Pierre en Maria kregen twee kinderen, Léon en Mayel. Oom Léon, peetoom van Camille, zou apotheker worden en zich later in Heerlen vestigen. Hij trouwde met Mia Oberjé uit Valkenburg. Zij kregen twee dochters en een zoon.

Mayel Hardy werd geboren op 1 januari 1920. Zowel de bewaarschool als de eerste klas doorliep ze bij de Zusters Ursulinen. Haar ouders, druk werkend in de zaak, hadden niet voldoende tijd voor de kinderen en lieten de zorg noodgedwongen over aan een kindermeisje. Maar Mayel was, zoals ze zelf zegt, 'een beetje een stout kind'. Al in de eerste klas lukte het haar te spijbelen.

Pierre en Maria meenden dat het beter was haar op kostschool te doen. Mayel was zes jaar oud toen ze haar in Maaseik achterlieten, waar ze vier jaar bij de nonnen zou doorbrengen. Regel was dat ouders eens per maand op bezoek mochten komen, maar omdat Mayel nog zo jong was, werd een frequentie van eens per twee weken overeengekomen.

Bruidspaar Jef en Mayel Oostwegel op Kasteel Geulzicht (september 1945).

Vanaf 1 april 1930 mocht Mayel naar de dorpsschool in Houthem. Later reisde ze per trein dagelijks naar de MULO bij de Franciscanessen in Maastricht. Haar voorkeur ging uit naar een studie voor maatschappelijk werkster, maar omdat ze daar te jong voor was, vertrok Mayel naar de Huishoudschool waar ze de opleiding Huishoudkunde volgde.

Haar moeder Maria had een vriendin in Engeland. Ze wilde graag dat haar dochter daar, na haar opleiding, als au pair heen zou gaan, maar het uitbreken van de oorlog verhinderde dat. Via haar noonk Sjo, die de schoenen maakte voor de dochter van schilder Charles Eijck, kwam ze in contact met deze kunstenaar. Deze was onder de indruk van Mayels schoonheid en vroeg haar om zijn model te worden. Hij maakte diverse grote portretten van haar. Op vijf schilderijen draagt ze een lange gele jurk die ze ooit kreeg van haar Luikse oudtante.

Een vriendin van de familie Eijck nodigde Mayel op een dag uit voor een feestje. Daar ontmoette ze de student Jef Oostwegel. Voor hem was het liefde op het eerste gezicht. Omdat Mayel aarzelde, gingen beiden eerst nog samen uit met vrienden, maar ten slotte wist Jef haar met zijn charme toch voor zich te winnen.

Op 6 september 1945 trouwden Jef en Mayel in de Gerlachuskerk te Houthem-St. Gerlach. Ze vierden hun bruiloft op Kasteel Geulzicht. Casa Blanca werd ook hun woonhuis.

Ná de bruidsmis in de
Gerlachus-kerk in Houthem
(1945).

Jef Oostwegel met Raymond,
Camille en Arthur (1950).

JEF OOSTWEGEL

Jef Oostwegel werd tandarts en hield praktijk te Heerlen, waar zijn zuster To hem tot aan haar huwelijk assisteerde bij zijn werk. Hij was een serieuze, hardwerkende man met liefde voor zijn vak. Van hem was bekend dat hij vakbekwaam met 'de angst voor de tandarts' wist om te gaan. Hij was gespecialiseerd in kroon- en brugwerken. Toen vanuit het ziekenfonds verordeningen kwamen die tandartsen dwongen goedkoper te werken, vond hij dat beneden zijn peil. Hij bouwde zijn ziekenfondspraktijk af en vormde die om tot een particuliere praktijk.

Jef was ook een autoliefhebber die graag en vaak meedeed aan puzzeltochten. Tijdens die hobby kwam hij in contact met rijexaminator Van Elewijk die hem vroeg om op zaterdagmiddag rijexamens af te nemen. Omdat hij gewoon was met angstige mensen om te gaan, was het voor Jef niet moeilijk zenuwachtige kandidaten op hun gemak te stellen, waardoor hij goede resultaten met hen behaalde.

Ook ontwikkelde Jef Oostwegel een passie voor de kookkunst. Eerst was hij er helemaal niet in geïnteresseerd. Het verhaal gaat dat hij op een zekere zaterdagavond biefstukjes voor de kinderen wilde bakken om zijn vrouw een beetje te ontlasten. Bij die ene keer bleef het niet. Hij bleek er zo veel plezier in te hebben, dat zijn 'hulp' naar de zondag werd uitgebreid. Na een tijdje nam hij de taak van het koken helemaal over. Jef kocht de culinaire encyclopedie van Elsevier en het experimenteren begon. Hij ging graag met zijn gezin in goede restaurants eten in de hoop er iets van op te steken.

Ouders Camille tijdens carnaval in het voormalig Staargebouw in Maastricht (1957).

Mayel had van haar moeder 'de fijne keuken' geleerd. Fazant met zuurkool, lamsbout in karnemelk gemarineerd, oesters en kreeft; dat waren lievelingsgerechten in de familie. Geen wonder dat Jef en Mayel hun culinaire liefhebberij bijna tot een levenskunst wisten te verheffen. Graag liet Jef familie en vrienden

Jef Oostwegel aan de zondagsdis (1963).

Mayel Oostwegel-Hardy in bruidstoilet van Amerikaanse parachutestof.

Mayel Oostwegel-Hardy in bruidstoilet, geschilderd door Charles Eijck (1945).

genieten van de diners die hij bereidde. Hij kocht de beste ingrediënten, al moesten ze van ver komen.

Wijnglazen, serviesgoed en bestek moesten eveneens smaakvol zijn. Aan het Onze Lieve Vrouweplein in Maastricht woonden de heer en mevrouw Michon, een rijk echtpaar dat ongetwijfeld ter kerke ging in de indrukwekkende Romaanse basiliek. Mevrouw Michon was een vriendin van Jefs schoonmoeder, Maria Hardy-Souren. Het echtpaar bezat voornaam porselein en zilver en een smaakvol servies waar Jef zijn oog op had laten vallen. Na de dood van de heer Michon was zijn weduwe gedwongen een en ander te verkopen, zodat Jef de gelegenheid kreeg het servies te verwerven. Het oogt prachtig: gouden siersel, twee brede en een subtiel smal randje omzomen guirlandes, waarin kleine roze roosjes met aan weerszijden groene blaadjes zijn geschilderd. *Handmalerei*, staat er in gouden letters onder, en *Made in Karlsbad, Czechoslovakia PK Epiag Royal*. Het werd gebruikt voor de vele diners die Jef, samen met Mayel, bereidde. En op deze wijze werden de zonen ingewijd in het bourgondische leven. Lange tijd stond het servies te pronk in Casa Blanca, in een glazen uitstalkast, als herinnering aan deze gelukkige dagen van het gezin Oostwegel.

Muziek was een andere passie van Jef Oostwegel, en dan vooral opera. Op zondagmiddag luisterde hij naar het Belcantoprogramma op de Belgische radio. De kinderen, Raymond, Arthur en Camille, werden dan tot stilte gemaand. Later was dat niet meer nodig omdat ze met oom Jeu gingen wandelen. Tijdens het koken luisterde Jef steevast naar muziek, zodat hij het genot van beide passies kon combineren. Ook bezocht hij graag concerten in het buitenland, ging naar de opera of een operette en kon genieten van zigeunermuziek.

Jef nam geen blad voor de mond en drukte zich vaak niet erg diplomatiek uit. Dit werd niet altijd gewaardeerd, maar men apprecieerde dat hij recht door zee was. Rechtlijnig in zijn denken was hij wel, weinig ruimte latend voor nuance. 'Ze moeten dieven net zolang vastzetten tot de buit terecht is,' was een van zijn uitspraken, 'en dan pas aan het proces beginnen.' In het stemhokje had de VVD zijn voorkeur.

Camille, op de voorgrond, bij warenhuis Maussen (Wijck-Maastricht) met broertjes Raymond en Arthur (1954).

Toen bij een test uit de bus kwam dat Camille in de richting van de horeca moest gaan, heeft Jef zijn zoon enorm gestimuleerd in de hoop later nog iets van hem te leren op culinair gebied. Dat Arthur tandarts wilde worden kon ook zijn goedkeuring wegdragen, maar het apothekersvak van zijn oudste zoon Raymond vond hij ronduit geweldig. Hij noemde farmacie het mooiste metier, met uitzicht op een leven als 'Rustend Pastoor'.

Een schilderij van
Mayel Oostwegel

Camille Oostwegel sr. vertelt het verhaal achter dit schilderij dat Charles Eijck van zijn moeder maakte. Het hangt nu in het Kruisherenhotel: 'Na het bezoek van president George W. Bush werden we uitgenodigd in het televisieprogramma van Barend en Van Dorp te komen.

De dag erna kreeg ik een telefoontje van mevrouw Fesevur. Haar naam zei me wel iets. Ik heb haar moeder ooit gekend. 26 jaar geleden hing het schilderij van Charles Eijck op diens laatste grote overzichtstentoonstelling in de Hof van Erenstein. Ik heb het laten fotograferen en op doek laten afdrukken. Ik had die verkleining van het schilderij altijd op mijn kantoor staan.

Toen mevrouw Fesevur belde wist ik al waar het over ging. Ze vroeg of ik de zoon was van mevrouw Oostwegel die op een schilderij van Charles Eijck stond afgebeeld. Ik zei dat ik het schilderij kende en vertelde haar het hele verhaal en dat ik tijdens die expositie ook haar moeder had leren kennen. Die had indertijd het schilderij gekocht. Vlak voor haar dood heeft ze aan haar kinderen gezegd: 'Als ik overlijd en jullie willen het schilderij ooit verkopen bel dan eerst de familie Oostwegel in Zuid-Limburg. Misschien hebben die belangstelling.' Ze had ook op papier gezet hoe ze het schilderij had verworven.

De dochter meldde dat ze kleiner was gaan wonen en dat het schilderij ergens opgeslagen was. Ze bood het te koop aan, mits het op een mooie plek zou kunnen hangen. Ik heb het laten taxeren om zeker te zijn van een objectieve waardebepaling. Daar kwam een prijs uit waar we beiden mee akkoord konden gaan. De Stichting Monumentaal Erfgoed Limburg heeft het aangekocht. Het schilderij verbeeldt La Belle Epoque. Eijck heeft het geschilderd als voorstudie voor een enorme wand in het raadhuis van Heerlen. Het is een onderdeel van de evolutie van de mens.

Mevrouw Fesevur was bevriend met Eijck en had het doek indertijd van hem gekocht. Het hangt nu op een mooie plek in het Kruisherenhotel. De gele jurk die mijn moeder draagt had ze van haar wat excentrieke oudtante uit Luik.'

Opa Oostwegel als erelid van de Heerlense schutterij op hoge leeftijd (1967).

'Vader ging altijd met veel plezier naar allerlei manifestaties die te maken hadden met de studie van Camille,' zegt Raymond over de opleiding van zijn jongste broer. 'Het is heel belangrijk geweest in Camilles carrière dat vader en moeder vierkant achter hem stonden. Wij hebben een geweldig mooie jeugd gehad.' Pa vond ook dat we mochten roken. "Jullie hoeven dat niet stiekem te doen," zei hij dan. We moesten de sigaretten wel zelf betalen, met als gevolg dat we bijna niet gerookt hebben. Camille en Arthur wel eens, maar ik nooit.'

Jef Oostwegel werd ziek in december 1977. Hij kondigde de beëindiging van zijn tandartspraktijk aan in de krant en kreeg daarop van dankbare patiënten tal van brieven die hij allemaal heeft gelezen. De meelevende woorden deden hem zichtbaar goed. Hij is rustig ingeslapen op 15 maart 1978.

OPA OOSTWEGEL

Grootvader Frans Hubert Lodewijk Oostwegel had weer een andere invloed op zijn kleinkinderen. Raymond, de broer van Camille die voor het beroep van apotheker koos, zegt over hem dat hij in de winterschoolvakanties altijd naar Houthem kwam om met zijn kleinzoons te knutselen. 'Hij leerde ons figuurzagen en de precisie bij het werken, want hij was zelf een pietje precies. We leerden van hem kartonnen doosjes maken die dan weer bekleed werden. Ook mooie boeken kaften met papier. Bovendien kregen we veel boeken over het geloof en de natuur.'

Camille noemt hem een man die geschiedenis uitstraalde, een echte verteller die de kinderen zeer wist te boeien. Camille voelt zich ook verwant met grootvader Oostwegel, omdat hij van hem de verzamelwoede, belangstelling voor reizen en de aandacht voor historie en cultuur heeft meegekregen. Camille: 'Hij was hoofdonderwijzer, zong, speelde viool en sprak goed Duits en Frans. Maar hij kon ook behoorlijk dominant zijn. In zijn vrije tijd gaf hij nog les, voornamelijk aan paters en nonnen. Als we op bezoek gingen, zat er altijd wel een religieuze vertegenwoordiger.'

Op zijn negentigste verjaardag zong opa Oostwegel nog het

Spaanse volkslied. Dat had hij op de lagere school geleerd ter ere van een bezoek van de Spaanse consul. Overigens weigerde hij te geloven dat de mens op de maan was geland. Grootvader Oostwegel overleed in 1974. Hij was toen 91 jaar oud.

Oom Jeu met vriendin Germaine in Nice (1932).

OUDOOM JEU SOUREN

Oom Jeu ging als een bon vivant door het leven. Dat was mogelijk omdat hij de opbrengst van de bakkerij alleen met zijn zuster Maria hoefde te delen. Zijn vader had hem aangeraden tot zijn veertigste hard te werken en daarna te renteneren. Jeu bleef zijn hele leven vrijgezel, althans, er was wel een vriendin op de achtergrond, maar van samenwonen is het nooit gekomen. Hij gaf zich helemaal over aan zijn hobby's: paardrijden, motorrijden, reizen en jagen.

Jeu verbleef graag in de natuur en wist veel over planten en dieren. Reizen deed hij bij voorkeur naar landen waar net de plaatselijke munt gedevalueerd was, zodat hij er met de harde gulden kon leven als een vorst. Ooit kocht hij zelfs in een al te vrolijke bui een circus in Luik. Een aanschaf die hij, een dag later, maar met moeite ongedaan kon maken.

In Maastricht stond hij bekend als de 'Baron' Souren. Dagelijks bezocht hij café De Tribunal, naast de Maastrichtse Toneelacademie, waar hij met drie vrienden om elf uur in de morgen te gast was om koffie te drinken. De uitbaters van het café, Joke en Lou Graus, omschrijven hem als een aimabele man en vooral als een gentleman in de omgang met vrouwen. Hij zag er altijd goed verzorgd uit, 'een echte heer'. Zelfs als hij weleens iets te veel had gedronken, bleef hij een beschaafde man.

De vier vrienden hadden een stamtafel die later, toen ze op leeftijd waren, ook wel 'de sterftafel' werd genoemd. Jonge cafébezoekers, voornamelijk studenten van de Toneelacademie en de Kunstacademie, gingen graag met het viertal in gesprek, 'omdat deze heren ook iets te vertellen hadden'. Gérard Nicolaes was een van de vrienden. Hij beschikte over een auto. Regelmatig werd er naar Chaudfontaine gereden om er het casino te bezoeken, alhoewel Jeu niet gokte.

Oom Jeu (Monsieur le Baron) op Kasteel Geulzicht (1945).

Oom Jeu (links) met vrienden in een Maastrichts café.

Ook met bakker en neef Herman Cleuren was Jeu goed bevriend. De twee waren vaak te vinden bij bakkerij Cobben op de Grote Gracht. Daar kwam een illuster gezelschap bij elkaar, allemaal heren van het goede leven. De meesten waren vrijgezel zoals Jeu. De vrouw van bakker Cleuren was verre van ingenomen met de ludieke meetings bij Cobben: 'Daor mooste ze 'n bom op goeie,' vond ze, want haar man frequenteerde daar volgens haar te veel. Jeu Souren had nogal wat armlastige kunstenaars als vriend. Regelmatig kocht hij werk van ze om ze zo te ondersteunen in hun onderhoud. Een van hen was de schilder Henri Jonas.

Jeu betrok later een appartement in de Torenflat te Maastricht. Vandaar reisde hij iedere zaterdagavond naar Houthem. Uit Maastricht bracht hij dan een grote zak broodjes en stokbrood mee, want bij de dorpse bakker vond hij de kwaliteit niet goed. Voor de kinderen waren die bezoekjes een feest, want oom Jeu had altijd veel aandacht voor hen. 's Avonds speelde hij kaart of een ander spelletje met ze en als het bedtijd was, las hij ze voor. Beneden werd de gezelligheid voortgezet met een glaasje wijn.

Wanneer het gezin Oostwegel op zondagmorgen naar de kerk ging, dekte oom Jeu alvast de tafel. Na het gezamenlijke ontbijt deed hij de afwas, maakte de bedden op, poetste de laarzen van de jongens en kleedde zich vervolgens voor de zon-dagmiddagwandeling.

Het was strijk en zet dat Oom Jeu om één uur 's middags met de kinderen de natuur in ging. Camille mocht al vanaf zijn derde mee. Werd hij moe, dan droeg oom Jeu hem op de schouders. Tijdens die wandelingen leerde hij de kinderen veel over planten, bomen en dieren. Hij zette hen aan tot meenemen en verzamelen.

Tiende verjaardag Camille (links), naast hem Gerlach Cerfontaine.

Die zondagse wandelingen hebben vooral op Raymond en Camille grote invloed gehad. Raymond is een kenner van de natuur.

Vooral vogels en het fotograferen daarvan hebben zijn voorkeur. Als actief lid van de Vogelbescherming geeft hij lezingen. Camille vertelt: 'In mijn jeugd begon ik een eigen "museum". De voedingsbodem daarvoor werd gelegd door oom Jeu. Hij vertelde veel over de geschiedenis, over wat hij had meegemaakt, zijn reizen, en over het landschap. Iedere zondagmiddag tussen één en vijf werden we onderwezen tijdens die wandelingen. Het was boeiend en spannend. Hij las ons ook 's avonds voor. Dan lagen we op zaterdagavond met zijn drieën naast elkaar op bed en tegen half acht kwam hij voorlezen totdat we in slaap vielen. Het ene boek na het andere. Ik was ontvankelijk voor die wereld, vooral ook voor zijn lessen tijdens de wandelingen.'

De invloed van oom Jeu - die in 1974 op 86-jarige leeftijd overleed - is groot gebleven, ook in het verloop van Camilles verdere leven.

Familie Oostwegel, Heerlen 1890. Op de achterste rij v.l.n.r.: Tante 'Sien', 'Louis', 'Nikkela', Tante 'Noek'. Middelste rij: Camilles grootvader Frans Hubert Lodewijk ('Frans'), Cornelis Jan ('Cornelis'), 'Marie' Kisters, 'Huub' en vooraan Peter, die als kind verdronk in de Weltervijver.

Stamboom
Familie Oostwegel

In het buurtschap Wechele bij Diepenveen lag in het begin van de 18de eeuw een boerderij, genaamd Oosteweechele. Daar werd Jan geboren, de eerste bekende met de familienaam Oostwechele. Mensen in de buurt van Diepenveen weten wel waar de boerderij 'zo ongeveer' moet hebben gestaan. Allerlei benamingen in de omgeving herinneren ook nog aan het geslacht Oostweegele. Waarom Jan die plek verliet en zich vestigde in de binnenstad van Deventer is niet bekend. Uit het

feit dat er nog veel nazaten in de omgeving van Diepenveen wonen, valt af te leiden dat een of meerdere broers de boerderij hebben voortgezet.

Jan werd van beroep karman. Hij trouwde in 1723. De naam van zijn echtgenote is niet bekend.

Zijn oudste zoon Hermanus, van wie eveneens niet veel bekend is, trouwde in 1751, ook in Deventer. Het paar kreeg tien kinderen. In 1754 werd zijn zoon Hermanus junior te Deventer gedoopt in de rooms-katholieke kerk. Rond 1759 vertrok het gezin naar Amsterdam. Uit de akte van de boedelscheiding bij zijn dood in 1772, is op te maken dat Hermanus senior een 'comenij' had, een handel in grutters- en comenijwaren.

Hermanus junior werd timmerman en trouwde een boerendochter uit Sloten, Alida Koolman, die als turftonster te boek staat. Vóór 1805 beschikte deze Hermanus al over een vergunning van het dorps- bestuur om bier en brandewijn te mogen verkopen. Het gezin woonde toen aan de Amstelveenseweg, in de bocht vlak bij de Overtoom. Het moet een uitgelezen plek voor een café zijn geweest. Hermanus junior overleed in 1816 aan 'verval van krachten'.

De oudste zoon van dit echtpaar, Petrus Hermanus Oostwegel, geboren 1 decem- ber 1788 te Nieuwer-Amstel bij Amster- dam, vertrok naar Maastricht waar hij trouwde met Anna Margaretha Couché. Het echtpaar legde de basis voor de Limburgse tak.

De tweede zoon, Johannes Cornelis, werd rietdekker en bleef in Amsterdam. Van hem stammen alle Amsterdamse Oostwe(e)gels af. Johannes Cornelis maakte de daken van de dierenverblijven in Artis. Met zijn kunstvlechtwerk be- haalde hij prijzen in Parijs. Op de Over- toom in Amsterdam stond tot 1998 het tot monument verheven zogenoemde 'boomschorshuisje', waar de familie heel lang heeft gewoond. Nu liggen de orna- menten van de gevels opgeslagen in een gebouw van de gemeente Amsterdam in afwachting van een passende bestemming. Er is zelfs een Stichting Boomschorshuisje die zich ervoor inzet om 'dit bouwkundig unicum daad- werkelijk een nieuw bestaan te geven'.

De derde zoon, Hermanus Fransciscus, geboren in 1794, vertrok naar het Brabantse Oosterhout.

In 1814 neemt hij tijdens de 'Veldtogten' deel aan het beleg van Naarden. In 1815 vecht hij bij Waterloo in het leger tegen Napoleon 'in deszelve bataille zwaar ge- kwetst, aan de rechterzijde van het hoofd door een Musketkogel'. Aan deze verwon-

Het militair zakboekje met aantekeningen van de slag bij Waterloo van Hermanus Oostwegel.

ding hield Petrus Hermanus een litteken over in het gezicht. Een gevangene heeft hem destijds geportretteerd. Dit portretje is ook in het bezit van Raymond Oostwegel. '1818, 1 Julij bevorderd tot Wachtmeester'.

Op 1 november 1819 werd hij 'gepasporteerd' - dat wil zeggen uit de dienst ontslagen - en op 1 februari 1820 trad hij in dienst als marechaussee te paard bij het Korps Koninklijke Marechaussee van de Provincie Limburg. De aantekeningen in het zakboekje eindigen in het jaar 1826.

Voor ons verhaal volgen we uiteraard de Limburgse tak Oostwegel.

Petrus Hermanus koos voor een militaire loopbaan. Op 19 februari 1812 werd hij geëngageerd bij het eskadron garde Soldée te Amsterdam. In zijn militair zakboekje, gedateerd 'Maastricht, den 1 januarij 1824', dat nu in het bezit is van Raymond Oostwegel, staat zijn militaire dienst opgetekend: '1813, op 28 November met de omwenteling daar van afgegaan.

1813, 1 December geengageerd bij het regiment ligte Dragonders no 4, voor den tijd van zes jaren als Brigadier.'

Petrus Hermanus' vrouw Anna Margaretha Couché werd volgens de registers gedoopt op 12 december 1788 in de R.K. kerk te Buitenveldert. Kennelijk woonden ze in 1819 al in Maastricht, want in dat jaar wordt hun huwelijk aldaar geregistreerd.

Petrus Hermanus Oostwegel; aquarel gemaakt na zijn deelname aan de slag bij Waterloo.

Vreemd genoeg staat in hun huwelijksakte dat ze beiden op dat moment zonder beroep zijn.

Petrus Hermanus stierf in 1841 te Boxtel. Zijn vrouw overleed te Heerlen op 22 juli 1866, na een langdurige ziekte. Het echtpaar kreeg drie kinderen die in Heerlen werden geboren. De jongste, Cornelis Jan Oostwegel, kwam op 30 juni 1823 ter wereld.

Hij werd aannemer en verbouwde onder meer de kerk van Voerendaal en de toren van de kerk in Welten. Zijn eerste huwelijk was met Anna Jozefa Claessens. Ze kregen vier kinderen.

Het gezin Oostwegel-Crijns, Heerlen (ca. 1930). Rechts, achter zijn vader, staat Jef Oostwegel.

Hoogstwaarschijnlijk is zijn vrouw vrij jong overleden, want hij ging een tweede huwelijk aan met Maria Geertruid (Marie) Kisters, die hem drie zonen schonk: Frans, Hubert en Peter. De laatste verdronk in de Weltervijver, een ongeval dat leidde tot watervrees bij veel van de Oostwegel-nazaten. Volgens mevrouw Roumen-Oostwegel (Heerlen, 1925) hebben de Oostwegels het zakelijke van grootmoeder Marie Kisters. Zij had de eerste bazaar in Heerlen, gelegen naast de slagerij van haar zwager Hubert, in de Geleenstraat, waar ze zelfs nog regenwater verkocht. Als haar man in de winter niet kon bouwen, maakte hij klompen achter in de winkel.

Hun oudste zoon, Frans Hubert Lodewijk, de latere grootvader van Camille Oostwegel sr., werd geboren te Heerlen op 11 mei 1883.

Hij trouwde in 1908 met de in Luik op 10 november 1885 geboren Hubertine Crijns.

Op 19-jarige leeftijd slaagde Frans Oostwegel in Maastricht voor de opleiding tot onderwijzer. Later behaalde hij de Hoofdakte en het L.O.-diploma Duits. In 1903 werd hij opgeroepen voor militaire dienst en ingekwartierd in kazerne 'Les Bons Enfants' te Maastricht. Vanaf 1904 was hij werkzaam als leraar aan het jongensinternaat in Bleijerheide.

Een van hun kinderen, Jef Oostwegel, geboren op 10 augustus 1916 te Heerlen, ontmoette de Maastrichtse bakkersdochter Mayel Hardy tijdens een feestje in de Tweede Wereldoorlog. Ze trouwden op 6 september 1945 te Houthem. Het echtpaar kreeg drie zonen, Raymond, Arthur en Camille.

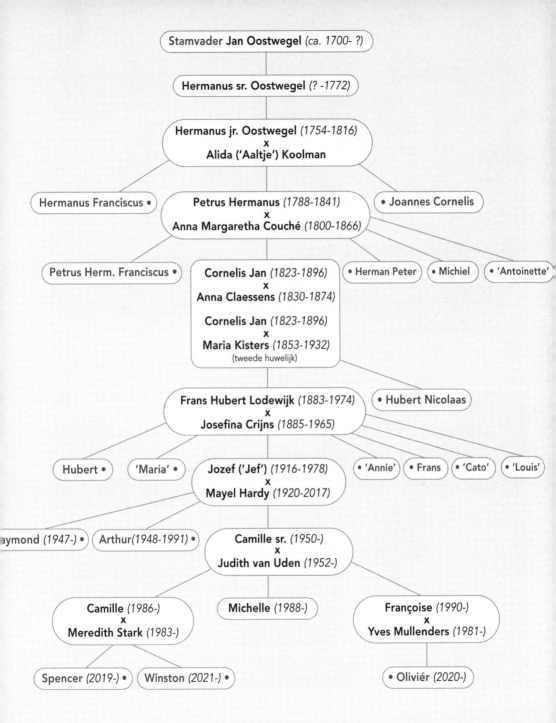

Stamvader **Jan Oostwegel** *(ca. 1700- ?)*

Hermanus sr. Oostwegel *(? -1772)*

Hermanus jr. Oostwegel *(1754-1816)*
x
Alida ('Aaltje') Koolman

Hermanus Franciscus •

Petrus Hermanus *(1788-1841)*
x
Anna Margaretha Couché *(1800-1866)*

• **Joannes Cornelis**

Petrus Herm. Franciscus •

Cornelis Jan *(1823-1896)*
x
Anna Claessens *(1830-1874)*

Cornelis Jan *(1823-1896)*
x
Maria Kisters *(1853-1932)*
(tweede huwelijk)

• Herman Peter • Michiel • 'Antoinette'

Frans Hubert Lodewijk *(1883-1974)*
x
Josefina Crijns *(1885-1965)*

• Hubert Nicolaas

Hubert •   'Maria' •

Jozef ('Jef') *(1916-1978)*
x
Mayel Hardy *(1920-2017)*

• 'Annie' • Frans • 'Cato' • 'Louis'

aymond *(1947-)* •   Arthur *(1948-1991)* •

Camille sr. *(1950-)*
x
Judith van Uden *(1952-)*

Camille *(1986-)*
x
Meredith Stark *(1983-)*

Michelle *(1988-)*

Françoise *(1990-)*
x
Yves Mullenders *(1981-)*

Spencer *(2019-)* •   Winston *(2021-)* •

• Oliviér *(2020-)*

Mayel Oostwegel-Hardy wordt toegezongen op Kasteel Geulzicht, 61 jaar na haar bruiloft op dezelfde plek.

Rechts schoonzus To Roumen-Oostwegel (september 2006).

Camille, Judith, Camille sr., Françoise, Michelle voor Château St. Gerlach (2016).

LAGERE SCHOOL

Van 1953 tot 1956 bezocht Camille de kleuterschool bij de
Zusters van St. Jozef in het klooster van Vroenhof, waar ook
schrijfster Marie Koenen had gewoond. Zo klein als hij was, bij
Sinterklaas op schoot mocht hij toen al het Weesgegroet en het
Onze Vader in het Frans opzeggen. Een taal die hem altijd na
aan het hart is blijven liggen.

Camille op tienjarige leeftijd,
getekend door Charles Eijck
(1960).

BIJDEHAND EN AMBITIEUS

In de eerste jaren gingen Raymond, Arthur en Camille naar de
lagere school in Houthem-St. Gerlach. Die tijd verliep zonder
problemen. De jongens waren normale, actieve en ondernemende kinderen. Juffrouw Sterken van de tweede klas
schonk veel aandacht aan natuuronderwijs, maar vooral vond
ze het belangrijk om kinderen vertrouwd te maken met de
waarde van hun eigen omgeving. 'Jullie hebben hier alles om
gelukkig te zijn,' hield ze hen voor. Bij de kinderen Oostwegel
viel dat in goede aarde.

Op de lagere school was Camille ijverig en leergierig, wat zich
vertaalde in goede resultaten. Op zijn rapport prijkten menige
8 en 9 en aantekeningen van de onderwijzer als 'zeer goed rapport' en 'proficiat'. De hoge cijfers voor godsdienst, gedrag, vlijt
en netheid zeggen veel over de opvoeding in huize Oostwegel.

Juffrouw Sterken herinnert zich de kleine Camille als bij-
dehand. 'Hij was toen al een ambitieus jongetje, een echt lei-
derstype. Ja, dat kan ik wel zeggen.' Ze herinnert zich ook het
mooie museumpje dat Camille als kleine jongen al had. Op een
dag wilde hij de juffrouw en zijn klasgenoten de verzameling
laten zien, die hij met hulp van oom Jeu en zijn oudste broer
Raymond had samengesteld. 'Toen we boven kwamen stond
op de deur dat de toegang 10 cent was. Daar hadden we niet
op gerekend!' zegt de juffrouw. Voor de kinderen was het een
tegenvaller. Overigens ging Camille in die tijd ook wel met een
tafeltje buiten aan de straat zitten om bezoekers te attenderen
op zijn museum.

Camille met hond Sweety
(1961).

De entree bedroeg 25 cent. 'Kinderen en soldaten half geld', schreef hij op een stuk karton. Voor zijn verzameling kreeg Camille eerst een oude keukenkast die op zolder stond. Later mocht hij een kamer met planken en kasten inrichten. Camille schreef brochures en foldertjes, die hij dan bij de mensen in het dorp in de bus stopte. Hij leidde zelf de bezoekers rond en gaf uitleg.

Camille maakte serieus werk van zijn verzameling. Hij beschreef de gehele collectie van zijn museum in een schrift met als titel: *Handboek bij het Natuurhistorisch Museum te Houthem (L). Opgericht anno 3 sept. 1961*. Op kiekjes zijn de schedels en fossielen te zien, opgezette vogels en vlinders. Alles keurig genoteerd met de vindplaats en bijzonderheden. Bij het museum hoorde ook een gastenboek, bijgehouden van 1961 tot 1980 - het jaar waarin Camille zijn concern opricht. Voorin het gastenboek stond met grote letters: 'NB. Iedere 25ste bezoek(st)er ontvangt van de directeur een herinneringsfoto van het museum'.

In 1957 kreeg hij een fotoalbum. Een hele verzameling kiekjes plakte hij erin, de hond Sweety in vele poses, kippen, eenden, een geitenbok en de lammetjes die de tuin bevolkten. Hij verzorgde het schaap, de geitenbok, de kippen en de ganzen. Hij hield ervan de boer te spelen. Met een stofjas aan voerde hij de kippen.

Een familiefilmpje uit die tijd laat vrolijke, ondernemende kinderen zien die zich graag met dieren bezighouden. In de achtertuin konden de jongens zich, met hun vriendjes, onder wie Gerlach Cerfontaine, uitleven in kuilen graven en hutten bouwen. Een voormalig kippenhok werd omgebouwd tot clubhuis waarin ze een eigen waterleiding aanlegden. De kinderen hadden geweldige mogelijkheden om hun fantasie uit te leven.

In de tuin mocht alles: een eigen moestuintje aanleggen, onderaardse hutten maken en zelfs een tunnel naar de buren graven. Van al dat timmeren en knutselen werden ze vanzelf handig en praktisch, daarin vooral gestimuleerd door grootvader Oostwegel. En dan de prachtige natuur achter hun huis, al die velden en bossen. Dat was ook hun speelterrein.

De jongens hielden een logboek bij van de wandelingen met oom Jeu, het *Journaal van de zondagswandelingen met oom Jeu.*

Het Houthemse Geuldal (links Villa Casa Blanca).

Het begint op 18 november 1962 en is geschreven door Raymond: 'Het is vandaag slecht, regenachtig weer (...) Arthur bleef vandaag thuis. Het begon harder te regenen en we gingen onder de 'den' schuilen. (...) We zagen midden in een akker (met de verrekijker) een stokje staan. Het bleek, zoals we al dachten, een stok te zijn waaraan een stroper een strik bevestigt. Er om heen waren veel afdrukken van hazenpoten. Ook lagen er uitwerpseltjes. We bevestigden een briefje aan de stok met de woorden: *Dat zal u duur komen te staan. Schurk!!! (De wrekende natuurliefhebbers.)'*

Mijn bok en hond Sweety (1963) (Eerste prijs bij kinderfotowedstrijd van *De Nieuwe Limburger*).

In het journaal beschreven de jongens alles, van weersomstandigheden tot de dieren die ze zagen: twee torenvalkjes, een haas, zes keer de buizerd, twee fazanten (haan en hen), een konijntje.

Ook de verrichtingen van de hond Sweety werden vastgelegd: 'Aan het einde van het bospad joeg Sweety een klein konijntje op en vlak daarbij een grote haas, en een beetje verder nog een.'

Hield de vorst aan dan namen ze voedsel mee voor de dieren: stukjes tarwe, witte- en roggebrood, gemengd graan, rijst, aardappelschillen en pinda's. Drie weken lang bouwden ze met

Matti Laeven (links) op de kasteelboerderij.

oom Jeu aan een brug. Toen die klaar was hield oom Jeu een prachtige openingsrede. De brug werd 'De Kloosterbrug' gedoopt. Helaas, een week later bleek dat hun bouwwerk was vernield. 'Maar onze wraak zal zoet zijn,' meldt het journaal.

Al vanaf de eerste klas van de lagere school was Camille gefascineerd door de kasteelboerderij van de familie Laeven. Hij raakte bevriend met hun zoon Matti, een vriendschap die tot op heden in stand is gebleven. In die tijd was hij bijna dagelijks op het landgoed. Hij kwam in contact met de knechten en het huispersoneel van de baron. Die woonden toen nog in de grootste toren van de Pandhof en in de vertrekken van het huidige Museum/Schatkamer.

Camille zegt hierover: 'Ik leerde het echte boerenleven kennen. De kalveren verzorgen, koeien melken, ze naar de stallen brengen, enzovoort.' Zijn belangstelling voor dieren en het voornemen om dierenarts te worden, ontstond in die tijd. Bovendien bood zo'n grote boerderij veel speelmogelijkheden voor ondernemende kinderen. Zo beleefden de jongens, op de boerderij en rondom het kasteel, spannende avonturen.

Schaften op het land in Houthem (1957).

De oude Baron Michel had, naast veel antiek, nog koetsen die in een van de torens stonden. Natuurlijk was het verboden om daar te komen, maar voor de kinderen waren dit juist de aantrekkelijkste speelobjecten.

De zesde klas van de lagere school doorliep Camille bij de Broeders in Wyck te Maastricht. Het was niet het leukste jaar uit zijn schooltijd. Het contact met de broeders was niet altijd makkelijk. Wel had hij een goede band met klasgenoten. Zo ontstond daar de vriendschap met zijn achterneefje Sjo Souren, die betrokken raakte bij de verdere inrichting van Camilles museum.

Dorsen met paardenkracht (1958).

Na de lagere school werkte Camille als vakantiehulp bij Klants Dierentuin in Valkenburg: 'Via buurman Sjef Knols die bedrijfsleider was bij Klant, mocht ik er twee seizoenen de hokken schoonmaken en op gezette tijden de wasberen, apen, zeehonden, pelikanen en wolven voeren. Behalve bij de leeuwen, tijgers en beren mocht ik bij alle dieren in de kooi. Zelfs bij de grote condor uit de Andes. Stiekem droomde ik er wel eens van later directeur van een dierentuin te worden. Het circus leek me ook wel wat.'

Toen een van de apen doodging, nam Camille het kadaver mee naar huis en begroef het met hulp van zijn broer Raymond in de tuin. Na een half jaar groeven ze het skelet weer op, kookten het in een grote wasketel, prepareerden het en voegden het toe aan de verzameling. Moeder, die voor de wasketel had gezorgd, weet zich nog te herinneren hoe vreselijk het stonk.

Raymond en Camille waren twee handen op één buik. Samen bezochten ze musea. Arthur had daar geen belangstelling voor. Die ging liever met oom Jeu paardrijden of jagen met vrienden van de familie.

Op school was Camille vooral geboeid door de biologielessen. Door de vele wandelingen en de lessen ging de stof enorm voor hem leven. Een sterke leerling voelde hij zich niet, maar voor biologie had hij meestal een 9 of een 10. Het stimuleerde hem om zijn verzameling uit te breiden met zelfgezochte fossielen.

Camille in zijn museum (1966).

Judoclub 'Ko-Tani', Houthem-St. Gerlach, met Camille in het midden (1963).

Ook wist Camille zich te bekwamen in het opzetten van vogels. Les in het prepareren van dieren en het looien van huiden kreeg hij van oud-burgemeester Hens uit Valkenburg, met wie opa Oostwegel hem in contact had gebracht. Hens was toen al 75. In Nederland was hij een bekende ornitholoog en een autoriteit op het gebied van balgen (geprepareerde vogels). Hij beschikte ook over een grote verzameling opgezette dieren.

'Van mijn peetoom Léon Hardy, die apotheker was, kreeg ik een potje arsenicum, om de huid van een dood dier te looien.

Hij had me natuurlijk wel op het hart gebonden om er zeer, zeer, voorzichtig mee te zijn. Het was overigens maar een verdunning,' verhaalt Camille. Samen met Raymond deed Camille natuurwaarnemingen die dan via Hens werden doorgegeven aan het Ornithologisch Instituut in Leiden.

Camille: 'Mijn verzamelwoede, de aandacht voor historie en cultuur heb ik van opa Oostwegel. De belangstelling voor reizen en natuur heeft oom Jeu mij bijgebracht.'

DE BROERTJES

De broers Oostwegel hadden alle drie heel verschillende karakters. Arthur was een plaaggeest, die het graag op zijn jongste broer had gemunt, maar Camille liet dat niet op zich zitten, vertelt moeder Oostwegel. Camille wist zich goed te weren. Hij was een durfal die als kleine jongen een gevecht met ouderejaars niet uit de weg ging. Oudste broer Raymond schoot te hulp als Camille in het nauw dreigde te komen. 'Maar drie jongens in een gezin, daar is altijd rivaliteit tussen,' vertelt Raymond. 'Zelfs op de lagere school wilden we elkaar al evenaren en overtroeven. Vooral Arthur en ik lagen nogal eens met elkaar in de clinch. We waren fysiek aan elkaar gewaagd. Hij was wat forser, maar anderhalf jaar jonger.
Camille dolf als jongste natuurlijk vaak het onderspit. Wij spanden vaak samen tegen Arthur, maar het kwam ook wel voor dat die óns tweeën, samen met een vriendje, een loer draaide.'

Camille heeft als jongste altijd flink moeten knokken. Misschien ligt daar de reden dat hij in 1963 lid werd van de Houthemse Judoclub. Hij behaalde de gele, oranje en groene band en Anton Geesink werd zijn idool.

Arthur was degene die zich van de broers het meest manifesteerde in het dorp. Hij bezocht de plaatselijke cafés en was lid van de voetbalclub. Hij zocht zijn vermaak graag in toeristisch Valkenburg waar volop vertier was.

Camille was meer een huismus die graag in en om het huis bezig was. Hij las veel en was bezig met zijn beesten. Een verenigingsmens was hij toen niet. Wel ging hij naar dansles en de discoclub van zijn school. Ook bezocht hij vanaf 4 HBS, met klasgenoten, graag café 't Knijpke in de Maastrichtse Sint Bernardusstraat. Lange tijd bracht het gezin hun zomervakanties in het Zeeuwse Domburg door. Daarna gingen ze ook naar het buitenland. Vader Oostwegel was later niet meer erg reislustig. De jongens daarentegen wilden op avontuur. Zo reden ze met moeders auto naar Parijs, Normandië, de Loire en Zuid-Frankrijk.

Vader en moeder Oostwegel wilden bewust geen televisie in huis, vooral niet toen de jongens op de middelbare school zaten. Ze kochten pas een tv toen ook Camille de deur uit was.

Jef en Mayel stimuleerden hun kinderen om te lezen of naar de bioscoop te gaan: om actief te zijn in plaats van passief. Zomaar wat hangen of lummelen werd niet getolereerd. Volgens Gerlach Cerfontaine, die op zondag wel eens mee op wandeling ging en zijn aandeel had in het graven van kuilen en gangen in de tuin, waren de jongens speels en vol kattenkwaad. Hij noemt Arthur de minst serieuze, maar wel de meest expressieve van het stel.

Camille hielp vaak mee in het huishouden. Als er afgewassen moest worden of in de tuin gewerkt dan deden Raymond of Camille dat. 'We plaagden Camille wel dat hij mama's kindje was, maar dat was eigenlijk flauwekul. Omdat ik makkelijk kon leren werd ik als oudste vaak als voorbeeld gesteld,' zegt Raymond. 'Met kerstmis was het Camille die moeder hielp om de tafel mooi te dekken.'

Zowel opa Oostwegel als vader Jef Oostwegel en oom Jeu

gingen graag chic gekleed en Camille is hen daarin gevolgd. Ook hij houdt ervan zich goed te kleden. Deels misschien uit ijdelheid, maar vooral ook omdat hij zich goed gekleed 'prettig voelt'.

'We dreven er wel eens de spot mee en zeiden dat hij de dandy van de familie was,' zegt Raymond. De kiem daarvan ligt in Camilles jeugd, denkt hij zelf: 'Vroeger kreeg Raymond alles nieuw, ik moest altijd de afdankertjes van mijn twee oudere broers dragen.' Bij de eerste communie werd er voor hem voor het eerst een eigen, nieuw maatpakje met lange broek gekocht. Het vervulde hem met trots.

Het is niet ondenkbaar dat Camille, die als jongste toch moest opboksen tegen zijn oudere broers die bovendien, zeker op de middelbare school, in leerprestaties boven hem uitstaken, hen later met zijn bloeiende ondernemingen alsnog naar de kroon heeft willen steken.

Van links naar rechts Camille (zittend), Arthur, Raymond en Mayel Oostwegel (1957).

MIDDELBARE SCHOOL

Met het vaste voornemen dierenarts te worden, ging Camille in september 1962, evenals zijn broers vóór hem, naar het Stedelijk Lyceum in Maastricht. Tussen de middag aten Raymond en Arthur altijd bij hun grootouders in de Papenstraat. Het was de wens van oom Jeu dat Camille in de middagpauze bij hem in de Torenflat kwam eten. Oom Jeu stond erop dat Camille na het eten de krant las in de leesstoel, in het kader van zijn ontwikkeling.

Zeven jaar zijn oom en neef samen opgetrokken en volgens cineast Jef Vliegen die 'de Baron' goed heeft gekend, was Camille de oogappel van Jeu. In Château St. Gerlach hangt een groot getekend portret van dit voor Camille zo belangrijke familielid.

stichting
'cultureel centrum'
stadsschouwburg
maastricht

cultureel jeugdpaspoort

seizoen
1966/67

FAVORIETE VAKKEN OP HET LYCEUM

In de eerste klas van het Stedelijk Lyceum waren er de geschiedenislessen van conrector Smeets. Die bracht de leerstof op zo'n boeiende manier dat Camille het allemaal voor zich zag. In de tweede klas gymnasium kwam er biologie bij. In een middeleeuws lokaal. Daarachter lag een soort kabinet, een museum, dat een sterke aantrekkingskracht uitoefende op de jonge Camille.

De kennis die was opgedaan tijdens de wandelingen met oom Jeu kwamen Camille op school goed van pas. In die tijd had hij ook veel belangstelling voor archeologie. Toevallig lag de tandartsenpraktijk van vader Jef in Heerlen tegenover het huidige Thermenmuseum. 'In de vakanties heb ik heel wat in zijn tuin gegraven waar ik dan antieke Romeinse spijkers en scherven van dakpannen vond. Ik wilde mijn museum steeds mooier maken. In die tijd correspondeerde ik met een meisje in Amerika. Haar vader was opziener in een Indianenpark in Colorado. Zij verzamelde fossielen die daar gevonden werden. We konden allerlei vondsten uitwisselen. Ik heb nog alles, behalve de opgezette vogels, waar de mot in kwam. Mijn collectie ligt keurig op zolder,' aldus Camille.

Oom Jeu had hem verteld dat in het oude Bonnefanten
museum in Maastricht interessante werken lagen opgeslagen.
Camille mocht van de conservator op zolder kijken: 'Daar stond
zelfs een guillotine.' Ook het Natuurhistorisch Museum had zijn
interesse. Camille voerde er graag gesprekken met de medewerkers.

In het tweede jaar gymnasium doubleerde hij, net als zijn broer
Arthur. In de vierde klas werden de exacte vakken en Latijn en
Grieks een probleem. Maar om dierenarts te worden, had
Camille een opleiding HBS-B nodig. Besloten werd om hem
van 4 gymnasium terug te zetten naar 3 HBS. Met bijlessen
wiskunde zou hij dan naar HBS-B kunnen. Dat plan mislukte,
volgens Camille 'omdat ik nu eenmaal een alfamens ben'.
    Een van zijn leraren zegt dat Camille op de HBS zeker geen
uitblinker was. Hij maakte zelfs geen gedreven indruk. De B-

vakken konden hem niet bekoren en zich uitsloven deed hij zeker niet.

Geschiedenisleraar Coen Linssen adviseerde toen HBS-A. En zo geschiedde. Over deze docent: 'Die kon vertellen alsof je erbij was. Hij wist me zo te boeien dat ik later heb overwogen geschiedenis te studeren, hoewel biologie ook mijn grote interesse had. En zelfs had ik wel boswachter of boer willen worden.'

Tegelijk met Camille vertrok zijn vriend André Rieu, de nu wereldberoemde violist en entertainer, in 4 gymnasium. André ging naar een andere school. 'Dat vond ik wel jammer, want wij hadden veel met elkaar opgetrokken en waren verliefd op hetzelfde meisje. Helaas kwamen wij niet "aan de bak". Paul Moszkowicz, die door zijn vader met een Jaguar naar school werd gebracht en altijd maatpakken droeg, maakte meer indruk op haar.'

Camille Oostwegel sr. en André Rieu.

Voordat hij afscheid nam van André vroeg Camille hem wat hij later wilde worden. 'Violist,' was het stellige antwoord.
'Maar daar kun je toch niets mee verdienen?'
'Je zult zien dat ik daar later rijk mee ga worden.'

André had bijna altijd zijn viool bij zich. Later, in februari 1981, zou hij met zijn eigen orkest een van de eerste optredens geven op Kasteel Erenstein.

Camille noemt HBS-A een openbaring. Geschiedenis, Duits, Frans, staatsinrichting en Nederlandse literatuur waren hem op het lijf geschreven. 'Talen, economie, boekhouding en administratie bleken achteraf goede keuzes, want die had ik ook nodig. Ik had er leuke klasgenoten, eigenlijk waren we een samenraapsel van mislukkelingen uit het gym, maar die HBS-A heb ik glansrijk gedaan.'
Daar leek Camille ook gerichter te werken, alsof hij toen al een doel voor ogen had. Hij liet zich door niets en niemand van de wijs brengen. De meer praktische vakken sloten beter aan bij zijn aanleg. In de klas was hij rustig.

Broer Arthur was daarentegen met zijn flamboyante persoonlijkheid duidelijk aanwezig in de klas. 'Een warme en sympathieke leerling,' zegt een van de vroegere leraren. Camille kon

zich goed neerleggen bij het gezag. Een leraar noemt hem een estheticus, kunstzinnig en vooral beschaafd. 'Hij zat altijd goed in het pak, was wel rustig maar liet zich toch niet verdringen door de kleurrijke Arthur. Het was opvallend dat hij meer interesse had in mooie gebouwen dan de gemiddelde leerling.'

UIT IN PARIJS

Toen de jongens groter werden, nam oom Jeu ze jaarlijks een weekend mee naar Parijs, waar ze belangrijke attracties bezochten en in gerenommeerde restaurants dineerden, zoals Maxim's, La Tour d'Argent en Ledoyen. Zo raakten ze vertrouwd met de mondaine buitenwereld. Bezocht werden onder meer het Lido, de Folies Bergère en Concert Mayol.

La Tour d'Argent in Parijs.

Maquette van Maastricht (1750). Achter het Vrijthof is het Kruisherenklooster zichtbaar.

DE MAQUETTE VAN MAASTRICHT

Oom Jeu had van een Maastrichtse vriend, die werkzaam was in het provinciale archief, gehoord dat in een Parijs' museum een maquette van Maastricht lag opgeslagen. Hij wilde het de jongens laten zien, maar de toegang tot het museum werd hun geweigerd. Oom Jeu kocht met Hollandse sigaren een suppoost om, en zo werden alsnog de trappen naar een grote zolderruimte beklommen, waar in kartonvorm de steden lagen die Lodewijk XV ooit had willen inlijven, goedschiks of kwaadschiks.

Maastricht lag naast Bergen op Zoom onder het stof. Vooral Camille was daar zo van onder de indruk, dat hij bij thuiskomst per brief de toenmalige wethouder van Cultuur van Maastricht, Michel Debats, ervan op de hoogte bracht. De wethouder ondernam pogingen om de maquette naar Limburg te halen. Dat gebeurde inderdaad in 1973, maar van een definitief verblijf in Maastricht kon geen sprake zijn.

Later is een kopie van de maquette gemaakt, die nu permanent tentoongesteld is in het Centre Céramique.

ZIJN
RICHTING
GEVONDEN

De koelte van een pauweveer

Voor de Studenten,
die van rozijnen en krenten
en andere zaken
ambrozijn en nectar maken.

Bertus Aafjes
Kasteel Bellehem
5 Maart '70

DE HOTELSCHOOL

Met het diploma HBS-A was een universitaire studie dierge-
neeskunde van de baan, evenals een studie biologie die ook
wel in de lijn van Camilles opvoeding had gelegen. Op advies
van zijn vader meldde Camille zich aan voor een commerciële
opleiding op Nijenrode, maar hij slaagde niet voor de toela-
tingstest.

Kasteel Bethlehem

Omdat het gezin vaak uit ging eten, was Camille min of meer
vertrouwd met de gang van zaken in restaurants. Tijdens een
vakantie in een Spaans hotel, hij was toen 12 jaar, vond hij het
al leuk om bij de receptie mee te helpen. Voor een studie aan
de Katholieke Hogere Hotelschool te Maastricht waren er echter
wel duizend aanmeldingen per jaar, terwijl er maar plaats was
voor 100 studenten. Toch lukte het Camille om zonder moeite
door de eerste test heen te komen. Ook de tweede pakte positief uit. Het verslag vermeldde dat hij 'zeer geschikt' was voor
de studie aan de Hotelschool.

Met deze beslissing brak Camille min of meer met de traditie
in de familie. Broers, neven en nichten gingen allemaal naar de
universiteit. 'Het was vreemd om dat niet te doen,' zegt hij.
'Raymond werd apotheker, Arthur tandarts, maar ik deed wat
mijn ouders het leukste vonden.' Met name zijn vader was erg
trots op Camille.

Die voelde zich meteen thuis in de opleiding. De combinatie
van het culinaire vak met management was Camille op het lijf
geschreven. Een opvallende student was hij niet. Hij blonk niet
uit in leerprestaties, maar hij was een goede organisator en
speelde als zodanig ook een rol in het studentenleven. Een studiegenoot noemt hem een echte leider en een bindende kracht.

BOURGONDISCHE DAG

Tijdens de studie werd iedere student uitgedaagd iets te organiseren. 'Mijn 'finest hour' op de Hotelschool beleefde ik op 17
april 1971, tijdens de Bourgondische dag op Kasteel Bethlehem.
Deze 'historische' gebeurtenis heeft mijn verdere beroepsleven

Linkerpagina:
Cadeau van Bertus Aafjes met
toepasselijke haiku ('De koelte
van een pauweveer').

Camille (rechts) in 1971 bij het 100-jarig bestaan van Brand Bierbrouwerij te Wijlre.

bepaald en was voor mij minstens zo belangrijk als het behalen van de échte Funda. Toen ik, na een spannende campagne, werd gekozen tot voorzitter Cultureel van de studentenvereniging Amphitryon, nam ik mij voor om in mijn bestuursjaar iets te organiseren dat de aandacht zou trekken en de Hotelschool een dag lang én daarna in de kijker zou zetten.

Het moest iets worden waar ik mijn belangstelling voor gastronomie, cultuur, historie, organisatie en public relations in kon uitleven, en dat weerklank zou krijgen in de pers. Ik vroeg belet bij onze directeur de heer Theo Spronck, die mij 's avonds bij hem thuis ontving en aan wie ik mijn plannen ontvouwde.
Hij reageerde meteen enthousiast en gaf me zijn zegen.

De volgende dag belde ik eerst Godfried Bomans. Die zei: "Kunt u misschien over een uurtje terugbellen, want ik ben naar een spannende voetbalwedstrijd aan het kijken." Na de wedstrijd, die blijkbaar het humeur van Bomans positief had beïnvloed, belde ik terug en het lukte mij om de beroemde schrijver en vriend van J.W.F. Werumeus Buning te strikken voor de onthulling van diens borstbeeld op Kasteel Bethlehem.

Het herdenken van de tachtigste geboortedag van onze enige culinaire schrijver en literator had ik aangegrepen als aanleiding tot deze feestelijke gebeurtenis. Meer dan een half jaar aan intensieve voorbereiding, overleg en samenwerking vroeg deze dag, die landelijke aandacht kreeg via een rechtstreekse KRO-middaguitzending op de radio.

Er kwam heel wat bij kijken: de oprichting van het Amphitryonkoor, de officiële opening van de bar van Kasteel Bethlehem door Jan en Guus Brand, het laten vervaardigen van een levensgroot bronzen borstbeeld van Werumeus Buning door beeldhouwer Frans Timmermans (inclusief sponsoracties) en het inviteren en onderbrengen van coryfeeën als Bertus Aafjes, Edmond Nicolas, W.H.N. van Eijkern, Wina Born, het bestuur van de Alliance Gastronomique Néerlandaise - onder wie E. Hastrich en J. Grothausen, burgemeester Baeten van Maastricht, de familie van Werumeus Buning en diens biograaf, de pas opgerichte Zingende Pótsvrouwe en vele anderen. Deze gedenkwaardige dag werd afgesloten met een groots galadiner in het

Bourgondische dag Katholieke Hogere Hotelschool, 17 april 1971. Geheel rechts Camille Oostwegel sr. naast Ellen Bijl. Op de tweede rij het echtpaar W.H.N. van Eijkern en Eric Sauter.

Links Bertus Aafjes en Godfried Bomans (achter hem Pieter Taselaar).

Werumeus Buning aan het koken.

Kookatlas van Werumeus Buning.

Het borstbeeld van J.W.F. Werumeus Buning werd op Kasteel Bethlehem onthuld door zijn kleindochter Margreet, rechts Camille Oostwegel sr.

zojuist gerestaureerde restaurant van Kasteel Bethlehem. Mijn eigen testcase slaagde dankzij de ruimte die mij toen werd geboden door de directie en het docentencorps. Men zag in dat voor ieder die dat wilde er unieke ontplooiingskansen moesten zijn binnen het studentenleven, de campus en de schoolorganisatie.'

Camille onderhield daarna nog kort een briefwisseling met de dichter Bertus Aafjes, maar die werd vooral ingegeven door zijn verliefdheid op des dichters dochter, die evenwel al een vriend had.

Jan Janvier, medestudent en vriend, vond het opmerkelijk dat een jonge student zich bezighield met dichters. 'Het paste niet bij een student om zoiets te bedenken.' Maar Camille kende veel gedichten uit het hoofd en bij gezellige bijeenkomsten, vooral als er iets gedronken was, sprong hij op de bar en droeg het gedicht 'Maria Lécina' van Werumeus Buning voor. Of alle 30 strofen van het gedicht 'Diewertje Diekema' van Kees Stip.

Op alle feesten was hij er als eerste en ging als laatste gast naar huis. Volgens Janvier was Camille niet opvallend of nadrukkelijk aanwezig, maar wel in staat een sfeer te creëren. Met de Franse taal was dat anders, daarin had Camille meer bravoure dan anderen. Na een gezellige avond en de nodige biertjes zong hij vaak Franse liedjes, niet zelden staand op de bar of op een tafel.

Toch zegt zijn toenmalige mentor en leraar Harry Hogenhuis dat Camille wel degelijk als student opviel, omdat hij zoveel talenten had dat hij iedereen voor zich wist te winnen. Hij kon niet alleen goed met studenten, maar ook met docenten omgaan.

'Van veel belang is geweest dat hij uit een harmonieus gezin kwam. Zijn ouders waren heel geïnteresseerd in zijn ontwikkeling en kwamen vaak op school. Vooral zijn vader vond het prachtig als hij werd uitgenodigd op feesten.'

Uitreiking Funda (Diploma Katholieke Hogere Hotelschool) door de voorzitter van het bestuur, drs. F. Gijzels (1972).

Leraar communicatietechnieken Pierre Bogaers zegt dat Camille meteen al een heel positieve indruk maakte. 'Hij wist zich te manifesteren als een pittig baasje. Voor mij was hij de beste leerling. Hij stelde goede en zinnige vragen. Was heel serieus bezig met zijn carrière en bij opdrachten wist hij opmerkelijke werkstukken te maken.'

Een jaar na Camilles opleiding ontving Bogaers een kaartje uit Frankrijk waarmee zijn inmiddels ex-leerling hem bedankte voor de wijze lessen. Twee maanden later volgde weer een briefje en nog later kreeg Bogaers vanuit Bordeaux twee flessen wijn als dank voor alles wat Camille van hem had geleerd en in praktijk had kunnen brengen. Deze docent, adviseur van Brand Bier-brouwerij, zou later bij het Oostwegel-concern een tijd als adviseur reclame optreden.

Om het vak in de praktijk te leren, gingen de studenten op stage. Voor Camille begon die in het Esso-Motor Hotel in Amsterdam in 1970. In 1971 volgde een stage bij het Franse Relais Gastronomique Royal Champagne in Epernay. 'De mooiste plek in de Champagne, met uitzicht op de Marnevallei,' stelt Camille. Voor de naam van de school was het belangrijk dat er goede studenten gingen werken. Een vereiste was beheersing van de Franse taal. De chef-kok ter plekke, een oud-legionair, was een bruut die ruzie maakte met de eigenaar en zijn directeur de huid vol schold. Desondanks was Camille blij met zijn plaats in Epernay.

Zijn laatste stage - management in de Utrechtse Jaarbeurs - noemt Camille een mislukking. De hele dag achter een bureau zitten was niets voor hem. Hij voelde zich er niet op zijn plaats

Optreden van het Amphitryon-koor in Amsterdam (1987) bij de benoeming van prins Bernhard tot officier Commandeur van les Chevaliers du Tastevin. Oostwegel heeft nog contact met veel van zijn vroegere studiegenoten. Naast prins Bernhard vriend Jan Janvier.

en vond het moeilijk om de tijd door te komen. 'Het culinaire hoogtepunt daar waren de broodjes met een glas melk' - te weinig om de jonge ondernemer te boeien. Enige voldoening vond hij in het maken van een rapport over de marketingvisie op de horeca. Later is deze scriptie nog gebruikt door de Katholieke Leergangen in Tilburg.

'De vormende rol van Amphitryon, de onderlinge kameraadschap - ons afstudeerjaar 1972 viert nog elk jaar en zonder uitzondering zijn reünie op de derde vrijdag van november - de sfeer op Kasteel Bethlehem en in Du Lévrier et de L'Aigle Noire, het voormalige oudste hotel van Maastricht aan de Boschstraat, waar we het dagonderwijs volgden, betekenden voor mij het echte fundament voor wat ik nog steeds met heel veel plezier doe.'

HOE VERGING HET DE BROERS VAN CAMILLE?

Raymond verliet na het gymnasium Houthem om in Utrecht farmacie te gaan studeren, waarna hij zich in Maastricht vestigde als apotheker. Zijn oudste zoon is hem inmiddels opgevolgd.

Arthur studeerde af als tandarts in Nijmegen. In verband met zijn huwelijk vertrok hij naar Wenen. Het kostte hem echter veel moeite om zich daar als tandarts te vestigen. Zo moest hij de Oostenrijkse nationaliteit aannemen, opnieuw het tandartsendiploma halen en examens doen. Er werden artsexamens gevraagd die in Nederland niet aan de orde waren geweest en hij moest opnieuw practica lopen. Desondanks lukte het hem in Wenen nogmaals als tandarts af te studeren en een praktijk op te zetten. Toen ziekte zijn vader dwong om de praktijk in Heerlen te sluiten, werd op Arthur een beroep gedaan om de lopende behandelingen van patiënten af te werken. Arthur heeft zelfs nog overwogen om de praktijk van zijn vader in Heerlen voort te zetten, maar vader wilde dat niet: 'Jij moet naar je vrouw in Wenen,' zei hij. 'Daar ligt jouw taak.'

In april 1991 kwam Arthur in Baden, nabij de Oostenrijkse hoofdstad, op een tragische manier om het leven.

Arthur Oostwegel

WERKEN BIJ NOVOTEL

Nadat Camille in 1972 zijn opleiding aan de Katholieke Hogere Hotelschool had afgesloten, richtte hij zich vooral op het toen opkomende moderne horecamanagement. Hij wilde graag in Frankrijk werken, temeer omdat de Novotel-keten daar veel succes boekte. In zijn favoriete land viel voor hem veel te leren.

Hij solliciteerde bij Novotel (nu een van de grootste hotelconcerns ter wereld (Accor)) in Evry bij oprichter Paul Dubrule en voegde aan zijn sollicitatiegegevens meteen zijn werkstuk toe over een recent door hem verricht marketingonderzoek van de Nederlandse hotelmarkt. In afwachting van het antwoord ging hij in de zomer van 1972 naar Tunesië, waar een vriend in Tabarka het hotel Les Mimosas dreef. Camille bleef er maar liefst drieënhalve maand.

Hij droeg bij aan een algemene reorganisatie van het hotel en gaf het belangrijke nieuwe impulsen.

EERSTE NIET-FRANSMAN BIJ NOVOTEL

Vervolgens werd hij als eerste niet-Fransman aangenomen bij Novotel. Hij kreeg de baan mede op voorspraak van Theo Coonen, een dorpsgenoot, die samen met Paul Dubrule in Genève had gestudeerd. Toen Dubrule Novotel in 1967 oprichtte, werd Coonen één van de eerste aandeelhouders. In het cahier *Tien jaar Erenstein* schrijft Dubrule dat hij bij de kennismaking al snel een jonge man zag die talentvol, dynamisch en competent was.

Laatste dag in Lyon op de Place Bellecour (maart 1973).

Zo startte Camille in november 1972 bij Novotel Lyon. Om de hotelformule te leren kennen, doorliep hij de praktijk van het hotelbedrijf in de keuken, de bediening en de administratie. Na een half jaar werd hij overgeplaatst naar Novotel Orléans, waar hij de functies invulde van hoofd receptie en hoofd restaurant.

En weer een half jaar later begon hij bij de eerste Novotel-vestiging buiten Frankrijk, in Brussel. Begin 1974 was Camille in

Antwerpen als adjunct-directeur intensief betrokken bij de algemene voorbereiding en opzet van een nieuwe Novotel-vestiging, waarna hij in april 1975 werd benoemd tot directeur van Novotel Luxemburg.

Als directeur had Camille grote invloed op de verschillende functies door het hele bedrijf en in vrij korte tijd werd deze vestiging succesvol. Vervolgens werd Oostwegel in Novotel-verband opnieuw in Antwerpen geplaatst en eind 1975 had hij een succesrijke hand in de reorganisatie van het Novotel in Saarbrücken, de eerste vestiging in Duitsland.

IN EIGEN LAND

Vanaf 1976 is Camille in Nederland actief voor Novotel. Eerst als adjunct-directeur in Schiedam en een jaar later als directeur van Novotel Breda: 'Mijn vader was zo trots toen ik directeur werd. Dat heb ik van zijn patiënten gehoord. De opening van Novotel Breda werd verricht door toenmalig minister Wester-terp. Een prachtig feest. Ik had er ook een champagnebar in-gericht. Daar ontmoetten de heren elkaar. De minister stelde zich voor, waarop mijn vader nadrukkelijk zei: "Ik ben de vader van de directeur." Dat heeft Westerterp me later verteld. Ge-lukkig kon vader die opening nog meemaken. In maart 1978 is hij overleden en merkwaardig genoeg heeft daarna de gedachte aan een eigen zaak zich veel sneller ontwikkeld.'

TOE AAN DE VOLGENDE STAP

In mei 1980 stopte Camille bij Novotel. Na het directeurschap van Novotel Breda werd hem gevraagd om in Zuid-Amerika Novotel mee te ontwikkelen. Enerzijds daagde het avontuur hem uit, anderzijds bedacht hij dat het project wel eens letterlijk en figuurlijk op tropenjaren uit kon lopen. Het steeds verant-woording moeten afleggen bij het hoofdkwartier en het aan steeds meer regels moeten voldoen, begonnen hem tegen te staan. Camille had het gevoel dat zijn ondernemerscapaciteiten werden afgeremd.

Bij Novotel wilde hij het altijd beter doen dan was toegestaan.

Camille wilde heel graag restaurateur worden. 'De combinatie gastronoom, gastheer zijn en een eigen toko hebben, het
zelf de baas spelen en resultaten zien, dat was mijn grootste
ambitie.'

Eerst vertelde hij zijn voornemen om ontslag te nemen aan de regiodirecteur in Schiedam. Het nieuws sloeg in als een bom: 'Iedereen dacht dat ik zo ongeveer getrouwd was met Novotel. Ik had het concern in de Benelux mee vormgegeven en al die zaken waren winstgevend gebleken.' Camille kreeg een telefoontje van de secretaresse van de grote baas van Novotel Europa, Henry Perret, die hem meedeelde dat hij de volgende dag meteen in Brussel werd verwacht.

Perret had begrepen dat Camille naar een concurrent zou gaan en vond dat onbegrijpelijk. 'Toen ik zei dat ik voor mezelf wilde beginnen, vond hij dat geweldig. Hij beloofde meteen bij de opening te komen. "Als het je niet lukt, kom je maar terug bij Novotel," zei hij. Ik had niets te verliezen, want ik was nog steeds vrijgezel. Ik had geen geld, maar ook geen schulden. De wegen stonden open. Ik bezat één koffer die soms nauwelijks werd uitgepakt. En met de gedachte dat ik inderdaad weer terug zou kunnen bij Novotel, had ik al helemaal niets te verliezen. Ik kon hooguit afgaan.'

De laatste werkdag in Novotel Schiedam (1977).

'Ik heb nog altijd contact met de president-directeur. Accor is naar de beurs gegaan en ook ik ben aandeelhouder geworden. De band is er nog steeds. De presidenten van dat concern zijn op zakelijk gebied mijn grote voorbeelden geworden. Hun ondernemingslust, hoe ze vanuit het niets begonnen, vanuit een weiland in Lille met één hotelletje, dat bestond uit 30 kamers en een grill. Nu is Accor een van de grootste hotelconcerns ter wereld. Ik heb de boeiendste tijd van Novotels groei meegemaakt.'

Met het besluit tot vertrek kwam er een einde aan een bijzonder leerzame periode. Het fundament voor het ondernemerschap was gelegd en Camille was klaar om zelfstandig aan de opbouw en de opmars van zijn eigen restaurant- en hotelketen te beginnen. Hij had ten tijde van zijn studie al uitgesproken dat hij eerst naar Frankrijk wilde en daarna weer terug naar Zuid-Limburg.

De uitdaging was groot. Camille was inmiddels al een tijdje uit

Limburg weg, maar hij besefte dat hij juist daar zijn eer te verliezen had. In datzelfde jaar 1980 startte hij als zelfstandig ondernemer op Kasteel Erenstein en legde er de basis voor zijn
latere concern: Camille Oostwegel Holding BV, kortweg Cohold
BV.

Samen met Gérard Pelisson
(oud CEO Accor) en Paul Bocuse.

ERENSTEIN
&
BRUGHOF

OOSTWEGEL BEGINT
VOOR ZICHZELF

Nu hij het besluit had genomen om voor zichzelf te beginnen, kon Camille Oostwegel sr. op zoek naar een plaats om zijn opvattingen in de praktijk te brengen en zijn ambities te realiseren.

Hij kwam uit bij Kasteel Erenstein in Kerkrade, maar niet dan na een wonderlijke speling van het lot. Voormalig docent aan de Hogere Hotelschool, Pierre Bogaers - een regelmatige bezoeker van Restaurant Kasteel Erenstein - schijnt er een rol in te hebben gespeeld, maar doorslaggevend was de bemoeienis van Thijs Brand. Die was kort daarvoor, in 1978, zijn vader opgevolgd als algemeen directeur van Brand Bierbrouwerij in Wijlre. Nu, een jaar nadien, zocht hij een opvolger voor Hubert Stassen op Château Neercanne. De brouwer pachtte die fraaie locatie van Stichting het Limburgs Landschap en exploiteerde het als vooraanstaande horecagelegenheid. Onder de bezielende leiding van Stassen en chef-kok Gustave van Michem had Neercanne als restaurant twee Michelin-sterren in de wacht weten te slepen.

Brand zocht voor de opvolging nadrukkelijk een ondernemer die voor eigen rekening en risico zou exploiteren en dus Neercanne in onderhuur zou nemen. Via een advertentie in de krant verschenen twee serieuze kandidaten, onder wie Camille Oostwegel sr. Met beiden voerde Thijs Brand een gesprek, waaruit een persoonlijke voorkeur rolde voor Camille. Brand legde zijn bevindingen voor aan zijn vader die nog een intensieve adviseursfunctie bij de brouwerij vervulde en die de keuze van zijn zoon niet deelde. Camille was jong en ongetrouwd en zou daarom ongeschikt zijn om een horecabedrijf als Neercanne te leiden.

'Het was de enige en laatste keer dat ik als directeur de goedbedoelde raad van mijn vader heb opgevolgd,' zou Thijs Brand hierover jaren later lachend, maar ook niet zonder spijt opmerken. 'Ik belde Camille met veel tegenzin op om hem op de hoogte te brengen van de afwijzing. Om mijn boodschap

Linkerpagina:
'Centaur' door Fons Bemelmans voor Kasteel Erenstein.

een beetje te verpakken beloofde ik hem dat ik hem spoedig zou bellen met een ander "kasteelaanbod", op dat moment ook voor mij nog een beetje ondoorzichtig en dus best opportunistisch,' vervolgt Brand. 'Zo'n maand of drie later was het zover. Ik belde Camille over Kasteel Erenstein in Kerkrade, waar hij nog nooit van gehoord had. Ik moedigde hem aan daar toch maar eens te gaan kijken. Zijn reactie aan de telefoon: "Dan maar meteen dit weekend!" Later begreep ik, dat hij onmiddellijk zijn vriend Jan Janvier heeft gebeld om het eerstvolgende weekend in Kerkrade poolshoogte te gaan nemen. In elk geval had ik de maandag daarop een enthousiaste Camille aan de lijn die direct wilde ingaan op het aanbod om Kasteel Erenstein voor eigen rekening en risico te exploiteren. De feitelijke overdracht vond overigens pas in juni 1980 plaats, nadat meer duidelijkheid was verkregen over de voorwaarden van met name de gemeente.'

LIEFDE OP HET EERSTE GEZICHT

Het bewuste weekeinde waarin Camille ging kijken lag ergens in oktober 1979. Met vriend, studiegenoot en collega Jan Janvier reed hij naar Kasteel Erenstein. Eerst moest hij nog uitzoeken hoe in Kerkrade te komen en van het kasteel had hij nog nooit gehoord. Bij een benzinestation vroegen ze de weg. Of ze er gingen eten, vroeg de bediende. Hij bekeek de vrienden en zei: 'Het is daar wel heel erg chic, dan moet u goed gekleed zijn.'

Camille herinnert zich de eerste kennismaking met Erenstein nog goed: 'Van het mijnstadje had ik niet zulke hoge verwachtingen, maar toen ik de prachtige beukenlaan op de invalsweg zag, was ik wel verrast. We parkeerden tegenover het kasteel. Het was avond. Ik zag het kasteel liggen en ik dacht: hoe is het mogelijk dat dit niet bekender is? We liepen over de brug naar de binnenplaats, ik zag het water langs het kasteel en was meteen verkocht. Ik vond het zo uniek. We zijn onder de poort door gelopen en wat gaan wandelen in de omgeving. Jan zei nog:

Restaurant Kasteel Erenstein.

Twee keer Jo Eenens. Hij werd op 21 december 2001 bevorderd tot Officier in de Orde van Oranje-Nassau.

Gabriël Grupello (Geraards-
bergen, 1644-1730) was een
Vlaamse beeldhouwer.
In 1725 trok hij in bij zijn
dochter Aldegonda en schoonzoon Petrus Caspar Poyck in
Kasteel Erenstein in Kerkrade.
Toen hij daar in 1730 overleed
werd hij begraven in de nabijgelegen St. Lambertuskerk.
De exacte ligging van het graf
is niet bekend.

"Je wilt toch zeker ook binnen kijken?" Maar ik was zo onder
de indruk dat dat voor mij niet meer van belang was. Dit was
liefde op het eerste gezicht. We zijn de trappen op gelopen.
De deur ging open, er hingen zware groene fluwelen gordijnen
tegen de tocht. In de hal was ik meteen geïmponeerd door de
prachtige trap. Mevrouw Mücher ontving ons. We hebben er
die avond heel gezellig gegeten. Chris van der Sluis en Jo van
Ingen, die tot aan zijn pensionering bij ons in dienst is geweest,
hebben ons toen bediend.'

Jan zag het plan niet zo zitten, omdat er op het eerste gezicht
een heleboel veranderd en verbouwd moest worden aan het
complex. Ook hij dacht eerst dat Kerkrade aan het einde van
de wereld lag. Bij aankomst vond hij het maar een naargeestige
omgeving. Het was donker, echt oktoberweer. Het waaide en
regende. Door de wind sloeg de deur steeds open. Bovendien
was het restaurant nagenoeg leeg. Een plek om te begraven,
dacht Jan, maar Camille was meteen zo geestdriftig dat hij niet
de moed had diens enthousiasme te temperen. Naarmate dat
enthousiasme van Camille groeide, vroeg Jan zich af wat hij zelf
niet zag. Camille leek door alles heen te kijken. Hij visualiseerde
op een aanstekelijke manier zijn plannen. Hem leek een restaurant
in een kasteel juist fantastisch, 'want het is alsof de intimiteit in
zo'n huis door ons vak juist nadrukkelijker gemaakt kan worden'.
Veel mensen in zijn omgeving meenden dat Camille een te
groot risico nam in Kerkrade, maar zijn moeder en zijn broers
vonden het fantastisch. Hij had inmiddels veel ervaring opgedaan bij Novotel. Hij had laten zien wat hij kon en zijn beslissingen waren altijd goed doordacht.

In juni 1980 nam Camille het kasteel in bruikleen over van de
gemeente Kerkrade. Hij moest het verbouwen en inrichten.
Jo Eenens was in die tijd wethouder van financiën en loco-bur-
gemeester van de gemeente Kerkrade. Hij bleek van onschatbare waarde voor een gezonde start. Voor hem als wethouder
was het belangrijk dat hij een jaarlijks terugkerende verliespost
kwijtraakte. 'Ik wilde wel bij het kasteel wonen en gelukkig was

de gemeente me ter wille,' zegt Camille over de start. 'De helft van een van de vleugels diende eigenlijk als opslagruimte en die is verbouwd tot woning. De Hof van Erenstein werd in die tijd bijna niet gebruikt, evenmin als de zolderruimte van het hoofdgebouw. Wat voor mij de doorslag gaf was dat ik de hof er permanent bij zou krijgen. De Hof van Erenstein was door de gemeente gerestaureerd met de achterliggende gedachte er een cultureel centrum te vestigen waar ook wel grote feesten konden worden gegeven. Die ruimte leek mij wel iets om omzet mee te maken.'

Trappenhuis Kasteel Erenstein.

Geschiedenis
Kasteel Erenstein

Aan de belangrijke verbindingsweg van het Rijnland en de Vlaamse handelssteden Antwerpen en Brugge verrees in de 13de eeuw de voorganger van het huidige Kasteel Erenstein, centraal gelegen in de prachtige natuur van de Anstelvallei.

Uit de archieven blijkt - onder meer in een oorkonde uit 1363 - dat de eerste bewoner Adam van Ederen (of Ehrensteyne) was.

Deze liet het complex niet alleen voor eigen gebruik bouwen, maar hief ook tol over het gebruik van de weg. Met het geld kon hij onder meer die hoofdweg in goede staat houden. Het kasteel was al gauw bekend als Kasteel Ederenstein, waarvan de familienaam later verbasterd werd tot Ehrenstein. De familie van Ederen werd opgevolgd door het geslacht van Gronsveld. In 1485 huwde Johanna van Gronsveld met Johan Huyn van Amstenrade, waarna op zijn beurt dit adellijke geslacht - ook weer door een huwelijk, in 1562 - werd opgevolgd door de patriciërsfamilie Spies von Büllesheim.

In 1689 werd deze familie om financiële redenen gedwongen het kasteel en het bijbehorende landgoed aan Baronesse Maria Schellart von Obsinnich van de hand te doen. Uiteindelijk verkochten de

Kasteel Erenstein met kloostervleugel.

Onbekend wapen in de gevel van Kasteel Erenstein.

Baron van Wassenaer, Groot Commandeur van Aldenbiesen, en de erven van Jan Theobald van Eynatten van Obsinnich in 1707 het kasteel en het landgoed aan de schout van Merkstein, Hendrik Poyck. Poyck liet het oorspronkelijk 14e-eeuwse bouwwerk vrijwel helemaal afbreken en bouwde naar de mode van zijn tijd een nieuw kasteel. Hij keek daarbij met een schuin oog naar de barokke hofstijl van Lodewijk XIV in Frankrijk. Zelfs op de oude, ronde muur, de enige van het oorspronkelijke kasteelcomplex die hij liet staan, liet Poyck als teken van vernieuwing twee markante wachttorentjes zetten. Bij

zo veel verandering hoorde natuurlijk een andere naam en Poyck koos voor Oud-Ehrenstein.

Peter Caspar Poyck bracht het net als zijn vader tot schout van Merkstein en was bovendien griffier in Kerkrade. Hij trouwde in 1725 met Aldegonda Jacqueline Grupello, een dochter van de beroemde beeldhouwer Gabriël Grupello (1644-1730). Door laatstgenoemde - hij werkte onder meer als beeldend kunstenaar aan het hof van de Franse 'Zonnekoning' Lodewijk XIV - kreeg het kasteel aanzienlijke naamsbekendheid binnen en vooral buiten de landsgrenzen.

De familie Poyck bleef tot 1802 eigenaar van kasteel Oud-Ehrenstein en hoeve Nieuw-Ehrenstein. Maar toen maakten de Franse bezetters, die zich beriepen op de Revolutie in Frankrijk, een eind aan alle grootgrondbezit. Na de Franse tijd kwam Kasteel Ehrenstein (inmiddels verder verkort tot Erenstein) in het bezit van één familie, bestaande uit de gebroeders Colen uit Maastricht.

In 1903 werden de Paters Franciscanen de nieuwe eigenaars van Erenstein. Zij bouwden een uit architectonisch en esthetisch oogpunt bezien niet erg geslaagde vleugel aan het kasteel. Bovendien belemmerde die uitbreiding het zicht op het kasteel en de hoeve.

Na mislukte pogingen van de gemeente Kerkrade om Erenstein in bezit te krijgen, waren het opnieuw bezetters, de Duitsers ditmaal, die in 1942 het kasteel vorderden. In het laatste jaar van de Tweede

Wereldoorlog richtten de paters het gebouw tijdelijk in als noodziekenhuis.

Eind 1946 stond de hoeve nog als 'Oud-Erenstein' in onder meer ANWB-publicaties. De hoeve was door grachten omgeven en werd in die tijd als museum ingericht. De verzameling omvatte voorwerpen uit de prehistorische en Romeinse tijd en de middeleeuwen, zoals urnen, munten en schelpen.

Vanaf die tijd probeerde Kerkrade het complex te kopen, maar pas in 1952 kwam de gemeente met het beheersinstituut Vijandelijk Vermogen tot een akkoord. De gemeentelijke restauratie van Kasteel Erenstein begon in 1962 en werd in 1970 voltooid. De kloostervleugel werd in die tijd afgebroken.

Vanaf 1975 tot 1980 exploiteerde de gemeente Kerkrade zelf het bijbehorende restaurant, met als uitbaters het echtpaar Willy en Tine Mücher.

Het kasteel ligt te midden van een prachtig natuurpark, met directe aansluiting op een nieuwe dierentuin, GaiaZoo. Het is omgeven door een slotgracht. Het huidige 'huis', met een binnenplaats en twee haaks op elkaar staande, nog grotendeels middeleeuwse vleugels, is opgetrokken uit Nivelsteiner, een harde natuursteen die je al eeuwen kunt aantreffen in de contreien van Kerkrade.

Kasteel Erenstein met kloostervleugel.

Officiële opening Kasteel Erenstein (1 september 1980).

Camille hijst de Limburgse vlag met burgemeester Smeets van Kerkrade (1 september 1980).

'Op zolder wilde ik een kunstgalerie inrichten. Ik had plannen om zelf kunst te verzamelen, maar dat kwam er niet van. Ik zag al voor me dat de gasten zo'n galerie zouden bezoeken. Op die manier wilde ik de zaak verlevendigen.'

GASTHEER OP ERENSTEIN

Zo werd Camille voor eigen rekening en risico directeur van Erenstein. Hij zorgde er al snel voor dat het kasteel positief in de belangstelling kwam. De onderneming in Kerkrade bleek een gouden greep. 'Ik ben er begonnen met vier man personeel. Toentertijd begroette ik de gasten zelf, placeerde ze, besprak menu en wijnkaart met ze, nam de bestelling op en liet ze ook weer uit. Dat gaf mij een enorme bevrediging. Het contact met de gasten, het leren kennen van anderen, met ze praten, ze adviseren en daardoor ook jezelf verrijken. Gasten tevreden stellen en een goeie sfeer creëren en daar tegelijkertijd zakelijk voordeel uit halen - hoewel dat laatste er toch een beetje los van staat. Ik heb altijd veel genoegen beleefd aan die contacten.

Kruidentuin Kasteel Erenstein. In deze vleugel woonden Camille en Judith.

Het gastheer-zijn geeft ook een zekere spanning, je moet altijd klaarstaan, netjes in het pak, een goed humeur, een leuke sfeer maken voor je gasten.

Misschien is het te vergelijken met een artiest die het podium op moet. De adrenaline begint te stromen en als de lunch of het diner voorbij is geeft dat een heel speciaal gevoel. Het gaf mij altijd een geweldige tevredenheid en dynamiek. Ik vond het heel moeilijk om daar afstand van te nemen toen ik in Erenstein de eerste directeur aanstelde. Het was echt even afkicken om juist dat gastheerschap los te laten, de dagelijkse contacten te moeten missen. Ik heb daar een paar jaar mee geworsteld.'

Voor de opening, op 1 september 1980, had Camille wel 1000 gasten uitgenodigd, veelal uit het bedrijfsleven. Hij was nog geen maand bezig toen de Lionsclub een bijeenkomst hield in het Upke, een kelderruimte in het kasteel die hij ingericht had naar voorbeeld van het bekende Brandskelderke in Wijlre. De gasten hadden restaurant Erenstein weer gevonden. Het *Limburgs Dagblad* meldde dat 'de oude sfeer van vroeger her-leefde bij de feestelijke en officiële opening van het kasteel'.

In oktober van dat jaar gaf Camille kunstenaar Charles Eijck opdracht om etiketten voor de huiswijn te ontwerpen. Het scheppen van sfeer en het organiseren van in het oog springende

Galerie De Blauwe Olifant op de zolder van Kasteel Erenstein (1984).

gebeurtenissen was Camille inmiddels wel toevertrouwd. Zo trad in februari 1981 het Maastrichts Salonorkest onder leiding van André Rieu op in het kasteel. Het zorgde voor een sfeervolle achtergrond met vooral nostalgische melodieën.

Begin mei 1981 opende het echtpaar Amkreutz onder de dakbalken van het kasteel een kunstgalerij, De Blauwe Olifant. In de expositieruimte was een permanente tentoonstelling van Aziatische kunst en antiek. De expositie werd geopend door Jo Eenens, zelf een verzamelaar van kunst uit de Himalaya. Niet alleen de kunst, maar ook de ambiance van het kasteel en omgeving waren redenen voor veel mensen om een bezoek aan te galerie te brengen. Galerie en restaurant versterkten elkaar.

In 1988 vertrok het echtpaar Amkreutz met De Blauwe Olifant naar Maastricht, waar de galerie nu is gevestigd. Camille nam daarop de ruimte in gebruik als kantoor- en vergaderruimte.

Ir. Frits Philips op Kasteel Erenstein. Links oud-gouverneur dr. Sjeng Kremers. Rechts ir. Schoffelmeer van Philips Lighting (1982).

BELANGRIJKE GASTEN OP ERENSTEIN

Camille liet geen gelegenheid voorbij gaan om de aandacht op zijn jonge onderneming te vestigen. In 1981 werd in de Limburgse pers geschreven over de diverse lovende artikelen die in binnen- en buitenland verschenen over Kasteel Erenstein.

Na een grondige renovatie werd op 17 april 1982 de oude zaal in gebruik genomen, genoemd naar Peter Caspar Poyck, die in de 18de eeuw het kasteel bewoonde. Het was kenmerkend voor de historisch bewuste Oostwegel dat hij de opening liet verrichten door een van diens nazaten, dr. A.P.G. Poyck uit Oisterwijk.

In december 1983 werd AVRO-voorzitter G.C. Wallis De Vries op Kasteel Erenstein geridderd in de Orde van Cordon Bleu du Saint Esprit, een uit 1579 daterende organisatie. In zijn functie van staatssecretaris van het toenmalige ministerie van CRM had Wallis De Vries eerder het groene licht voor de restauratie van het kasteel gegeven.

Hof van Erenstein.

V.l.n.r.: Hans Snijders (Château
Neercanne), Koos van Noort
(Pirandello), Michaël Hanssen
(Kasteel Erenstein). De eerste
drie SVH Meesterkoks voor
Kasteel Erenstein (1988).

Asperges schillen in het park
van Kasteel Erenstein.

In 1984 was ter gelegenheid van het Amerikaanse Thanks-giving Day de voormalige secretaris-generaal van de NAVO mr. dr. Jozef Luns te gast op Kasteel Erenstein.

Op 2 februari 1985 werd op Erenstein het 60-jarig jubileum gevierd van de Buitenlandse Persvereniging. Bij deze soiree waren prins Claus aanwezig en een aantal kabinetsleden. Gast-spreker was minister-president Ruud Lubbers. Camilles vrouw Judith bewaart goede herinneringen aan een gesprek dat ze met prins Claus voerde. Een dag later belde de prins haar om haar te bedanken voor een verleende tip. Belangrijke gasten, wist Camille, brachten altijd publiciteit met zich mee.

V.l.n.r.: dr. Werner Janssen, Camille Oostwegel sr., bonds-kanselier Helmut Schmidt en burgemeester Som op Kasteel Erenstein t.g.v. toekenning Euriade/Martin Buber-plaquette 2002 aan dhr. Schmidt.

Prins Claus met mevrouw Nel Slis op Kasteel Erenstein t.g.v. het 60-jarig jubileum van de Buitenlandse Persvereniging.

Camille Oostwegel sr. ontvangt premier Ruud Lubbers en zijn vrouw Ria.

Wim Kok en Wolfgang Clement
(minister-president Nordrhein-
Westfalen, 1998-2002),
Philip Geervliet en Camille
Oostwegel sr.

Kasteel Erenstein met museum.

Restaurant Erenstein profiteerde lang van het toen nog gunstige economische klimaat in de voormalige grensstreek. De grote bedrijven uit de gehele Euregio maakten graag van de gastronomische toplocatie gebruik om hoge en belangrijke gasten te ontvangen. In 1990 werd het interieur van Erenstein geheel vernieuwd.

20-jarig bestaan met André
Rieu (september 2000).

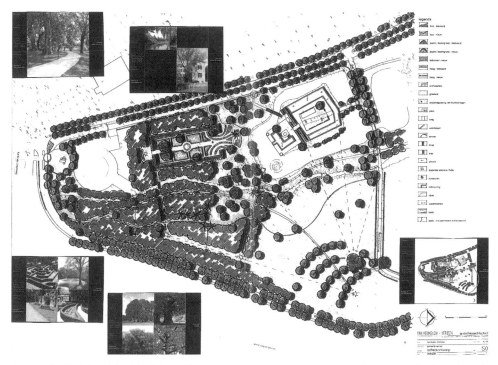

Ontwerp: Van Heukelom-Verbeek landschapsarchitecten.

Ontwerp van de nieuwe kasteel-
tuin bij Kasteel Erenstein door
Van Heukelom-Verbeek landschapsarchitecten.

HOTEL BRUGHOF

Het succes van zijn eerste onderneming betekende een grote
stimulans voor Camille. Al een maand nadat het restaurant in
Kasteel Erenstein zijn bestemming had gevonden, ontstond er
behoefte aan hotelkamers.

In Erenstein zelf was daar niet veel ruimte voor. Hooguit vier
kamers zouden er kunnen worden gerealiseerd. In 1980 kwam
in een toevallig gesprek met Math Jaminon (toen directeur bij
Brand Bierbrouwerij) Kasteel Strijthagen ter sprake. Dat werd
vele jaren bewoond door kunstenaar Aad de Haas en zijn gezin.
Camille vernam dat het kasteel nodig gerestaureerd moest
worden.

Het zou een mogelijkheid kunnen zijn om er een hotel te vestigen. Meteen werd contact opgenomen met de toenmalige gemeente Schaesberg, die positief reageerde. Maar in een overleg met architect Mertens bleek al snel dat ook in Kasteel Strijthagen niet voldoende ruimte was voor de benodigde hotelkamers.

HOEVE BRUGHOF IN VERVAL

Tijdens de rit terug naar Erenstein zag Camille tegenover het kasteel de oude en bijna vervallen hoeve Brughof liggen - die hij overigens al menigmaal was gepasseerd. 'Plotseling besefte ik dat dáár de mogelijkheid lag om een hotel te realiseren'.

Burgemeester Smeets van Kerkrade, aan wie Camille al snel de plannen voorlegde, was enthousiast. Diezelfde dag nog ging hij met wethouder Eenens ter plekke kijken. Die was toen nog de spin in het web van de Kerkraadse gemeentepolitiek en groot promotor van Kasteel Erenstein. Later zou hij een belangrijke rol in Oostwegels onderneming spelen.

Voor Kerkrade lag hier de mogelijkheid om eindelijk een hotel binnen haar stadsgrenzen te realiseren én een van de laatste monumenten te restaureren. Eenens nam meteen het voortouw, zowel in de gemeenteraad als bij Monumentenzorg. In het bekende Maastrichtse café De Bobbel in de Wolfstraat ontmoette Camille architect Wil Amory, die voor Brand Bierbrouwerij werkte. Amory was ook betrokken geweest bij de renovatie van Erenstein. Camille en Jo Eenens vroegen hem om vrijblijvend een plan te maken voor de Brughof, want over veel financiële ruimte beschikte de jonge ondernemer niet. De afspraak werd gemaakt op basis van 'no cure no pay'. Amory vond dat wel een uitdaging. De investering voor het geheel zou ongeveer zes miljoen gulden bedragen. Dat geld moest ergens vandaan komen. Toen Theo Kutsch, destijds directeur van de Schmetz naaldenfabriek, met LIOF-medewerker Chrit Schurgers in Restaurant Erenstein dineerde, legde Camille zijn plannen op tafel. Directeur Piet Niessen van het LIOF, de Limburgse ontwikkelingsmaatschappij, bleek later niet erg geïnteresseerd.

Het LIOF stond indertijd huiverig tegenover de toeristische sector. Grote buitenlandse industriële ondernemers werden ruim ondersteund en binnengehaald, streken vervolgens een aantal jaren subsidie op, maar sloten dan hun deuren en verlieten het land weer.

Eenens, die sympathiek stond tegenover de plannen van Oostwegel, sprak Werner Buck aan, lid van de Raad van Commissarissen van het LIOF en ook gedeputeerde en rechterhand van gouverneur Sjeng Kremers. Eenens benadrukte dat er iets met dit monument moest gebeuren. Buck zorgde er vervolgens voor dat er serieus naar de plannen werd gekeken.

Paardje op binnenplaats Hotel Brughof (Pieter D'Hont).

Geschiedenis
Hoeve Brughof

De zoon van Hendrik Poyck, Willem-Hendrik, startte in 1713 met de bouw van een kapitale hoeve, de 'Brughof', zo genoemd naar de nabijgelegen brug over het riviertje de Anstel. De hoeve werd gebouwd op een hoog, riant punt van het landgoed en kreeg aanvankelijk de naam Nieuw-Ehrenstein.

Ook de graanmolen van Ehrenstein heeft uiteraard een binding met de brug over de Anstelbeek en daarom werd zij later 'Brugmolen' genoemd.

De Brughof vóór de restauratie.

Willem-Hendrik had het kasteel en de hoeve van zijn in 1715 overleden vader geërfd en liet die op zijn beurt in 1717 na aan zijn zoons Hendrik junior en Peter Caspar.

In 1802 kwam een eind aan alle groot-grond- bezit onder de Franse bezetters, die zich beriepen op de Revolutie in Frankrijk. Daarna kwam de pachthoeve de Brughof in het bezit van de uit Maastricht afkom-stige gebroeders Colen.

Vanaf 1803 was Michel Damoiseaux jarenlang pachter van de Brughof. In de daaropvolgende jaren volgden nog enkele pachters vooraleer de hoeve werd ver-laten.

HULP VAN BUITENAF

Camille reisde samen met Chrit Schurgers af naar Den Haag. Bij de Nationale Investeringsbank, die een en al voornaamheid uitstraalde, werden ze ontvangen met een klef broodje en een glaasje melk, 'wat niet veel goeds voorspelde'. De Nationale Investeringsbank was een meer op grote ondernemingen georiënteerde investeringsbank, maar het geluk was met de beide Limburgers. Ze troffen een bankmedewerker die meteen vertrouwen had in het project.

In november 1982 kwam de financiering van zes miljoen gulden rond, op voorwaarde dat er een BV opgericht zou worden waarin ook een toezichthouder door het LIOF werd benoemd.

Commissaris werd Jo Eenens, die zich inmiddels had teruggetrokken uit de politiek. Huub Meijs, docent Bedrijfseconomie aan de Maastrichtse Hotelschool, werd tweede commissaris.

Meijs was een autoriteit op het gebied van hoteleconomie en administratie. Mr. Paul Walenberg, adjunct-directeur van het LIOF, werd de derde commissaris. Eenens werd bij de eerste vergadering gekozen tot president-commissaris, een functie die hij tot begin november 2009 heeft bekleed.

In het voortraject deed zich evenwel iets opmerkelijks voor. De gemeente Kerkrade stond erop dat de Limburgse Monumenten Stichting (LMS) werd ingeschakeld, want dat zou een extra subsidie van 10% procent opleveren. De LMS stelde echter als voorwaarde dat er namens deze stichting een toezichthouder bij de bouwvergaderingen aanwezig zou zijn. Het honorarium zou ten laste komen van Oostwegel. De kostenpost van 180.000 gulden kwam precies overeen met het bedrag dat Oostwegel aan extra subsidie zou ontvangen. Oostwegel was van mening dat hij daar niets mee opschoot.

Nog een ander probleem deed zich voor: de Rijksdienst Monumentenzorg stuurde de subsidie naar de rekening van de Limburgse Monumenten Stichting. Met als gevolg dat Camille keer op keer op zijn geld moest wachten. Iedereen die bij de bouw betrokken was, moest betaald worden, maar de LMS zat als een kloek op de bedragen die Oostwegel waren toege-

wezen. De conclusie was snel getrokken dat de onderneming daar niets mee opschoot. De samenwerking met de door de LMS aangetrokken aannemer Hobru verliep overigens naar tevredenheid.

Eind oktober 1982 werd de eerste steen gelegd door Werner Buck. Op 7 september 1983 verrichtte de toenmalig gouverneur Sjeng Kremers de officiële opening van Hotel Brughof.

Thomas Lepeltak, journalist van de *Telegraaf*, schreef in zijn Stan Huygensjournaal drie artikelen over Erenstein en de Brughof. Het gevolg was een aanzienlijke toestroom van gasten. In 1984 werd in Hotel Brughof het 40-jarig bestaan van het WMC (Wereld Muziekconcours) gevierd, evenals in 1985 het 60-jarig bestaan van de Buitenlandse Persvereniging.

TERUGSLAG IN DE ONTWIKKELING

Zowel op Kasteel Erenstein als ook in Hotel Brughof is steeds winst gemaakt, maar in 2001 werd voor het eerst een verlies gerapporteerd. De periode van forse impulsen na de mijnsluitingen was voorbij en er was nog maar weinig dynamiek in de economie in de regio. Door de korenwolf-affaire lag de ontwikkeling van het grensoverschrijdende businesspark Avantis stil. Ook de industriële en economische veranderingen in het Ruhrgebied en de omgeving van Aken, waar het restaurant zeker 10% van de omzet aan ontleende, speelde een rol.

Vooral na 11 september 2001 ging het moeizaam. Ook deed de MKZ-crisis zich pijnlijk voelen. Bedrijven uit de Achterhoek die gereserveerd hadden, moesten plotseling annuleren vanwege een reisverbod. Het bloeiende hotel- en restaurantbedrijf werd plotseling een zorg. Bijsturen was onontkoombaar. De kamers van het hotel werden gerenoveerd en het restaurant onderging een vernieuwing. Pijnlijk maar onvermijdelijk was het ontslag voor enkele medewerkers.

De beroemde cellist M. Rostropovitsj te gast in de Brughof.

April 2005 werd de dierentuin GaiaZoo geopend, grenzend aan het weiland van Hotel Brughof. Bezoekers van dit park zouden weer een impuls aan het hotel kunnen geven. Er werd vanuit het hotel een wandelpad door de fruitbomenwei aangelegd, met een elektronisch poortje en camera's. Deze verbinding moest de gasten stimuleren om het park te bezoeken. Er werd in samenwerking met GaiaZoo een mailing gemaakt over arrangementen voor ouders met kinderen, grootouders met kleinkinderen, of conferenties in combinatie met een bezoek aan de dierentuin.

Elektronisch toegangspoortje vanuit Hotel Brughof naar GaiaZoo.

In 2005 stelde Camille Marc van der Sluis aan als nieuwe directeur. Ooit was deze als leerling-kelner begonnen op Erenstein, maar hij had kans gezien door te groeien in de onderneming. In zijn vorige functie was Van der Sluis maître d'hôtel/sommelier in Restaurant Pirandello.

Sinds 1 maart 2006 is er behalve in het kasteel nu ook een lunchmogelijkheid in het hotel. Na de moeilijke jaren steeg de omzet weer en het zag ernaar uit dat er in 2007 weer winst gemaakt zou gaan worden. Ook de nieuwe Franse Tuin die in het voorjaar van 2007 tussen Erenstein en Hotel Brughof aangelegd wordt, werd zeker voor het bezoek aan Erenstein een nieuwe stimulans.

In een uitzending van het tv-programma NOVA, op 31 januari 2007, pleitte Camille voor het aanbrengen van een fontein in de Stijltuin. In deze fontein zou dan ook een beeld geplaatst moeten worden ter ere van Gabriël Grupello, de beroemde beeldhouwer die aan het begin van de 18de eeuw op Kasteel Erenstein woonde.

1 juli 2021

Camille en Judith

Judith van Uden werd op 15 juli 1952 geboren in Boxmeer. Haar moeder was in Amsterdam geboren, haar vader kwam uit Brabant en had rechten gestudeerd. In beide families nam het katholicisme een belangrijke plaats in.

Er waren nogal wat heerooms in de familie. In haar geboorteplaats had vader een grote advocatenpraktijk. Veel boeren maakten gebruik van zijn diensten. Op het gebied van onderwijs had Boxmeer indertijd echter niet veel te bieden.

Toen Judith elf jaar was, verhuisde het gezin naar Maastricht. Haar vader werd medewerker in de advocatenpraktijk van Max Moszkowicz.

Grootvader Van Uden, eertijds president van de Rijksverzekeringsbank, had met zijn vrouw inmiddels een flat betrokken in het Maastrichtse Gerlachus-verzorgingshuis, wellicht mede een reden voor het gezin om naar Maastricht te verhuizen. Eerst bewoonde het een woning aan de Hubertuslaan, maar toen de samenwerking met Moszkowicz stuk liep en ze het huis moesten verlaten, kocht Van Uden een woning aan de Hertogsingel in Maastricht.

De kinderen bezochten eerst de Montessorischool en later de lagere school van de wijk Sint Pieter.

Omdat Judith zich erg aangetrokken voelde tot kinderen (ze paste vaak op het kroost van vrienden en kennissen) volgde ze na de MMS een opleiding tot kleuterleidster.

Het was haar bedoeling om vervolgens psychologie te gaan studeren, maar door een ernstige ziekte van haar moeder kwam dat er niet van.

Het betekende in plaats daarvan regelmatig met haar moeder naar Utrecht reizen voor behandeling. In 1977 overleed moeder Van Uden. Dit trok een zware wissel op het hele gezin.

De vaste betrekkingen voor kleuterleidsters lagen eind jaren 70 niet voor het oprapen. In 1978 koos Judith daarom voor een baan als directiesecretaresse bij een bouwbedrijf.

Camille en Judith hebben elkaar voor het eerst gezien op de bruiloft van Camilles broer Arthur op Château Neercanne. Judith was er te gast met haar partner voor die avond, een medestudent tandheelkunde van Arthur.

Camille, die ceremoniemeester was, ontfermde zich even over Judith toen haar partner bezig was een parkeerplaats te zoeken.

Het was op 23 maart 1983 dat ze elkaar voor de tweede keer troffen. Camille was uitgenodigd voor een feest. Omdat hij die dag moest werken kon hij pas laat aanwezig zijn. Judith was er met een vriendin. Omdat Camille meende haar te herkennen vroeg hij haar ten dans. Voorzichtig probeerde hij uit te vinden wie ze was, waar ze woonde en werkte. Ze dansten enkele keren waarop Camille zei: 'Kom, dan stel ik je voor aan een vriendin.'

Daar ontstond al direct het eerste misverstand, want Judith meende toch zeker gehoord te hebben: mijn vriendin. Ze dansten nog een keer samen waarna Judith het voor gezien hield. Wel had ze, op zijn vragen, verteld bij een aannemer te werken en in Maastricht te wonen.

Camille had niet opgemerkt dat de vriendinnen weg waren. Hij zocht hen tot de gastheer wist te vertellen dat de dames al vertrokken waren. Zelfs in aanpalende hotels probeerde Camille hen te vinden, maar Judith was verdwenen. De volgende dag belde hij meteen een aantal aannemers in de omgeving.

Pas drie weken later lukte het om telefonisch contact met Judith te maken omdat haar nummer door een storing was geblokkeerd. Drie keer stelde hij een dag voor om samen uit te gaan, maar ze had telkens een reden om nee te zeggen. Totdat hij de maandagavond voorstelde waarop ze, fatsoenshalve, niet meer kon weigeren.

Camille haalde Judith op met een boeket rode rozen. Vervolgens ging de tocht naar Luik waar een tafel was gereserveerd in restaurant Chez Robert. De avond was heel gezellig, maar Judith bleef terughoudend. Wel werd duidelijk dat Camille verliefd was, maar omdat zij beslist geen 'second hand Rose' wilde zijn, vroeg Judith 'Weet jouw vriendin wel van dit etentje?'

'Vriendin? Ik heb helemaal geen vriendin.' Het misverstand werd snel duidelijk en vanaf die avond was Camille op vrijersvoeten.

Voor Judith was het toch nog even de kat uit de boom kijken.

Inmiddels was Camille voluit aan de gang met Kasteel Erenstein. Omdat hij had uitgevist dat Judith van Italiaans eten hield, nodigde hij haar uit, samen met een vriendin, voor de eerste Italiaanse week. Spannend was nog of ze ook werkelijk zou komen opdagen. Het werd later en later. Camille was bang dat de tafel die avond leeg zou blijven, en dus ook niet bezet kon worden door andere gasten.

De tafel stond op een nogal strategisch punt. Enkele mensen waren ingelicht over Judiths komst. 'Om mij te keuren,' zegt deze daar zelf over. Restaurant Erenstein was de twee vrouwen niet bekend. Ze waren verrast door de mooie ambiance. Judith wist dat Camille restaurateur was, maar ze had zich, gezien haar geringe ervaringen op dat gebied, daar niet veel bij voorgesteld. Omdat het heel druk was die avond zag ze Camille heen en weer draven door de zaak. Zijn gedrevenheid viel haar direct op. Pas later drong tot haar door hoe de vork in de steel zat in Erenstein. Er volgden meer afspraken, Judith maakte kennis met Camilles vrienden en familie. Ze werd op het communiefeest uitgenodigd van de kinderen van Raymond en Yvonne en daar bleek dat ze meerdere familieleden al kende, onder wie Arthur.

Een romantische verkeringstijd volgt. In de zomer van 1983 reizen ze eerst naar Parijs en vervolgens naar Sicilië, waar Camille Judith 's nachts op 15 juli, haar verjaardag, ten huwelijk vraagt. In december vieren ze, in het geheim, hun verloving in Ootmarsum. Daar posten ze ook, naast de kerk, de verlovingskaarten aan familie en vrienden.

Camilles culinaire achtergrond was niet die van Judith. Evenmin was zij in een bourgondische omgeving opgegroeid. Op veel vlakken kon ze evenwel haar kennis en vaardigheden bijspijkeren. Daarom werkte Judith vóór hun huwelijk korte tijd mee in diverse functies van Camilles bedrijf.

Huwelijksfoto op landgoed van Château St. Gerlach (1984).

Judith had met de Koepelkerk in Maastricht, officieel haar parochiekerk, geen enkele band. Het paar trouwde daarom op 1 juli 1984 in de kerk van Houthem, geheel in stijl met een zogeheten drieherenmis.

Tot haar verwondering werden na de huwelijksinzegening de bruidsfoto's bij het vervallen Château St. Gerlach gemaakt. Zij had verwacht dat Kasteel Erenstein het romantische decor zou worden voor de trouwreportage.

'Toen we op het bordes stonden, voorspelde ik haar dat we hier 12,5 jaar later ons koperen huwelijksfeest zouden vieren,' zegt Camille. Judith geloofde hem niet.

Maar het was alsof hij een daad wilde stellen voor zichzelf, zodat die belofte ooit in vervulling zou gaan. Het huwelijksfeest werd uiteraard in Kasteel Erenstein gevierd. Het allereerste diner, dat nadien ooit op Château St. Gerlach zou worden aangericht, was inderdaad ter gelegenheid van het koperen huwelijksfeest, op 22 februari 1997.

In 1984 ging het jonge paar wonen in een gedeelte van de kasteelboerderij van Erenstein. Inmiddels was een contract met Brand gesloten voor de overname van Château Neercanne. Zelfs tijdens hun huwelijksreis gaven Camille en Judith dagelijks via telefoon en telex aanwijzingen over de inrichting en andere zaken.

Terug in Kerkrade kon Judith haar eerdere werkervaringen inzetten in alle secretariële zaken. Ze bracht structuur in het werk aan, was een aanspreekpunt voor het personeel en zorgde voor de archivering. Het was haar idee om hoofden van dienst aan te stellen.

Op deze manier stond zij mee aan de wieg van het latere concern van Camille. Belangrijke beslissingen werden samen genomen. 30 jaar later zegt ze daar zelf over: 'In het begin heb ik overal waar ik kon, in het bedrijf meegewerkt. Vooral de bewaking van de sociale kant - het werven van en omgaan met het personeel - zag ik als mijn inbreng. Tot op de dag van vandaag trouwens.'

Raymond Oostwegel zegt over haar: 'Judith speelt in Camilles succes een belangrijke rol. Zij is een soort coach op de achtergrond. Zij is nuchter en als hij in zijn enthousiasme een beetje doordraaft, fluit zij hem wel terug, of remt hem een beetje. En zij vormt mede een basis voor zijn succes.

Zij heeft een heel belangrijke stempel op Camille gedrukt en hem vooral in die eerste jaren enorm gesteund. Ook administratief. Beslissingen werden samen besproken en genomen. Bij het inrichten van de huizen heeft Judith een belangrijke stem. Zonder Judith zou het anders zijn gelopen.'

In de vroege zomer van 1985 werd Judith zwanger. Camille junior werd geboren en later volgden Michelle en Françoise. Volledig meewerken in de zaken viel niet te combineren met het moederschap. Ondanks haar keuze voor de opvoeding van de kinderen, bleef dit voor Judith een dilemma. Vooral omdat haar zakelijke en praktische kwaliteiten niet gering waren. Ze hecht bovendien veel waarde aan 'de vrouwelijke inbreng', zeker op het gebied van personeelsbeleid.

Camille: 'Het bedrijf had nooit zo kunnen uitgroeien zonder de hulp van Judith. We zijn beiden even ondernemend. Soms botst dat dan ook, omdat zij een eigen visie heeft. Maar zo'n kritische stimulans heb ik juist nodig. Als klankbord is ze onmisbaar voor mij. Zij zou zeker alleen een onderneming kunnen leiden.'

NIEUWE TAKEN

Vanaf 2005 breken de jaren aan waarin de kinderen geleidelijk het ouderlijk huis verlaten of daar in elk geval veel minder aanwezig zijn, en voor Judith komt weer meer tijd vrij om zich voor de onderneming in te zetten. Ze begint zich gaandeweg meer te bemoeien met de inrichting van de hotels en restaurants en vooral het bij de tijd houden van die entourage. In 2010 wordt de vervanging van alle badkamers van de Winselerhof in gang gezet, in het voorjaar van 2011 volgt een proef met de eerste vernieuwde hotelkamer op Château St. Gerlach. 'Eind 2011 hopen we zestien kamers helemaal gerenoveerd te hebben', zegt Judith er zelf over. 'We handhaven op zichzelf de stijl, maar zoeken het in iets lichtere kleuren, waardoor de kamers niet alleen lichter worden maar ook een wat ruimere indruk gaan maken.' Een kolfje naar Judiths hand is een compleet nieuwe kledinglijn voor alle hotels en restaurants van het Oostwegel-concern. Gestart in september 2010 om in maart een half jaar later het Kruisherenhotel op dit punt al op orde te hebben vlak voor aanvang van Tefaf Maastricht, komen achtereenvolgens alle bedrijfsonderdelen aan bod. 'Antracietgrijze broeken tot taillehoogte, wit overhemd, giletje, gouden das of shawl en in de bediening een sloof,' schetst ze de nieuwe lijn en etaleert meteen haar afkeur van de mode met broeken tot op heuphoogte en de daarvan uitgaande slonzigheid. Alle kleding krijgt, bescheiden afstekend, het concernlogo; alleen de sloven worden onderscheidend met een logo van het betreffende restaurant.

Daarnaast vervult Judith representatieve taken in gevallen waarin Camille verhinderd is en voert zij het persoonlijke secretariaat van Camille, vooral daar waar het om strikt vertrouwelijke informatie gaat.

Ook is zij van de partij bij het maandelijkse directeurenoverleg. Toch beschouwt zij haar positie als 'nogal moeilijk', juist omdat het geen officiële positie is. 'Ik zweef een beetje tussen alles en iedereen door,' schetst zij haar rol. 'Dat kan soms knap ingewikkeld zijn omdat ik nooit iemand rechtstreeks kan aansturen, maar dat altijd via via moet doen.'

Daarnaast zet Judith zich namens het Oostwegel-concern in voor goede doelen, waarmee zij ook de naam van de onderneming uitdraagt. Zij is beschermvrouwe van de Stichting Preuvenetour. Deze stichting voorziet jaarlijks in de nazomer op de eerste donderdag na het culinaire evenement Preuvenemint in Maastricht in een wielertocht van 114 kilometer door de Zuid-Limburgse heuvels. 'Er zijn 22 hoofdsponsors die elk zorgen voor vier deelnemers plus een captain die in de volgauto zit; daarnaast nodigt elke sponsor zes gasten uit. Meestal brengt de fietstocht zo'n 21.000 euro op. De goede doelen waarvoor we dit geld bestemmen wisselen om de paar jaar en betreffen vaak iets in de gezondheidszorg in onze eigen regio of een project in ontwikkelingslanden dat door Zuid-Limburgers is opgezet.'

Daarnaast is Judith ambassadeur van de Stichting Doe Gewoon Eten & drinken en van Stichting De Belevenis. De eerste exploiteert een lunchcafé in Maastricht waar kinderen met een beperking aan leer- en werkervaring worden geholpen. 'Waar mogelijk mikken we daarna op doorstroming,' zegt Judith. 'En als ambassadeur probeer ik vooral om stichting en café onder de aandacht van het bedrijfsleven te brengen.' Stichting De Belevenis opereert landelijk en hier treedt Judith op als ambassadeur in Limburg.

De Belevenis is een in tenten rond-reizende uitgaansgelegenheid voor ernstig gehandicapte kinderen en dementerende ouderen, waarbij ook de begeleiders welkom zijn.

Gasten worden getrakteerd op een heel scala aan sprookjeswerelden.

Ten slotte is Judith als bestuurslid betrokken bij de Antoine van Uden Stichting in Moergestel. Hier verraadt zich familiebemoeienis. 'Van mijn heeroom,' legt Judith uit. 'De stichting richt zich op pastoraal werk onder doven en maakt zich momenteel hard voor de instelling van een leerstoel in Leuven, waarin liplezen centraal staat in plaats van gebarentaal.

Vanaf 2002 tot 2019 is Judith op het journalistieke vlak actief. Zij interviewt bekende personen, interessante interviews die gepubliceerd worden in het huismagazine *Savoir Vivre aux Châteaux*, onder de titel 'Judith Oostwegel ontmoet'.

Ze sprak onder meer met mr. Pieter van Vollenhoven, oud-premier Dries van Agt, Otto von der Gablentz, de voormalige Duitse ambassadeur in Nederland, toenmalig onderwijs-minister Maria van der Hoeven en schrijver A.F.Th. van der Heijden, die regelmatig in Houthem te gast is om er aan zijn romans te werken. Ze ontmoette uit het bedrijfsleven Gosse

Boxhoorn (initiatiefnemer van diverse belangwekkende zonnepanelenprojecten), APG-voorman Dick Sluimers, Roger Dassen (ceo Deloitte Nederland) en Kiki Niesten, een zeer geslaagde zakenvrouw, maar ook de Sittardse wereldkampioen polsstokhoogspringen Rens Blom en zanger Guus Meeuwis. In het voorjaar van 2004 sprak ze met de Limburgse theaterman en liedjesschrijver Gé Reinders.

Alles bij elkaar denkt Judith anno 2011 ongeveer tweederde van haar tijd in de onderneming te steken en alles wat daar op de een of andere manier verband mee houdt. Een levenswerk aan de zijde van Camille.

Voor haar interviews ontmoet Judith Oostwegel diverse bekende personen zoals Dick Sluimers, Stijn Huijts, Piet Hein Eek en Francine Houben.

WINSELERHOF

OOSTWEGEL EN WINSELERHOF

Drie maanden nadat Camille was gestart met de restauratie van de Brughof, attendeerde iemand van de gemeente Landgraaf hem op de Winselerhof. Op een maandag ging hij tijdens het hardlopen vanuit Erenstein naar de Winselerhof om een kijkje te nemen. De naam van de hoeve was hem bekend van de Houthemse familie Coonen waar Camille kind aan huis was. De moeder van dat gezin was op de hof geboren. In zijn jeugd had Camille veel prachtige verhalen over de Winselerhof gehoord, want Hubert Keybets, een broer van mevrouw Coonen, was de laatste van de familie die de hoeve bewoonde. Neven en nichten, onder wie ook uit het gezin Coonen, gingen er vaak logeren.

'Bij Novotel had ik geleerd dat er bij bedrijfsvoering ook expansiemogelijkheden horen. Ik wilde iets achter de hand hebben voor het geval de Brughof succesvol zou worden. Ik zag meteen dat de Winselerhof een prachtige hoeve was, mooi gelegen in het Strijthagerbeekdal, maar ik wilde ook graag binnen kijken. Ik belde aan en mevrouw Verhagen, de bewoonster, deed open.

In eerste instantie was deze nogal wantrouwend. Toen ik van de mogelijke plannen vertelde begon ze aan een litanie van klachten over de gemeente die het gebouw maar verwaarloosde, dat het er naar binnen regende en nog veel meer. Eindelijk zou er dan iets gebeuren zodat zij er weg kon. De Winselerhof maakte door de gemeentelijke herindeling inmiddels deel uit van Landgraaf. De gemeente had mij al gezegd dat er voor een eventuele restauratie geen geld was, maar dat ik waar mogelijk op hulp en ondersteuning kon rekenen. Zo is het ook gegaan.'

In een later stadium zou de houding van mevrouw Verhagen volkomen veranderen. Elco Brinkman was destijds minister van Cultuur. Toen hij, als gast van het Oud Limburgs Schuttersfeest, met zijn gezin in de Brughof logeerde, nodigde Camille hem

Winselerhof

uit om de Winselerhof te bekijken, maar mevrouw Verhagen weigerde hen binnen te laten: 'U komt er niet in ook al bent u de minister.' Dit had Brinkman in zijn functie nog nooit mee-gemaakt.

Camille besprak zijn plannen met burgemeester Coenders en wethouder Heinrichs. 'In de zomer van 1983 vroeg ik, na de opening van Hotel Brughof, een jaar bedenktijd voor de koop van de Winselerhof. Dat werd afgesproken en daar hebben ze zich ook aan gehouden.'

Camille wilde een formule bedenken en afwachten of de Brughof winstgevend zou zijn. Het was de periode van september 1983 tot september 1984. 'Ik wist dat als mijn plannen bekend werden, anderen met nieuwe voorstellen zouden komen. Dat is ook gebeurd. Een ondernemer uit Kerkrade heeft ook nog pogingen ondernomen de Winselerhof te kopen. De gemeente hield zich echter keurig aan de afspraak. Uiteindelijk kocht ik de hoeve, in het voorjaar van 1985.'

FORMULE

Restaurant Erenstein was een luxe restaurant waar de Winselerhof geen concurrent van mocht worden. Daarom ging Camille in overleg met Theo Coonen uit Houthem die indertijd op het hoofdkantoor van Accor zat.

Een Ibis Hotel - een formule van Accor - zou een mogelijkheid zijn, maar hoe dit te financieren? Camille was immers begonnen met een forse investering in de Brughof. Coonen organiseerde dat iemand van Ibis Europa naar Landgraaf kwam om de Winselerhof te bezichtigen. 'We hebben hem van boven op de berg, waar nu Snowworld ligt, de hoeve laten zien. Hij was heel enthousiast en besprak het met zijn baas. Zij stelden toen een franchiseformule voor, en onder de vlag van Ibis zou het dan gerealiseerd kunnen worden,' schetst Camille de gang van zaken.

'Ik had Judith op 23 maart 1983 leren kennen en die zomer zijn wij in juli samen naar Sicilië gegaan. Tijdens die reis bezochten we het hoofdkantoor van Novotel in Parijs. Via Theo Coonen was het gelukt een afspraak te maken met Henry Perret, de verantwoordelijke man voor Novotel in Europa en Zuid-Amerika.

Die vond onze plannen met de Winselerhof geweldig. "Ik wil meedoen," zei hij, "op persoonlijke titel en ik wil aandelen in de onderneming hebben."

De volgende dag hadden we een afspraak bij de directeur van Ibis en ook die reageerde enthousiast. Vervolgens kon ik de twee Accor-presidenten spreken. Eerst Pélisson, die zag al voor zich dat de rijke gasten van Erenstein dan in het Ibis Hotel hun chauffeurs konden onderbrengen. Toen ik vertelde dat Perret geld in de zaak wilde steken, verdubbelde Pélisson dat bedrag, ook op persoonlijke titel.

Geschiedenis
Winselerhof

'Ein Winzer' is Duits voor een wijnbouwer. In de wijnstreken van Duitsland tref je legio hotels met de naam Winzerhof aan. Vermoedelijk heeft ook de naam van het huidige hotel Winselerhof in Landgraaf met wijnbouw te maken. Uit de geschiedschrijving blijkt dat er tegen de noordwestelijke rand van het Strijthagerbeekdal op grote schaal druiven werden geteeld. De Strijthagerbeek stroomt langs de Overstehof, Kasteel Strijthagen en de Rouwenhof in Eygelshoven naar de Anstelbeek, om voor de Duitse grens in de Worm (Wurm) te vloeien. Abdij Rolduc ligt aan de andere kant van Kerkrade, het oude Kloosterrade. Ze biedt onder meer een riante uitkijk op het dal van de Worm (Wurm), het stadje 's-Hertogenrade (Herzogenrath) en het gelijknamige kasteel.

OUDSTE GESCHIEDENIS

In de middeleeuwen zijn onder anderen de Graaf van Saffenburg (1155), Beatrijs

van Anstel (1312) en John Bastard van Nuth (1481) eigenaren van de Winselerhof geweest.

De laatste, zoon van Reinard, verkocht 'zes mud lijfpacht op de hoeve Winzeler aan den jonker Werner van Bronkhorst tot Gronsveld'.

Het Kleine Winzelen, een deel van de Winselerhof, bleef leenplichtig aan de abdij Kloosterrade.

In de latere middeleeuwen wordt de Winselerhof onder andere als 'Clein Winzeln' voor het eerst in de archieven genoemd.

In het Rijksarchief (het huidige 'Regionaal Historisch Centrum') bevinden zich de van een Nederlandse vertaling voorziene *Annales Rodenses*. Die vermelden dat Beatrijs van Anstel de hof van Wenselen, oftewel Clein Winzeln, als leen voor hertog Jan III van Brabant (1312-1350) verheft.

En verderop in de *Annales* staat dat de graaf van Saffenburg in 1555 zeven morgen land bij 'Winzeler aan gene zijde van de Anstel' aan Abt Richerus van de Abdij Rode (het latere Rolduc) heeft geschonken als vergoeding voor de teruggave van een parochiekerk.

In de 17de en 18de eeuw behoorden de zeven morgen land aan de eigenaren van de Winselerhof.

Het leen werd in 1718 door de weduwe

De Winselerhof tijdens restauratie en renovatie.

van Vorst van Dietrichstein verheven; in 1732 door de Prinses De Ligne, geboren Van Salm; in 1740 door de Prins De Ligne en in 1779 door de heer van Amstenrade, Nicolaas Willems. Op 22 november 1788 verhief Gravin Victoir d'Amstenrade het leen voor de laatste keer. In 1794 werd Limburg door de Fransen veroverd. Bouwpastoor Hubert Spierts stichtte in 1919 zijn parochiedorp Terwinselen, genoemd naar de Winselerhof, door tien hectare grond aan te kopen.

Winselerhof

In dezelfde periode verkocht Graaf de Marchant et d'Ansembourg uit Dikkelvenne als eigenaar de hof met de ruim 23 hectaren bestrijkende, overgebleven landerijen aan Joseph Keybets. Diens weduwe was van 1927 tot 1943 eigenaar, samen met haar zoons Joseph (vanaf 1943) en Hubert (die vanaf 1945 de enige pachter en mede-eigenaar was).

Die verkocht eind 1965, samen met de andere erfgenamen, de Winselerhof met 14 hectaren land aan de gemeente Kerkrade.

In de Rijksuitgave *Nederlandse Monumenten van Geschiedenis en Kunst* (1962) staat in een artikel, dat het monument Winselerhof door zijn ligging aan de grens van Schaesberg 'een fel contrast vormt met het naburige mijnencomplex van de inmiddels verdwenen Staatsmijn Wilhelmina, de eerste en de kleinste onder de Nederlandse staatsmijnen van weleer'.

Naast een opsomming van oude namen als Winselaar, Wenselen en 'De Terwinselerhof', volgt in het stuk een beschrijving van de centrale plaats van de hoeve in de Euregio te midden van de steden Aken-Heerlen-Hasselt-Luik-Maastricht, en zijn geschiedenis.

In 1922 zijn even ten noorden van de Winselerhof bij archeologische opgravingen de resten van een fundament van een Romeinse villa gevonden.

Terras bij Restaurant Pirandello met uitzicht op de wijngaard.

Dit antieke landhuis lag bij de Overste Hof (tegenwoordig Overstehof genoemd), zelf een van origine Limburgse carréboerderij met het bijbehorende landgoed Overste Hof.

Het natuurgebied in deze contreien staat bekend als de parel van Landgraaf. Bovendien vormen de nabij gelegen Wereldtuinen Mondo Verde een bijzondere toeristische attractie voor liefhebbers.

Het gebied ligt tussen de vroegere, door de Romeinen aangelegde heirbanen (legerwegen) van Keulen via Rimburg aan de Worm, Nieuwenhagen, Heerlen, Maastricht naar Tongeren en die van Aken naar Heerlen, Maastricht en Tuddern (bij Sittard).

Een keur van vondsten uit de Romeinse tijd in en rond de Winselerhof werd bewaard en tentoongesteld in het voormalige museum van Kasteel Oud Ehrenstein, de voorloper van het tegenwoordige Kasteel Erenstein.

Helaas zijn de overblijfselen van de antieke villa in de loop van de mijngeschiedenis vrijwel onbereikbaar onder een steenberg van de in 1899 gestarte Staatsmijn Wilhelmina terechtgekomen, net als een belangrijk deel van de voorheen opgekochte landerijen van de Overstehof.

Kerkrade probeerde de sterk in verval geraakte Winselerhof al in 1973 van de hand te doen. Ook waren er al restauratie- en verbouwingsplannen voor andere bestemmingen. Maar het bleef bij voornemens, want het schortte aan de toekenning van de benodigde vier miljoen gulden subsidie. Wel werden nieuwe bestemmingsplannen gesmeed, toen de gemeente Landgraaf eigenaar van de Winselerhof werd en die er onder meer een congrescentrum of een ruitersportcentrum in wilde vestigen.

Winselerhof: Luigi's Restaurant & Bar.

Bij Paul Dubrule vertelden we over onze ervaringen bij de twee anderen en hun financiële bijdragen. Die op zijn beurt verdubbelde toen spontaan het hele bedrag, ook weer op persoonlijke titel. Ik had dus een half miljoen gulden bij elkaar als aandelenkapitaal. Ik viel zowat van mijn stoel, want dit was niet mijn opzet geweest. Het vertrouwen van de Accor-groep in het project gaf mij een extra kick en ik bedacht dat ik het dan ook maar beter allemaal zelf kon doen. Vooral het feit dat ze er persoonlijk zoveel geld in wilden steken, bracht mij op dit idee. Ik wilde geen verantwoording afleggen aan aandeelhouders.

Gaandeweg kwam ik echter tot de overtuiging dat die Ibis-formule niet de goede keus was. Al snel na de opening van de Brughof bleek dat er te weinig kamers waren, want we hadden bezettingspercentages van 80 tot 90%. Er was behoefte aan een zaak van hetzelfde niveau, niet aan iets van een lagere formule. Het was ook nog maar de vraag of een zaak, zonder mijn persoonlijke stempel, tot een succes zou zijn geworden.
Ik kreeg ook financieel de gelegenheid om het zelf te doen. Mijn oude bazen hadden me met hun vertrouwen zeer ondersteund.'

FINANCIERING

'We hebben een kostenberekening gemaakt en daarmee zijn Jo Eenens en ik naar het LIOF gegaan. Die waren immers ook partner in de Brughof. De Oostelijke Mijnstreek moest nog ontwikkeld worden. Maar ze vonden mijn plannen, omdat ik nog maar pas bezig was, veel te risicovol en stelden veel voorwaarden. In een gesprek met de adjunct-directeur kregen we te horen dat het wel kon, maar het leek wel alsof ik onder curatele werd gesteld. Zo noemden ze het niet, maar als ik bijvoorbeeld lid wilde worden van een tennisclub, dan kon dat alleen maar met toestemming van het LIOF. Ik moest voor 300% bezig zijn met mijn werk. Er kwamen onmogelijke voorwaarden op tafel.

Toen hebben Jo en ik elkaar aangekeken en gezegd dat dat geen zin had. Weer buiten besloten we naar de ABN AMRO te gaan. We belden op en konden meteen terecht. De naam van

Jo Eenens was hun wel bekend. Ik was op dat moment al rond met Nationale Investerings Bank Projectbeheer, maar waar het nog om ging was de voorfinanciering van de btw. Als dat zou lukken, hadden we het LIOF helemaal niet nodig. De rest zou ik zelf financieren vanuit mijn liquide middelen.'

Camille en Jo werden meteen ontvangen door de regionale directeuren van ABN AMRO en kwamen in datzelfde gesprek al tot een akkoord. Weer moesten ze een vervelend traject afleggen, nu met de Limburgse Monumenten Stichting, want de gemeente Landgraaf had de Winselerhof voor het symbolische bedrag van één gulden verkocht aan die stichting vanwege subsidie. De gemeente had zich niet gerealiseerd welke problemen dat met zich mee zou brengen.

Camille betaalde uiteindelijk 5.000 gulden voor enig werk waaronder het schrijven van twee brieven en daarmee was de kous af en zou de LMS zich zo weinig mogelijk mengen in het project. In de ingemetselde steen bij de toegang naar de receptie van de Winselerhof staat te lezen, dat op 11 juni 1985 de eerste steen is gelegd door drs. K.W. (Werner) Buck, lid van Gedeputeerde Staten van de provincie Limburg, en Judith

Oostwegel-van Uden. Daarnaast vermeldt een kleurrijk bordje trots de vier 'Hotelsterren', die aan de Winselerhof zijn toegekend. Na de restauratie en renovatie telde het hotel-restaurant 49 luxueuze kamers, inclusief suites.

MEVROUW VERHAGEN

De bewoonster van de Winselerhof, mevrouw Verhagen, vormde zoals eerder al gerefereerd, een bijzondere hindernis. 'Met haar hebben we veel problemen gehad. Zij was de weduwe van de laatste bedrijfsleider van de hoeve. Werd ik de eerste keer nog met alle égards ontvangen, daarna was daar geen sprake meer van,' herinnert Camille zich. 'Toen de hof leeg kwam te staan, heeft de weduwe de gemeente gevraagd om er met de waakhonden zolang te mogen wonen. Dat werd haar toegestaan om kraken te voorkomen. Ze hoefde geen huur te betalen, maar kon daar geen rechten aan ontlenen. Vervolgens ging ze paarden houden op de hoeve, verhuurde weilanden die niet van haar waren, verkocht het nog aanwezige stro en zo meer. Ze weigerde ook weg te gaan. Toen het serieuzer werd, liet ze me niet meer binnen. Ik mocht zelfs niet meer op het erf komen. De LMS was officieel tijdelijk eigenaar van het pand.

Ze werd voor alle betrokkenen een probleem. Ik heb nog geprobeerd het met haar in der minne te schikken, maar dat lukte

Judith Oostwegel met drs. K.W. Buck, lid van Gedeputeerde Staten van Limburg. Eerste steenlegging restauratie (juni 1985).

niet. Via de wetswinkel in Heerlen kwam het tot een procedure. Ze kwam met een eis, ging naar de pers. Grote foto in de krant, zielig verhaal, ik was de rotzak natuurlijk. De rijken die de armen uitpersen. Ze wilde wel weg, maar eiste een woning in het Brabantse.

Toen hebben we een kort geding aangespannen, want ze hield zich niet aan de afspraken. De rechter zei meteen: "Mevrouw, u moest niet vandaag al weg, niet eergisteren, u moest vorig jaar al weg. U hebt geen enkel recht". Ons werd toch aangeraden een regeling te treffen. Uit het contingent van de provincie werd een woning uit Limburg overgeheveld naar Brabant en die woning werd haar ter beschikking gesteld. Zo is het opgelost, met die woning in Brabant plus 16.000 gulden verhuisschade. Om van alle ellende af te zijn, heb ik er nog een flinke som in gestoken, iets tussen de 15.000 en 20.000 gulden. Na de rechtszaak gaf mevrouw Verhagen me een hand en zei: "Meneer Oostwegel, het heeft de moeite geloond, maar ik ga niet meteen weg".

Ze is blijven zitten totdat de hof zowat klaar was. Het kwam de aannemer wel goed uit dat er 's nachts nog iemand was met honden, maar ze liet zich daar wel wekelijks voor betalen. Ze verkocht ook de inventaris van de hoeve die toen al van mij was. Alleen het fornuis dat er nu nog staat, heeft ze niet verkocht.

Wat overbleef, heb ik haar nog moeten betalen, want ik kon niet bewijzen dat het van Keybets, de vorige eigenaar, was geweest.

Toch heb ik haar uitgenodigd voor alle feestelijkheden, de eerste steenlegging, voor de viering van het hoogste punt en ook bij de officiële opening, op 15 september 1986 door minister Brinkman, was ze te gast, ondanks dat ze geweigerd had hem binnen te laten.

We hadden groot feest die dag, maar het regende ontzettend. De kelders liepen zo vol dat de brandweer erbij moest komen, maar daar hebben de gasten niets van gemerkt.'

Restaurant Pirandello.

ITALIAANSE CULTUUR

Qua sfeer, stemming en ambiance loopt door het horecabedrijf een onmiskenbaar Italiaanse rode draad. Door de hardstenen poort, met in een van de sluitstenen een afbeelding van een os - het klassieke teken voor macht en welvaart - maken gasten een entree en eenmaal op de binnenplaats waant de bezoeker zich niet meer in Nederland, maar in zuidelijke regionen.

In het begin werd de binnenplaats direct na de entree gedomineerd door het beeld van een levensgrote os, gemaakt door de beeldhouwer Pieter d'Hont. Olijfbomen, vogels en een vijver met eenden en vissen verlevendigden de sfeer van dit in feite tot één geheel bestempelde terras. In de zomer van 2010 is besloten deze cour volledig opnieuw - en evenwichtiger van opzet - in te richten. De os staat sindsdien op de kop van de binnenplaats van de Winselerhof; de vijver verdween.

De kamers van het hotel zijn in authentieke stijl uitgevoerd. Ze dragen net als enkele grote en kleinere zalen de namen van beroemde cultuursteden, cultuurstreken of kunstenaars van La bella Italia.

Het algemene Italiaanse karakter wordt in gastronomisch opzicht bevestigd door een klein lunchrestaurant Luigi's Trattoria*, maar zeker ook door het restaurant Pirandello, genoemd naar Luigi Pirandello (1867-1936), de beroemde Italiaanse schrijver/letterkundige en Nobelprijswinnaar.

Het antieke, overwegend klassieke interieur is gedecoreerd met marmer uit Carrara. Naast veel beeldhouwwerk en sculpturen sieren bijzondere schilderingen de wanden.

Centraal in het hoevecomplex hangt een fraaie 17de-eeuwse crucifix aan de muur met een aan de hoeve verbonden geschiedenis. Het kruisbeeld, gered uit een verwoest houten kapelletje,

Winselerhof: hotelkamer.

Winselerhof: Wijnkelder Restaurant Pirandello.

30-jarig bestaan Winselerhof, onthulling van kunstwerk Chris Kabel (15 september 2016).

Restaurant Pirandello.

is een geschenk aan Oostwegel sr. van vorige eigenaar Keybets van de heerhoeve.

Het eerder ontwikkelde idee voor een restaurant in Italiaanse sfeer kreeg met de realisatie van de Winselerhof gestalte. Over de keuze voor Italië zegt Oostwegel sr.: 'Met vrienden ging ik in die tijd vaak in Aken bij een Italiaan eten. Het zat er altijd stampvol. Ook veel mensen uit Kerkrade waren er te gast. Ik had in 1983 op Erenstein al een keer een Italiaanse week gehouden in samenwerking met Restaurant Villa Rozenrust uit Leidschendam, destijds het enige etablissement in Nederland met Italiaanse accenten.

Koos van Noort was toen chef-kok in Rozenrust. Die is een hele week gekomen. Het werd zo'n succes dat we er nóg een week van hebben gemaakt. Later werd Van Noort de eerste chef-kok in Pirandello. De uitwisselingsformule was hiermee een feit: slapen in de Brughof of de Winselerhof, Frans eten in Erenstein en Italiaans eten in Ristorante Pirandello.'

Luigi's Restaurant & Bar.

LUIGI'S RESTAURANT & BAR

In de gotische gewelvenkelder is het hotel voorzien van het sfeerrijke restaurant Luigi's Restaurant & Bar. Daar bevindt zich nog steeds een antieke put, ter hoogte van de bron van waaruit de Strijthagerbeek ontspringt.

CHÂTEAU
NEERCANNE

OOSTWEGEL EN
CHÂTEAU NEERCANNE

Château Neercanne ligt in het zuidelijke gedeelte van Maastricht, tegen de oostelijke wand van de Cannerberg, op een steenworp afstand van het Belgisch grensdorpje Kanne. Het weidse dal waar de kleine rivier de Jeker zich slingerend een weg doorheen baant, vormt het indrukwekkende decor voor Château Neercanne en de terrassen van het kasteel. Het uit het begin van de 18de eeuw stammende kasteel is in de Benelux het enige nog bestaande met terrastuinen.

Château Neercanne - ingang wijngrot - 'Goede wijn verblijdt het hart van de mens'.

Nadat Koninklijke Brand Bierbrouwerij uit Wijlre in 1955 Château Neercanne ging huren van Stichting het Limburgs Landschap en vervolgens zelf ging exploiteren, is er over de restauratie en de noodzakelijke vernieuwing heel wat gedebatteerd. Verschillende instanties uit uiteenlopende disciplines bogen zich over de vraag of en hoe Nederlands enige terrassenkasteel zoveel mogelijk in de oorspronkelijke staat teruggebracht zou kunnen worden.

Brand ging in de tweede helft van de vorige eeuw op de gastronomische toer en exploiteerde Château Neercanne in dat kader als restaurant.

In 1952 kreeg de Maastrichtse architect J.H.A. Huysmans van het Limburgs Landschap de opdracht een restauratie- en renovatieplan voor het kasteel te ontwikkelen. Het was de bedoeling de bestaande interne structuur van Neercanne te handhaven, maar de inrichting zou een Italiaanse signatuur gaan dragen.

Camille Oostwegel sr. nam de exploitatie van Château Neercanne in 1984 over van Brand en voegde de onderneming daarmee toe aan zijn keten van hotels en restaurants in monumentale gebouwen. Hij was uitermate geïnteresseerd in de rijke historische cultuur van het monumentale kasteel en de samenhang met de fraaie natuur in de omgeving.

Onmiddellijk zag hij de mogelijkheden om aan dit belang-

Château Neercanne (1950).

rijke en monumentale restauratieproject te beginnen. Hij keek daarbij zowel naar de op te knappen barokke terrastuinen als de opgedroogde, functioneel vervallen vijver en het laagterras aan de overkant van de Kannerweg. Omdat beide onlosmakelijk verbonden zijn met de cultuur van het kasteel, wilde Camille ze van meet af aan laten restaureren. Dit alles uiteraard in een zinvolle combinatie met het inmiddels onder zijn supervisie vallende restaurant met zijn eigen wijnkelders, wijngaard, (champignon-)grotten en auberge.

Château Neercanne (1950).

Camille Oostwegel sr. met op
de achtergrond Château
Neercanne na de grote mergelrestauratie (1990).

RESTAURATIES

Met de uitvoering van de restauratie- en vernieuwingsplannen
van het complex zoals Camille voor ogen stond, deden zich de
nodige problemen voor. Zo ook met de Stichting het Limburgs
Landschap. De bestuursleden keken namelijk met geheel andere
ogen naar de voorgenomen veranderingen en naar de eventuele gevolgen voor de stichtingsbelangen ten opzichte van de
samenleving, de omgeving en de natuur. En wat de restauratie

van de grote, historische vijver en zijn onmiddellijke omgeving betrof, was er nog het probleem van de weg van Maastricht naar Kanne, die het terrassencomplex doorsnijdt. En daarenboven bleek de watervoorziening van de vijver verstoord.

Voor het voornaamste deel van alle problemen rond deze avontuurlijke restauratie en vernieuwing zijn oplossingen gevonden. Een nauwkeurige reconstructie naar de authentieke staat van het kasteelcomplex bleek een onmogelijke opgave. Er waren namelijk weinig of geen oorspronkelijke ontwerpplannen en ontwerpschema's van het voormalige Château d'Agimont (ook wel d'Aigermont genoemd) beschikbaar.

Daarnaast waren slechts summiere gegevens voorhanden, zoals een zeer beperkt aantal algemene archiefgegevens, een historische kopergravure van Brusselaar Guillaume de Bruijn uit 1714-1715 en een beschrijving op rijm van de Friese dichter en predikant François Halma uit de tijd dat het kasteel er nog in volle glorie stond.

Landschapsarchitect W.J.A. (Wil) Snelder heeft zich deels gebaseerd op de gegevens van een uitgevoerd archeologisch onderzoek van de Technische Universiteit Delft (1989-1990) en deels op de gravure van Guillaume de Bruijn. In 1997 vond het herstel van de middelste terrastuinen plaats.

DE TUINEN

De cultuurperiode die met 'barok' wordt aangeduid, stamt uit het Italië van midden 17de eeuw. In de 18de eeuw hebben de bouw- en tuinkunst vooral in het koninklijke Frankrijk een hoge vlucht genomen. De barokke tuinen die gouverneur Van Dopff in 1698 bij het toen Agimont geheten Neercanne liet aanleggen, worden in de literatuur in bescheiden mate wel eens vergeleken met de architectonische tuinglorie van Versailles. En, meer terecht, met het in 1986 gerestaureerde Paleis Het Loo. Of dat in het Duitse Kleve.

De prachtige beplantingen, de florissante boom- en wijngaarden en de weelderige groente- en kruidentuinen van Neercanne hebben ooggetuige Halma in 1714 kennelijk geïnspireerd tot extra barokke en lyrische ontboezemingen in zijn heldendicht.

In het gedicht van Halma, waarvan het eerste deel het landgoed behandelt en het tweede aan de generaal Van Dopff gewijd is, moet net als bij de gravure van De Bruijn rekening worden gehouden met stilering en idealisering van de werkelijkheid.

Poortgebouw auberge (1948).

135

Château Neercanne met rivier de Jeker in 1980.

Geschiedenis
Château Neercanne

HET OUDE KASTEEL

Al in de tiende eeuw werd de plaats Canne - later zal het Kanne of Kan worden - in de jaarboeken vermeld. In de omgeving hadden de Romeinen fortificaties aangelegd om hun mergelgrotten te beschermen.

Het plaatsje was vóór het jaar 1000 eigendom van de elkaar opvolgende, regerende prins-bisschoppen van Luik en vooraanstaande leden van het Luikse 'stadsbestuur'.

Dat is eeuwenlang zo gebleven. Canne bestond in de middeleeuwen uit twee rechtsgebieden: Opcanne en Neercanne.

In 1353 gaf de Luikse prins-bisschop de vrije heerlijkheid Neercanne in leen aan de burgemeester van Luik, Bertrand van Liers. Daar stond destijds een kasteel op de plaats waar nu het huidige Château Neercanne is gevestigd.

Over het ontstaan en de bouw van dat eerste kasteel is weinig tot niets bekend. Rond 1350 werd het bewoond door elkaar opvolgende leden van het geslacht Van Liers, die allen een band met Luik hadden.

Een eeuw later was ridder Jan Chabot van Jupille, schepen van de stad Luik, bezitter van de burcht. Zijn zwager Gerard (de) Villers werd de volgende eigenaar. In 1465 werd het kasteel tijdens een belegering van de stad Maastricht door opstandige Luikenaren in brand gestoken en (groten)deels verwoest.

Toen de heerlijkheid Neercanne in handen van de familie (de) Villers kwam, werd het kasteel door de aangetrouwde Jan Pité en zoon Jan II, ook weer een burgemeester van Luik, opnieuw opgebouwd.

Diens dochter trouwde met Herman van Straten, waarna wegens geldgebrek alle goederen werden opgekocht door de aan de familie verwante edelman Melchior van Pallandt.

Tijdens het beleg van Maastricht in 1632 belegerde Frederik Hendrik eerst Maastricht en verdedigde vervolgens het château tegen de Spanjaarden. Hij en zijn regiment namen toen hun intrek in en rond het oude kasteel van Neercanne.

Later kwam de burcht opnieuw in Luikse handen, want Melchiors zoon Edmond van Pallandt verkocht het kasteel in 1643 aan Philip de Wansoulle, burgemeester en kamerheer van de prins-bisschop in Luik.

Helaas moest het kasteel door een Luikse opstand in 1649 opnieuw een belegering en plundering doormaken. Philip werd als gevangene naar Luik gevoerd.

Na zijn vrijlating liet hij de burcht na aan zijn neef Jean Mathieu de Wansoulle. Diens zoon was de man, die het gehavende kasteel op 14 februari 1697 aan Daniël Wolf van Dopff, toen nog garnizoenscommandant van de vesting Maastricht, verkocht.

GOUVERNEUR VAN DOPFF

Het propagandistisch gekleurde gedicht van Halma is opgedragen aan 'Zijne Excellentie den heere Daniel Wolf, Baron van Dopff, heere van Aigermont, Nederkan, Ruyff, en Eeben; generaal van de dragonders en cavallerye van den staat; veldt-maarschalkluitenant van zyne keizerlyke majesteit; quartier-meester generaal van de armeen van den staat der vereenigde Nederlanden; chevallier van d'ordre der generosité van zyne koningklyke majesteit van Pruyssen; kolonel van een regiment dragonders, en gouverneur van Maastricht'.

Daniël Wolf van Dopff werd op 10 januari 1650 in het Duitse Hanau (Hessen) geboren als Daniël Wolf. Hij liet zich na de (eigen) toekenning van de adellijke titel

Perspective
du Chateau d'Aigermont
et de ses environs situe dans le
Seigneurie de Nedercan
apartenant a Son Exell.^{ce} le General
Baron de Dopff.

Reichsfreiherr Baron von Dopff (daarna Van en in Franstalige samenhang ook De Dopff) noemen. Kerkelijk was hij van Lutherse afkomst.

Hij trad al jong in militaire dienst bij de Graaf van Hanau en kwam vervolgens in het leger van keurvorst Frederik III van Brandenburg terecht. Van Dopff maakte zich bijzonder verdienstelijk tijdens de oorlog tegen Frankrijk en begon vervolgens aan een carrière als militair ingenieur in het Staatse leger.

In 1672 trok hij met de troepen van de Republiek en die van de Duitse keizer ten strijde tegen de Fransen, die een belangrijk deel van het Rijnland en 'Holland' bezet hadden.

Door het succes van deze actie en Van Dopffs heldhaftig aandeel daarin, kreeg hij een hoge onderscheiding: de Orde van de Generositeit. De bijbehorende versierselen ervan zijn opgenomen in het familiewapen van Van Dopff, vereeuwigd in een poortsteen en te zien in het kasteel.

De contacten van Maastricht met Holland werden geïntensiveerd. In 1675 kreeg Van Dopff een benoeming van de Staten-Generaal tot ingenieur-fortificatie-meester en vervolgens bracht hij het via zijn benoeming als luitenant-kwartier-meester-generaal tot een van de hoogste rangen in het leger: ordinaris-ingenieur.

Uiteindelijk werd de garnizoensgeneraal, na tien jaar waarnemend gouverneurschap,

De Stadt Maastricht van d' Akensche zyde aan te zien.

Zicht op Maastricht uit het boek van François Halma opgedragen aan Baron Van Dopff (1715).

gouverneur van de stad Maastricht. Hij was onder meer de grondlegger van het Fort Sint Pieter, het imposante verdedigingswerk op de westelijke flank van de gelijknamige berg (Sint Pieter was een Luikse gemeente) en had de leiding over de Maastrichtse versterkingswerken inclusief de vier bastions: Waldeck, Holsteyn, Saxen en Engeland. Van Dopff bleef militair actief, tot in 1712 Savoye een veldtocht tegen Frankrijk begon vanuit Maastricht, een mislukte poging om samen met geallieerden voorgoed een einde aan de eindeloze Franse dreiging te maken. Hij stond toen voor de laatste keer op het slagveld.

Van Dopff was een bijzonder belangrijk en vermogend man. Hij verkeerde in de hoogste kringen en was een geziene gast aan het hof van stadhouderkoning Willem III. In eigen land had hij veel adellijke relaties.

Prins Willem V logeerde bij hem thuis en hij werd regelmatig op feesten aan buitenlandse hoven uitgenodigd. Door zijn huwelijk met Catharina Maria van Volckershoven verwierf Van Dopff nog meer kostbare bezittingen. Over het algemeen stond hij bekend als een genereus man, die bij gelegenheid zelf verschillende keren in de geldbuidel tastte.

Naar de mode van zijn tijd werd hij geïnspireerd door het lichtende voorbeeld van zijn befaamde tijdgenoot Lodewijk XIV.

In 1698 liet Van Dopff het huidige Château Neercanne bouwen. Hij benutte het naar de vorm barokke, luxeus ingerichte kasteel voornamelijk als buitengoed en gastenverblijf. Er werden grootse ontvangsten en feesten gehouden, zoals in 1715, toen zijn zoon Frederik Karel als Heer van Neercanne werd geïnstalleerd. Vader Van Dopff had voor de gelegenheid bijna iedereen die in Maastricht iets met kunst of cultuur te maken had, uitgenodigd. De liefde voor het toneel zat hem in het bloed en hij werd dan ook een promotor van het Maastrichtse theaterleven. Eerder had hij ervoor gezorgd dat een manege in de stad tot schouwburg was verbouwd. In de helling van de Cannerberg liet hij een amfitheater bouwen, dat officieel ingewijd werd bij de inauguratie van zijn zoon.

In 1717 ontving Van Dopff in Maastricht niemand minder dan de 'tsaar aller Russen' Peter de Grote, die zich uitermate bleek te interesseren voor de militaire architectuur van Maastricht en in het bijzonder voor die van het nieuwe Château Neercanne en de terrastuinen ervan.

De tsaar werd door Van Dopff op het stadhuis en op Château Neercanne ontvangen. Verschillende markante bewijzen van dit bezoek zijn nog te zien in gedenkstenen en -platen, zoals een in de grot van Neercanne gegraveerde mededeling

Bij gelegenheid van het 300-jarig bestaan van Neercanne werd een schilderij onthuld van Baron van Dopff. Het kunstwerk heeft een plaats gekregen in de hal van Château Neercanne.

met handtekening van de tsaar: 'Hier geweest den Csaar van Moscoviën den 26 julij in het jaar 1717'.
Tsaar Peter logeerde tijdens zijn bezoek aan de stad onder meer in de voormalige Bokstraat (nu de Kesselskade) in Maastricht bij Baron de Crassier.

Ook een herinnering aan het latere bezoek van groothertogin Maria van Rusland en prinses Leonida van Georgië is via een inscriptie in een grot van Château Neercanne te bezichtigen.

Ter ere van het bezoek van de tsaar, die toen zijn tweede grote rondreis door

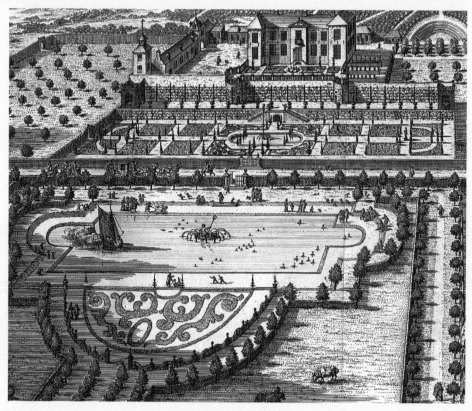

Château Neercanne (1715).

Europa maakte, vond op de Maas het spiegelgevecht 'De bestorming van de burcht' plaats.

Het verhaal wil, dat de overigens niet van ijdelheid gespeende Van Dopff uit ceremonieel respect voor de tsaar 'blootshoofds' in Maastricht rondliep. De kalende generaal zou daarna geen pruik meer hebben willen dragen. Volgens de overlevering vatte hij daardoor een fatale kou, die er de oorzaak van was dat hij op 15 april 1718 stierf.

Verschillende schriftelijke bronnen vermelden voorts het catastrofale ongeluk van Van Dopffs vrouw en twee dochters in 1705. Onder anderen de bekende schrijver/journalist Felix Rutten heeft dit verhaal in zijn *Limburgsche Sagen* beschreven.

Tijdens een plotseling opstekend onweer kwamen de barones, haar kinderen en de koetsier om het leven toen de grot waarin het gezelschap wilde schuilen, instortte.

De volksmond zag dat als een straf van

Château Neercanne (2017).

God, want de kasteelvrouw zou eerder met haar koets op een processie in actie zijn ingereden.

Daniël van Dopff was in het katholieke Maastricht een gevierd man, die op 1 mei 1718 onder overstelpende belangstelling met grote militaire eer in de (gereformeerde) Maastrichtse Sint-Janskerk werd begraven.

ADELLIJKE EIGENAREN

In 1747 werd Kasteel Neercanne door prins Karel van Waldeck, opperbevelhebber van de Hollandse troepen, als residentie gebruikt.

Een eeuw later ging het château over aan Baron de Cler en vervolgens aan diens kleinzoon ridder Ignatius de Thier, die onder meer in 1839, bij het definitief vastleggen van de grenzen met België, ervoor zorgde dat het kasteel Nederlands bleef.

Freule Poswick

Via de nakomelingen van Philippe de Wansoulle, burgemeester van Luik en Alleur, Joseph Hubert de Clercx de Waroux ging het kasteel in handen over van de familie Poswick.

Oswald-Ives Poswick (1838-1923), zoon van generaal Henri Poswick en echtgenoot van Baron de Thiers kleindochter Marie-Sophie Charlotte de Thier, kreeg door zijn huwelijk het kasteel van haar oom, Baron de Thier van Neercanne, in bezit.

Na de dood van zijn vrouw werd Oswald een totaal in zichzelf gekeerde figuur, die alleen nog maar dacht aan de jacht en de historie van zijn adellijke familie. Uit hun huwelijk werden drie kinderen geboren.

De jongste dochter Louise Euphrasine Maria Poswick zou de laatste 'kasteelvrouwe' van Château Neercanne worden.

In 1947, na de verkoop van het kasteel aan Stichting het Limburgs Landschap, eindigde de historie van de adellijke eigenaars van het toen in bijzonder slechte staat verkerende kasteel en het bijbehorende landgoed.

Louise Poswick was excentriek en kleurrijk. Sinds 1942 woonde ze, door de Duitse bezetters gedwongen, al niet meer in het kasteel, maar in een relatief bescheiden woning aan de Muizenberg, naast de hoeve van boer Vrancken.

De Amerikaanse bevrijders namen in de Tweede Wereldoorlog een tijd lang hun intrek in het steeds meer in verval rakende kasteel.

De 'freule Poswick', zoals ze in de wandelgangen werd genoemd, overleed op 12 augustus 1958, 86 jaren oud.

Château Neercanne in 1948.

Het kasteelcomplex had in de tijd van Van Dopff vijf fraaie tuin-terrassen. Het bovenste terras wordt wel 'de buitenkamer' ge-noemd. Dit eerste terras grenst aan het kasteel en bevat een aantal kleine bloemvakken. De situatie daar is door vroegere initiatiefnemers verschillende keren aangepast, onder meer via een steile buitentrap, zodat bezoekers van het kasteel gemak-kelijker de zogenoemde lusthof konden bereiken.

De ambiance van het uit mergelblokken opgetrokken gebouw, met zijn nu deels met helmkruid begroeide, anderhalve kilometer mergelmuren, zijn (half)ronde torens en terrastuinen beant-woordde zo kennelijk beter aan de romantische behoeften van de gasten.

Oorspronkelijk zijn het kasteel en het bijbehorende landgoed in een formele barokstijl aangelegd. Die stijl is goed te her-kennen in de genoemde gravure en uiteraard ook in de later vervaardigde maquette. Verder komt naar voren, dat er naast de algemene thematisering van 'natuur en kunst' het specifieke thema 'oorlog en vrede' in de compositie naar voren komt.

Door een restauratie aan het eind van de 20ste eeuw is op-nieuw een bij het historische ontwerp aansluitende terrassen-tuin tot stand gekomen. Daarbij zijn de restanten van de opgedroogde, grote vijver met het erin gelegen eilandje en het omringende laagste terras blootgelegd.

Château Neercanne in 1948.

Château Neercanne in 1948.

Volgens de beschrijving zat de Romeinse watergod Neptunus met zijn onafscheidelijke drietand in het midden van de vijver, omringd door waterspuwende dolfijnen en het landschap met lanen van lindebomen.

Het gerestaureerde lage terras wordt nu gekenmerkt door een ingenieus patroon van geschoren buxus, dat klassiek en hedendaags als het ware met elkaar vervlecht. Het geheel wordt omsloten door een grote metalen toegangspoort en mergelmuren.

In de 18de eeuw strekte de weelderige lusthof zich uit tot ver achter het kasteel. Met een bos in de vorm van een halve ster, doorsneden door uitwaaierende lanen. Reservoirs en verschillende pompen zorgden voor de watervoorziening van dit 'Sterrenbos' en een Belvédère schonk de bezoekers een briljant zicht op de Jeker-vallei, met centraal daarin de meanderende Jeker.

Beelden uit de Griekse en Romeinse mythologie, zoals Mercurius en Flora en een heus amfitheater, schijnen het oorspronkelijk

Château Neercanne - het lage terras en de Spiegelvijver voor het eerst weer gevuld met water (maart 2007).

in Franse barokstijl (ofwel de 'Âge classique') gebouwde buiten-verblijf van Van Dopff te hebben gecompleteerd.

Tegenwoordig kunnen wandelaars in de tuin op de met buxushagen afgezette wandelpaden behalve oude beelden, ook prachtige moderne beelden tegenkomen. Zoals die van gerenommeerde beeldhouwers als Emile Cornelis (1946) en Alexander Taratynov (1956).

Bovendien worden met regelmaat beeldententoonstellingen gehouden*. De fraaie beplantingen, spuitende fonteinen en sierlijke vazen zetten het grootse geheel van Nederlands enige tuinterrassenkasteel nog meer luister bij.

Château Neercanne, Bacchus van Alexander Taratynov (2006).

Halma beschreef in zijn gedichten nog een weg door het Cannerbos, waar de zogenaamde hoefbron ontsprong. Deze bron had vermoedelijk te maken met de wateraanvoer voor het functioneren van fonteinen.

Het militaire gebruik van het onderaardse gangenstelsel in de Cannerberg rond de Tweede Wereldoorlog - het voormalige NAVO-hoofdkwartier was er nadien gevestigd - heeft helaas lelijke sporen in de natuur achtergelaten, bijvoorbeeld in de vorm van betonnen ontluchtingstorens. Maar verheugend is, dat in het jaar 2000 op het plateau achter het Cannerbos een 'Millenniumbos' is geplant.

*Tegenwoordig worden hier geen beelden meer geëxposeerd.

RESTAURANT CHÂTEAU NEERCANNE

Stichting het Limburgs Landschap had tijdens de jaarvergadering op 21 september 1946 besloten Château Neercanne te kopen van de freule Poswick, inclusief de erbij horende 17 hectaren bosgrond. In eerste instantie vanwege het landschap waarin het kasteel lag, maar ook om verder verval van het kasteel te voorkomen.

Wijngaard Château Neercanne.

Tuinen van Château Neercanne met beeldenexpositie georganiseerd in samenwerking met Gallery Bell'Arte.

Hoe dit fraaie eigendom te exploiteren? In 1950 deed de Stichting het Limburgs Landschap het verzoek aan Brand Bierbrouwerij een restaurant te vestigen in het kasteel. In de jaren 50 zochten Jan en Guus Brand van de gelijknamige brouwerij uit Wijlre uitbreiding voor de afzet van hun bieren in de wereld van de haute cuisine. Ze investeerden gericht in de betere cafés en restaurants, om zo het imago van bier drinken te verbeteren. Een voorbeeld hiervan was rôtisserie Au Coin des Bons Enfants in Maastricht.

Daar werkte destijds Theo Koch als kok en restaurateur, samen met zijn neven Hubert Stassen en Willy Oostenbach. Dit drietal zou een stempel drukken op de culinaire ontwikkeling van Château Neercanne. Volgens Thijs Brand heeft Koch, die zijn kundigheid van een Franse chef-kok had geleerd, het culinaire met succes naar Limburg gebracht.

Restaurant Château Neercanne (2021).

In navolging van deze aankoop ging de interesse van Brand inderdaad uit naar Château Neercanne. Het kasteel was totaal verwaarloosd en een bouwval geworden, die op kosten van Brand opgeknapt zou moeten worden. Daarom werd in 1955 de huidige l'Auberge de Neercanne ingericht als restaurant waar de eerste gasten werden ontvangen, onder wie Toon Hermans.

Na een grootse renovatie onder aanvoering van het Limburgs Landschap kon men de zalen op de begane grond van het kasteel in gebruik nemen als restaurant en keuken. In datzelfde jaar werd het restaurant geopend.

Koch had bijzondere opvattingen over zijn vak. Hij was niet alleen een uitstekende chef-kok, ook goed gastheerschap stond bij hem hoog in het vaandel. De gasten moesten met veel zorg en vakmanschap ontvangen worden. In die geest leerde hij het hele personeel zich ten dienste van de gast te stellen.

Koch wist mensen te inspireren en te boeien. Hij zorgde ervoor dat Château Neercanne tot ver in de wijde omgeving en zelfs over de landsgrenzen de tempel van de gastronomie werd. Math Niël, pianist en componist, was vanuit de 'Coin' meeverhuisd naar Neercanne en zorgde voor de muzikale invulling, terwijl de gasten genoten van het diner en de omgeving.

Tsaar Peter de Grote zaal -
Château Neercanne.

Het gebeurde wel eens dat de bekende tenor Tom Brand van tafel opstond en spontaan een aria ten gehore bracht, begeleid door Niël. Ook andere zangers die het restaurant bezochten, lieten graag spontaan hun stem klinken.

De ligging van Château Neercanne in het prachtige Jekerdal, in combinatie met de natuur en cultuur droegen mede bij aan de faam van het restaurant. In 1959 brak er brand uit die door snel optreden van het personeel en de aanwezige gasten slechts beperkt schade aanrichtte. Van die gelegenheid heeft men gebruik gemaakt om de bovenzalen te restaureren, die daarna voor grotere feesten werden gebruikt.

In 1963 stopte patron Theo Koch om gezondheidsredenen. Hij werd opgevolgd door zijn neef Hubert Stassen. Die introduceerde een nieuwe stijl van bedienen, waarbij enige show het culinaire moest verfijnen. Stassen was meer gastheer dan kok. Onder zijn leiding werd de tweede Michelinster binnengehaald. Dit succes straalde af op de Brand Bierbrouwerijen.

Eerste Europese top Château Neercanne (december 1981).

Wie iets belangrijks had te vieren, deed dat in Château Neercanne. Voor de hoge kwaliteit en sfeer tastte men graag diep in de buidel. Belangrijke gasten en beroemdheden werden er ontvangen. Zo vond in 1981 onder voorzitterschap van de toenmalige minister-president Dries van Agt de eerste Europese top in Maastricht plaats. De regeringsleiders en hun gevolg dineerden in Château Neercanne. Valéry Giscard d'Estaing, Wilfried Martens, Helmut Schmidt en vele anderen. Margaret Thatcher voerde samen met de Franse president aan tafel het hoogste woord, aldus maître d'hôtel Willy Oostenbach.

Toon Hermans frequenteerde het château vanaf het begin en was tot aan zijn dood bevriend met het gezin Oostwegel. Later bezochten ook Indira Ghandi, de tenor Rudolf Schock en zijn vrouw, walsenkoning Robert Stolz en zelfs de vermaarde Franse acteur Fernandel het kasteel om er te dineren. Bij gelegenheid van een KLM-jubileum waren ook koningin Juliana en prins Bernhard te gast.

Na het vertrek van Hubert Stassen volgden nog andere chef-koks, maar de kwaliteit zoals die onder Koch en Stassen was, ging achteruit. Was Neercanne lange tijd in Nederland het enige restaurant met twee Michelinsterren, in 1977 ging één ervan verloren.

DE FAMILIE OOSTWEGEL EN CHÂTEAU NEERCANNE

Dat Camille sr. al in een heel vroeg stadium zijn zinnen had gezet op Château Neercanne was al duidelijk geworden uit de aanloop naar zijn verwerving van Kasteel Erenstein. Camilles vader Jef Oostwegel kwam vaak in het gerenommeerde restaurant Prinses Juliana in Valkenburg. Hij was een ware bourgondiër en in zeker opzicht een coryfee in de Limburgse wereld. Château Neercanne was zijn geliefde restaurant. Vader Oostwegel was medeoprichter van het gezelschap Les Amis de la Bonne Table. Willy Oostenbach, die 40 jaar werkzaam was in het restaurant, weet zich te herinneren dat Camille al van jongs af aan regelmatig met zijn ouders en broers kwam dineren.

Op een zaterdagavond, het was 15 augustus 1978, was hij met zijn moeder en een vriendin van haar op Neercanne. Ze waren de enige gasten. Eén bezette tafel op zaterdagavond? Camille had wel gehoord van problemen rond de zaak, maar dit vond hij toch wel heel zorgwekkend. Er lagen veel herinneringen voor het gezin op Neercanne, want voor zijn vader was dit absoluut het toprestaurant.

Een paar dagen later belde hij Thijs Brand. Hij informeerde naar de plannen met Neercanne. Thijs Brand was toen net benoemd tot directeur van de brouwerij. Er was al eerder contact geweest tussen beiden over een mogelijke participatie van Brand in een Novotel van Genk. Dat had Camille samen met Theo Coonen op zich genomen toen ze op zoek waren naar mogelijke financiers.

Thijs Brand zei dat er eigenlijk een nieuwe directeur voor Neercanne moest komen, een restaurateur die de lijn kon voortzetten zoals vader en zoon Brand dat voor ogen stond. Zij waren al die jaren op de achtergrond aanwezig, sinds ze in 1955 het kasteel in huur hadden verkregen van Stichting het Limburgs Landschap.

Brand zocht bewust een ondernemer die Neercanne wilde onderhuren en voor eigen rekening en risico exploiteren. Eerdere 'zetkasteleins' waren te veel 'zitkasteleins' geworden, zou Brand later opmerken.

Zoals al aan de orde gesteld bij Camilles verwerving van Kasteel Erenstein, ging Château Neercanne in 1979 nog aan zijn neus voorbij. Waardoor de eigenlijke start van zijn onderneming Camille Oostwegel ChâteauHotels & -Restaurants in 1980 in Kerkrade plaatsvond en niet in Maastricht. Niettemin was Camilles bijzondere belangstelling voor Neercanne vanaf nu blijvend gewekt. Dat het mooiste restaurant van Nederland teloor dreigde te gaan was moeilijk te verkroppen, maar in zijn achterhoofd speelde natuurlijk ook zijn ondernemersbloed mee. In 1981 raakte Neercanne haar enig overgebleven ster kwijt.

In mei 1984 nam Thijs Brand weer contact op met Camille. Het was gebruikelijk dat die naar het kantoor bij de brouwerij ging wanneer er iets te bespreken was, maar nu kondigde Brand aan om Camille in Hotel Brughof te spreken.

'Ik vroeg me verwonderd af of ze misschien ontevreden over me waren. Of ik ergens een fout had gemaakt.

"Je begrijpt wel waar het over gaat," zei hij. Maar ik wist het niet. "We willen van Neercanne af. De financiële resultaten van deze exploitatie zijn al een paar jaar zorgwekkend. Wij zijn ervan overtuigd, dat die mooie zaak nu vraagt om een echte ondernemer, die voor eigen rekening en risico exploiteert, iemand die zijn ziel en zaligheid in Neercanne legt." Hij liet me de exploitatieoverzichten zien en daar schrok ik van. Ik kon vergelijken met Erenstein.

"Je moet een andere directeur hebben," zei ik. Ik had meteen iemand op het oog en stelde Thijs voor om diezelfde dag nog uitsluitsel te geven over die kandidaat. Thuis vertelde ik Judith van het gesprek met Thijs Brand. Als wij nou een nieuwe directeur zouden zoeken, dan konden wij ook zelf Neercanne overnemen. We hadden Erenstein, de Brughof en we waren bezig met de plannen van de Winselerhof. In juli zouden we gaan trouwen.
Ze zei meteen: "Zo'n kans krijg je nooit meer, dat moeten we zeker doen." Er was geen seconde twijfel bij haar. Ik heb Thijs meteen gebeld. En letterlijk gezegd: "Wat zou je ervan denken als wij een directeur zoeken en zelf de exploitatie doen?"

"Had je niet begrepen dat ik daarvoor gekomen was?" kreeg ik als antwoord.'

OVERNAME VAN NEERCANNE

Brand Bierbrouwerij had er als huurder voor gezorgd dat het kasteel werd opgeknapt en ingericht. Omdat het bedrijf niet de eigenaar van het kasteel was, viel de buitenkant qua restauratie en onderhoud niet onder Brands verantwoordelijkheid. Maar het Limburgs Landschap wilde, net als de gemeente Kerkrade, niet verhuren aan een particulier, omdat dat te grote risico's met zich mee zou brengen. De opzet was dat Brand de huurder bleef en Camille onderhuurder zou worden. De stichting meende op die manier verzekerd te zijn van huurinkomsten.

'Tijdens een gesprek met Thijs Brand en Jan van Berckel, toen de voorzitter van het Limburgs Landschap, heb ik gezegd dat de huurconstructie toch wel heel ingewikkeld van opzet was. Mijn voorstel was om rechtstreeks een contract te maken met de stichting. De voorzitter vond dat alleszins redelijk, maar na het bestuur gepolst te hebben bleek dat nog niet vanzelfsprekend. Heel even is toen het huurcontract via Brand gelopen, maar al vrij snel werd ik toch huurder. De hele inventaris kon ik overnemen van Brand, maar veel, zo niet alles moest vernieuwd worden.

Het was een behoorlijke investering. Al dient daar meteen aan te worden toegevoegd dat de financieringsregeling met Brand soepel genoeg was om met Neercanne een vliegende start te kunnen maken.

Dan was er de kwestie van de medewerkers die hoopten in dienst te kunnen blijven. Eerst heb ik ze gezamenlijk toegesproken en uitgelegd wat onze plannen waren met Neercanne. Later heb ik ze, samen met Judith, allemaal persoonlijk gesproken. Het waren ongeveer 15 personeelsleden, onder wie Hans Snijders en Willy Oostenbach. We hebben iedereen overgenomen, op één na, die zelf ontslag nam.

Een extra lening afsluiten was niet nodig, want we konden alles betalen uit de exploitatie van Erenstein. Architect Wil Amory tekende voor de hele inrichting, een nieuwe keuken en het restaurant. We hebben veel geïnvesteerd. Het achterstallig onderhoud aan de buitenkant, en dat was gigantisch, had Brand nooit ter hand willen nemen. Mijn standpunt was dat ik als huurder evenmin verantwoordelijk kon zijn voor de buitenkant. De oplossing die ik aandroeg was dat ik eigenaar zou worden zodat ik wist waar ik in investeerde. Helaas was dat niet bespreekbaar. Ten slotte is erfpacht als reële optie uit de bus gekomen, maar die onderhandelingen gingen niet vanzelf. Jo Eenens kende gelukkig een bestuurslid van het Limburgs Landschap goed en de besprekingen met die man leverden resultaat op. Er werd een erfpacht-contract gesloten voor 50 jaar met een verlenging voor eenzelfde periode. Als ik veel investeer en

veel risico's neem, dan moeten mijn kinderen en kleinkinderen daar niet de dupe van worden. Toen ik erfpachter werd, betekende dat, dat ik de rechten en plichten van een eigenaar kreeg. Vooral veel plichten, want het hele onderhoud, onroerendgoedbelasting en verzekeringen kwamen voor mijn rekening. Maar zo hadden we tenminste een formele status ten opzichte van overheden en instanties. In 1988 is de grootste mergelrestauratie in Limburg gestart. Anderhalve kilometer terrasmuur hebben we laten restaureren. We hebben zelfs delen laten restaureren die bij het Limburgs Landschap in bezit gebleven zijn. De overname van Neercanne werd voorpaginanieuws.

Indertijd waren veel ruimtes in Neercanne nog niet in gebruik. De terrassen, de bovenzalen en evenmin de grotten. Er was alleen het à-la-carte-restaurant. Nu worden alle hoeken en gaten benut tot en met het prieeltje.'

Na de overname in 1984 ging Camille meteen op zoek naar een zelfstandige directeur. Peter Harkema, adjunct-directeur bij het befaamde restaurant Lauswolt in Friesland, had zich voorgenomen naar Zuid-Afrika te vertrekken, maar wilde eerst nog wel even in Limburg werken.

Met zijn hoogzwangere vrouw Ans reisde hij naar Kerkrade

voor een sollicitatiegesprek met het echtpaar Oostwegel. Ter oriëntatie bezocht Harkema vooraf Neercanne. Ze waren onder de indruk van het kasteel en de prachtige omgeving.

Toen ze in het restaurant een kopje koffie wilden drinken, bleek dat onmogelijk. Dat er niet eens een uitzondering gemaakt werd voor een hoogzwangere vrouw, vond Harkema wel erg ongastvrij. Die ervaring versterkte de uitdaging om verder vorm te geven aan Château Neercanne.

Het gesprek in Kerkrade verliep zeer plezierig. De aanpak die Harkema voorstelde en zijn gedrevenheid vielen bij Camille en Judith in goede aarde. 'Het klikte meteen, ook met zijn vrouw Ans,' zou Camille later zeggen. Harkema kreeg de directeursfunctie dan ook.

Samen met de al aanwezige chef-kok Hans Snijders en Willy Oostenbach als maître d'hôtel, wist dit trio binnen een jaar een Michelin-ster terug te verdienen. Camille: 'Begin februari 1986 kreeg ik om vijf over zeven een telefoontje van wijlen Henk van Stipriaan: "Jullie hebben een ster op Château Neercanne!"

Met de pasgeboren Camille jr. in onze armen maakten Judith en ik een vreugdedansje in Kasteel Erenstein. Het is fantastisch dat de chef de cuisine, Hans Snijders, samen met Peter Harkema en zijn brigades die ster nu al meer dan 25 jaar weten te prolongeren. Een geweldige prestatie.'

V.l.n.r.: Willy Oostenbach,
Peter Harkema en Hans Snijders.
Michelin-ster voor Château
Neercanne (februari 1986).

DE EUROPESE TOP ANNO 1991

Onder leiding van minister-president Lubbers zou op 9 december 1991 de tweede Europese top in Maastricht plaatsvinden. Bij deze voor de stad Maastricht zo belangrijke gebeurtenis was het de bedoeling dat koningin Beatrix de Europese regeringsleiders een lunch zou aanbieden. Dat moest bij voorkeur plaatsvinden in een openbaar gebouw. Door de drukte van de topvergaderingen was er echter geen passende locatie. Het stadhuis noch het provinciehuis waren beschikbaar vanwege diner en vergadering. Diverse andere gebouwen waren eveneens bezet of lagen te ver van de stad verwijderd. Zo kwam Château Neercanne in beeld.

Het probleem voor het hof was het commerciële karakter van het restaurant. Voor een staatsbanket had dat zeker niet de voorkeur van de koningin. Wellicht op aanraden van de toenmalige burgemeester Philip Houben, die samen met gouverneur Mastenbroek een groot promotor was van de Maastrichtse top en van Neercanne, kwamen de besprekingen op gang.

Op een maandag in februari 1991 wilde een delegatie van het hof samen met de burgemeester en de gouverneur komen lunchen om poolshoogte te nemen. 's Maandags is het restaurant altijd gesloten, maar voor die gelegenheid kwam Peter Harkema graag aan deze wens tegemoet.

Eén van de heren was hofmaarschalk Maarten Schuit, voor-malig directeur van het Esso-Motor Hotel in Amsterdam, waar Camille tijdens zijn studie in 1970 zijn eerste stage had gelopen. Deze hernieuwde ontmoeting heeft zeker niet in het nadeel van de latere beslissing gewerkt. Tijdens de bespreking stelde de delegatie enkele vragen aan de orde, om hun keuze te kunnen motiveren. Ten eerste of er enige relatie bestond tussen het Huis Oranje-Nassau en Neercanne. Die relatie lag er al ten tijde van Baron Van Dopff. Hij was een van de beschermelingen van stadhouder Willem III. Daarnaast vertoonden de tuinen van Het Loo en Neercanne een opvallende overeenkomst. Ook hadden alle leden van het koninklijk huis eerder al het kasteel bezocht, behalve de koningin. De vraag was ook of er een geschikte plek was om een staatsieportret te maken. Dat kon uitstekend op de buitentrappen van het kasteel.

Belangrijker was de vraag of Camille bereid was zijn kasteel voor een dag af te staan aan Hare Majesteit, zodat zij het 'paleis' naar haar eigen smaak kon inrichten voor de ontvangst. Met eigen meubilair, eigen serviesgoed, tafellinnen en bestek en eigen personeel. Alleen het koken zou door de brigade van het kasteel worden gedaan onder leiding van chef-kok Hans Snijders.

De besprekingen vonden een dag na de viering van het tienjarige bestaan van Kasteel Erenstein plaats. Voor die laatste gelegenheid had Camille een gedenkboek laten maken. Het eerste genummerde exemplaar gaf hij mee, ter informatie voor de koningin. Al een dag later gaf het hof het groene licht. Gedurende negen maanden zou de hele organisatie voorbereid worden, samen met hofmaarschalk Schuit.

Gala Déjeuner Château Neercanne - Europese top (december 1991).

Camille had een speciale wens die zwaar voor hem woog. Hij vroeg of het mogelijk was dat Hare Majesteit en haar gasten hun handtekeningen op de mergelmuur in de grot zouden zetten.
Eerdere belangrijke personen hadden dat ook gedaan, en iedere gast van Neercanne zou een bezoek aan de grot moeten brengen. In de eeuwenoude mergelgrot, tegenover de ingang van het kasteel, die vaak als ontvangstruimte wordt gebruikt, liggen in uitgehouwen nissen de wijnen opgeslagen. Op de

muren zijn inscripties te lezen van lang geleden, evenals de sporen die blokbrekers ooit achterlieten. Verlicht met kaarsen is het een romantische omgeving. Maar Oostwegels vraag kwam, gezien het protocol, heel ongelegen. Bovendien zou het in de grot te koud zijn om de hoge gasten te ontvangen.

Camille voerde aan dat het juist aangenaam kon zijn voor de regeringsleiders om na een vermoeiende ochtend even te antichambreren en van het aperitief te genieten in die speciale omgeving. Het hof meende dat het kleinere voorzaaltje bij het restaurant daarvoor geschikt was. Maar Camille hield niet op ervoor te pleiten dat het gezelschap eerst in de grot ontvangen diende te worden. Vooral Mitterrand zou hiervan gecharmeerd zijn, meende hij, want welk kasteel heeft zulke unieke grotten?

De kwestie van de handtekeningen verdween in deze discussie even naar de achtergrond. Voor Camille was het van belang dat de gasten van Neercanne een bezoek aan de grotten brachten.
Bovendien meende hij dat een goede ontvangst ook paste in het concept van de top.

Maar er viel niet over te praten. De meningsverschillen liepen zo hoog op, dat Camille aan de kabinets-chef van de provincie liet weten van verdere medewerking af te zien, als hij niet in de gelegenheid werd gesteld om als gastheer Château Neercanne te presenteren 'zoals dat hoort bij een staatsbezoek'. Op de vraag naar het waarom zei hij: 'Iedere beroemde persoon die in het verleden Maastricht heeft bezocht, heeft in de grot zijn of haar naam gezet. Onder anderen tsaar Peter de Grote, Napoleon, stadhouder Willem III, regentes Emma en koningin Wilhelmina. Weliswaar op Sint Pieter, maar toch...'

Men wilde er wel over denken maar onder voorwaarde dat de grot verwarmd kon worden. Hare Majesteit vroeg advies aan haar geheim kamerheer Leo Kretzers, lid van de Raad van Bestuur van DSM, die herhaalde dat een bezoek wenselijk zou zijn en daarmee was het geregeld. Verwarmen vond Hare Majesteit niet nodig.

Peter Harkema liet een gastentableau op de wand maken met vlaggetjes en kleuren zodat, indien mogelijk, iedereen kon

tekenen. Een kunstenaar uit de stad kweet zich van die taak.

Helaas was er voor het aperitief met geen mogelijkheid ruimte in het protocol. Camille vroeg zich af hoe hij dat niettemin voor elkaar kon krijgen. Toen kwam er een deus ex machina. In de pers was melding gemaakt van een expositie die Oostwegel had ingericht over de tuinen van Neercanne. Die zou hij graag aan Mitterrand laten zien, maar ook aan Hare Majesteit vanwege de link met Het Loo. Hij wist van haar belangstelling voor tuinen.

'Ik had van de conservator van Het Loo een portret van stadhouder Willem III kunnen lenen. Dat heeft tijdens de lunch in de zaal gehangen. In heel het kasteel had ik vitrines ingericht met gebruiksvoorwerpen, vazen en boeken over 17de- en 18de-eeuwse Hollandse tuinkunst. De expositie stond in het teken van de te restaureren tuinen. Naar aanleiding van het krantenartikel nam een nazaat van burgemeester Ceulen van Sint Pieter contact met me op. Die mevrouw zei: "Ik heb een zilveren koker waar het wapen van koning Willem III op staat. Mijn grootvader heeft het laten maken. Er zit een oranje krijtje in, gewikkeld in een oud oranje doekje. De koning is ooit in de grotten geweest en heeft zijn handtekening met dat krijtje gezet.

Ook koningin Emma en koningin Wilhelmina hebben met datzelfde krijtje hun handtekening in de Sint Pieterbergse grot gezet. Misschien is het leuk om dit te exposeren voor de vorstin?" Het kwam voor mij als een geschenk uit de hemel.'

Bij het tableau kwam nu een fraaie tafel te staan met erbovenop die mooie zilveren koker met het oranje krijtje. Voor Mitterrand lag een zwart krijtje klaar met de Franse vlag en voor de anderen ook een krijtje met een vlaggetje van hun land.

BEWAKING

Vanwege de Eerste Golfoorlog in Irak en de dreiging van Saddam Hoessein was er sprake van zeer zware bewaking. Er waren zelfs plannen om de ramen van het kasteel kogelwerend te maken. 'Als u dat wilt, kan dat,' zei Camille, 'maar het kost een vermogen en we krijgen gedoe met monumentenzorg.'

De burgemeester heeft toen contact opgenomen met het ministerie van Defensie zodat de zaak opgelost kon worden. Er werden tanks en geschut op de Sint Pietersberg gezet en in het Jekerdal.
Bij het Tongerseplein en de Cannerweg begonnen drie veiligheids-kordons, waar iedere bezoeker aan het kasteel en alle omwonenden doorheen moesten.

Nu het château tot paleis was verheven, moest ook alles door het paleis verzorgd worden. Het weekend voorafgaande aan de top werden tafels, stoelen, serviesgoed, bestek, tafellinnen, glazen en dergelijke gebracht. De hele aankleding was - een keus van de koningin - in de geest van haar overgrootmoeder, Anna Paulowna, heel chic. Zelfs de bloemdecoraties werden door 'het paleis' aangebracht. In het streven naar perfectie van de koningin was het gastronomische gedeelte een punt van gesprek. Directeur Harkema had samen met de chef-kok Snijders voorstellen gedaan voor het menu. De kok van het paleis kwam vooraf proeven en gaf samen met de ceremoniemeester aan, hoe er geserveerd moest worden: à la Russe. Gasten konden zelf van de schalen nemen, ook in de geest van Anna Paulowna.

De wijnen kwamen uit de kelders van het paleis, evenals de champagne voor het aperitief.

Grotten Château Neercanne.

De prikkertjes, de zoutjes en de blokjes kaas (Hollandse blokjes met een stukje ananas) werden allemaal door het paleis meegebracht. De keus van de wijnen was door Hare Majesteit zelf gemaakt; de wijnen moesten min of meer politiek verantwoord zijn. Er waren veel landen die wijn verbouwden en niemand mocht voor het hoofd gestoten worden. Ze koos een Nieuw-Zeelandse chardonnay (De l'Aude 1990) als witte wijn. Ter ere van Mitterrand, die net als Hare Majesteit staatshoofd was, had ze gekozen voor een rode Franse Château Montrose 1978, St. Estèphe.

'Toen we de tekst voor de menukaarten hadden opgestuurd, kregen we commentaar. Linksonder op de kaart stond "Château Neercanne" en dat kon verwarrend zijn voor de gasten. Zij zouden wellicht nog een derde wijn, een dessertwijn, verwachten. Reden genoeg om daar "Restaurant Château Neercanne" van te maken.'

Camille Oostwegel sr.
volgens Raymond Oostwegel

'Voor een deel is het succes van Camille zeker te verklaren uit een karaktertrek van de Oostwegels. Als ze iets in hun hoofd hebben, laten ze dat niet los. Als een ander tegengas geeft, is een Oostwegel koppig en eigenwijs waardoor hij zéker zijn gelijk wil halen. Daar komt nog bij dat de Oostwegels nogal wat toekomstgerichte fantasie hebben en soms tegen beter weten in zeggen: "Jawel, dat kan lukken". Dat is bij mijn broer de bron van zijn succes, dat hij zich niet van oorspronkelijke en originele ideeën laat afbrengen. Dat is de vasthoudendheid die ik zelf heb, maar Camille in nog sterkere mate. Ik zie datzelfde bij onze ooms en neven. Ook de begeestering als je met iets bezig bent, is typisch voor de Oostwegels.

Nee, ik heb nooit getwijfeld aan de haalbaarheid van zijn ondernemen. Camille gaat niet over een nacht ijs en doet dat ook niet in z'n eentje. Hij heeft financiers, weet subsidiebronnen aan te boren en heeft geluk gehad dat de subsidiepot beschikbaar kwam toen hij die nodig had. Hij is wel zo realistisch om plannen uit te stellen als de omstandigheden dat vragen. Of hij realiseert zijn idee op een kleinere schaal.

Camille is geen roekeloze ondernemer.

Wij spraken samen wel over zijn plannen. En als hij twijfels had, kwam hij ermee op de proppen.

Sommige zaken waren gedurfd, zoals de restauratie van de Winselerhof in het industrieterrein van Dentgenbach. Je kunt zeggen dat het een lelijke omgeving is, maar tegelijkertijd is het ook een mooie oase op die plek. Camille ziet dat. Hij heeft het vermogen om de zaken positief te benaderen.

De Winselerhof is nu een parel in dat gebied en dat trekt mensen die daar van houden. Camille heeft daarbij een goeie hand om de juiste mensen aan te trekken. Hij is open en eerlijk en dat stimuleert hij als het ware in anderen. Een heel enkele keer heeft hij zich vergist en dat heeft hem hoofdbrekens gekost, maar dat kan gebeuren. Ik denk dat een belangrijke factor van zijn succes is dat hij mensen door zijn eigen enthousiasme ook enthousiast weet te maken. In tijden dat het wat tegenzit, blijft hij optimist. Dat is een eigenschap van Camille die ik bij mijn moeder en mezelf herken. Soms denk ik wel eens dat we onszelf een beetje voor de gek houden door het negatieve weg te drukken.

De Hogere Hotelschool is een combinatie van het culinaire en management en beide hebben hem aangetrokken. Uiteindelijk is hij meer in het management terecht gekomen. Als broers vonden we dat fantastisch en met name pa was er geweldig trots op. Die vond het leuk dat hij op Kasteel Bethlehem vaker op feesten werd uitgenodigd.

Wij hebben Camille nooit een minderwaardigheidsgevoel gegeven, integendeel. Zijn studie op de Hotelschool liep goed. Hij organiseerde van alles op school, kwam met goeie cijfers thuis, verdiende al geld. Wij niet. Hij had in zijn studententijd ook een lelijke eend.

Als we thuiskwamen, Arthur en Camille vaker dan ik, want ik zat in Utrecht, dan was het wel altijd heel gezellig. Omdat we alledrie bijna volwassen waren, was er van rivaliteit geen sprake meer.

De ergste onderlinge strijd was in de middelbareschooltijd. Camille heeft niet zo veel last gehad van de puberteit, ik ook niet, maar Arthur was recalcitrant, ook tegenover onze ouders. Dat was een moeilijke periode. Toen ik voor mijn studie uit huis ging, liep het tussen Camille en Arthur ook beter. Anderhalf jaar later ging Arthur studeren en bleef Camille alleen thuis. Daarna hielpen we elkaar en toonden veel interesse in elkaars studie.

Aan het begin van de middelbare school viel Camille al op met zijn voorliefde voor stijl en traditie. Met kerstmis hielp hij moeder om de tafel chic te dekken en zich chic te kleden. Arthur had interesse in het culinaire, die hielp pa wel graag in de keuken. Camille en ik helemaal niet. Wij waren meer de natuurliefhebbers. Oom Jeu heeft ons de liefde voor de natuur bijgebracht. Arthur was de eerste die afhaakte. Toen hij wat ouder werd en belangstelling voor de meisjes begon te krijgen, ging hij niet meer mee. Hij ging liever met vrienden in Valkenburg in een café zitten, vooral in het hoogseizoen, om naar de toeristenmeisjes te kijken. Dat is altijd zo gebleven, Arthur was de uitgaander terwijl Camille en ik meer in en om het huis bezig waren. Die liefde voor de natuur heeft hem zeker aan het idee geholpen om dierenarts te worden. Het is heel goed te zien dat tuinen hem nog steeds interesseren.

De kiem van heel zijn huidige ondernemingen ligt in zijn jeugd. Ik kan die bronnen zo aanwijzen. Ik ken hem denk ik intenser dan mijn moeder.'

'Camilles beroepsvorming is heel veelzijdig geweest. Bij Novotel heeft hij veel geleerd. Hij werkte in de keuken, als ober, als nachtportier. In die tijd leerde hij vloeiend Frans spreken.

Op het gebied van de natuur hebben we beslist dezelfde interesses. We zochten samen naar fossielen en droogden planten.

Het museum was wel van Camille, maar ik droeg veel aan. Als we wandelden, liepen we altijd te zoeken en kwamen dan thuis met onze zakken vol. Verzamelen, niks weggooien, dat wordt uiteindelijk de liefde voor de historie. Hij is later meer de verzorgende kant opgegaan. Ik denk dat hij vast een goede dierenarts was geworden.

De interesse van Camille voor de geschiedenis geldt vooral de historie van de eigen streek, voortkomend uit een zekere nostalgie. Ik heb hem attent gemaakt op het land van Herve bijvoorbeeld, op het onbedorvene van dat landschap. Nu gaat hij ernaartoe met de cultuurtochten. Die nostalgie verklaart zijn interesse in de omgevende natuur en cultuur.

Dat Camille goed enthousiasme over kan brengen, komt omdat wij van de kant van mijn vader onderwijzersbloed hebben. Camille wil mensen laten genieten en ze stimuleren. Hij is trots op zijn zaken en vooral op de omgeving. Dat wil hij graag laten zien aan anderen. Mensen die bij Camille gewerkt hebben, willen over het algemeen toch meer dan alleen een menu klaarmaken. Ze willen gastheer zijn in de ware zin des woords.

Camille kiest voor overzichtelijkheid en verdieping. Hij krijgt iedere week wel een kasteel aangeboden dat opgeknapt moet worden en waar een prachtig hotel in zou kunnen. Hij heeft niet de behoefte om eigenaar van een groot concern te worden. Hij is niet zomaar een manager die ergens in Amsterdam op een groot kantoor 26 hotels wil beheren. Hij wil per se een persoonlijke band met alles hebben. Hij is lijfelijk aanwezig in zijn zaken, de mensen zien hem rondlopen en zo houdt hij feeling met het reilen en zeilen. Te groot zou niets voor hem zijn en dat hangt nauw samen met de regiogebondenheid, met de cultuur. Zelf met de gasten op stap gaan, vindt hij prachtig.

Qua karakter lijkt Camille het meest op

pa. Pa had ook een beetje dat streberige, dat doorzetten en niet loslaten, het enthousiast worden over iets, maar evenzeer het zwart-witdenken.

Neem de Winselerhof, daar zit je in een oase van natuur. Daar voelt Camille zich happy in en hij gaat ervanuit dat zijn gasten ook graag in zo'n omgeving zijn. Hij brengt een bepaalde vorm van gezelligheid met zich mee. Daar ligt de schakel tussen zijn opvoeding, zijn jeugdig enthousiast bezig zijn met de natuur en zijn verdere carrière. Neercanne boeide hem vanwege de omgeving en die tuin. De historische interesse zoals hij die nu heeft, had hij vroeger niet. Die is echt gekomen door de liefde voor zijn zaken. Hij documenteerde vroeger wel alles heel goed en bewaarde heel veel. Dat zie je terug in de manier waarop hij zich in het Kruisherengangcomplex in Maastricht heeft verdiept.

Pas toen hij Judith heeft leren kennen, kwam Neercanne in het vizier. Eerst twijfelde hij omdat hij toch drie ton per jaar moest opbrengen. Maar ik kon hem daarin positief adviseren. Wij gingen er regelmatig met onze ouders op hoogtijdagen eten en zodoende kenden wij de zaak. De universiteit was in opkomst en daarmee natuurlijk de behoefte om promoties op een mooie locatie te vieren. Grote en belangrijke feesten werden liefst in Neercanne gevierd, al moesten mensen er vele jaren voor sparen. Het was altijd al de zaak van allure. Uiteindelijk heeft hij het aangedurfd. Neercanne was een grote uitdaging.

In Houthem waren inmiddels het klooster en het kasteel langzaam aan het vervallen. Dat ging hem aan het hart. In een vroeg stadium heeft hij zijn diensten al aangeboden, maar het was een ingewikkeld geheel daar, zowel met het kerkbestuur als met de gemeente. Het geheel moest een openbare bestemming krijgen, moest passen bij de kerk et cetera. Langs al die klippen laverend is hij er toch in geslaagd om het project St. Gerlach tot een goed einde te brengen. Een ander zou al zes keer zijn afgehaakt. Camille niet. Wat hij ziet en waar hij zijn fantasieën op heeft losgelaten, dat laat hij niet meer los.'

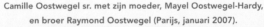

Camille Oostwegel sr. met zijn moeder, Mayel Oostwegel-Hardy, en broer Raymond Oostwegel (Parijs, januari 2007).

DE DAG

'Om tien uur in de morgen waren de leden van de hofhouding gearriveerd. Maarten Schuit, ceremoniemeester Gilbert Monod de Froideville, grootmeester Floris Kist en ik maakten de hele toer ter inspectie. Toen Monod de Froideville het tableau in de grot zag zei hij: "Ik zie dat je toch je zin wilt doorzetten", maar bij het zien van het zilveren kokertje en het krijtje vond hij het wel in orde. Hij keek op de muur naar de namen: "Mitterrand is met één R geschreven, die moet dubbele R hebben. Stel je voor dat hij er een opmerking aan de koningin over maakt". Ik was even van slag.'

Monod de Froideville stelde voor om de kunstenaar met een helikopter uit de stad op te laten halen, maar met al die bewaking zou dat een eeuwigheid duren en bovendien was de man niet bereikbaar. Harkema en Oostwegel waren in alle staten. Gelukkig had Peter Harkema gezien, hoe de kunstenaar te werk was gegaan. Hij haalde uit de keuken een scherp mes en schraapte de drie laatste letters weg. Zo keurig mogelijk voegde hij er de letters R A N D weer aan toe, maar het verschil in schrijfwijze is nog steeds te zien.

Zo'n anderhalf uur voor het déjeuner arriveerde koningin Beatrix met haar hofdame. Camille kan zich zijn welkomstwoord nog goed herinneren: "Majesteit, ik heet u van harte welkom. Ik draag u symbolisch de sleutel van Château Neercanne over. Mijn huis is uw huis."

"Ik heb u wel een heleboel last bezorgd," antwoordde ze. Daarna wilde ze zelf alles inspecteren. Ook wilde ze zien waar de staatsiefoto kon worden gemaakt. Er was een strakblauwe lucht met een stralende zon, maar het was december en ijskoud. Toen we buiten de trappen op liepen, stak er een snijdend koude wind op. "O, dat kan ik de heer Lubbers niet aandoen. Die is al een beetje ziek," zei ze. Mitterrand was ook behoorlijk ziek.

We namen het zekere voor het onzekere en brachten in de eerste salon van het restaurant alles in gereedheid voor de staatsiefoto. Daarna heeft de koningin zich teruggetrokken om haar toespraak voor te bereiden en zich te verkleden.'

Een uur na de koningin kwam Mitterrand als eerste gast aan. Achter zijn limousine reed een privé-ambulance uit voorzorg. Ook zijn lijfarts was aanwezig. Twintig minuten later volgden de andere regeringsleiders, zoals de Duitse bondskanselier Helmut Kohl en de premier van Engeland, John Major. Ze lieten zich allemaal in grote limousines voorrijden. Als allerlaatste arriveerde Giulio Andreotti, die toen premier was van Italië, met de minister van Buitenlandse Zaken De Michaëlis in een piepkleine Fiat 600. De zwaarlijvige minister zat achter het stuur en Andreotti naast hem. De kleine Fiat hing er scheef van!

Andere gasten waren de Griekse premier Constantine Mitsotakis, de leider van het Ierse kabinet Charles Haughey, de Luxemburgse premier Jacques Santer, de premier van Portugal Anibal Cavaco Silva, de Spaanse premier Felipe González Márquez en voorzitter Jacques Delors van de Europese Commissie.

'Het geboortekaartje van de Euro' - Château Neercanne (december 1991).

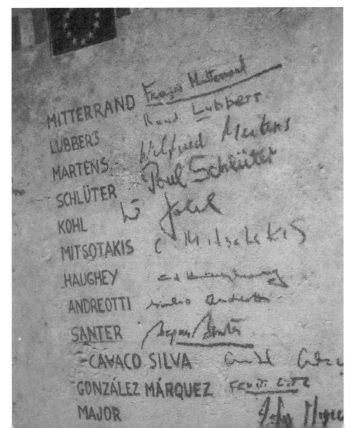

Handtekeningen van de 12 Europese regeringsleiders in de grotten van Château Neercanne (december 1991).

173

Eurotop Château Neercanne - december 1991. Koningin Beatrix komt aan bij haar tijdelijke 'paleis' Neercanne.

Hare Majesteit en president Mitterrand op weg van het aperitief naar het déjeuner.

Gevolgd door o.a. Felipe González (m.) en Helmut Kohl (r.).

'Mitterrand was de enige die erop stond een aparte kamer tot zijn beschikking te hebben waar zijn kamerdienaar en zijn lijfarts konden verblijven. Op de gang van Neercanne stond een zogenoemde valet de chambre, een bediende in een wit jasje met over zijn arm de regenjas van Mitterrand. Toen ik zei dat de jas ook opgehangen mocht worden zei hij: "Ik moet blijven staan voor het geval meneer de president een kleine wandeling wil maken." Het was opvallend dat president Mitterrand geen rode wijn dronk. Later zou blijken dat hij al tien jaar aan kanker leed.

Opvallend was, dat achter de president steeds iemand met het 'atoomkoffertje' en de codes liep. Al een maand van tevoren waren twee Franse technici op Neercanne gekomen om in een fax, een directe verbinding met het Elysée, de codes te veranderen en om de lijnen te controleren. In de buurt van de premier van Engeland, John Major, was ook steeds iemand met het 'Engelse atoomkoffertje.'

Vlak voor het déjeuner kwam het bericht dat van een ontvangst in de grot geen sprake kon zijn. Premier Lubbers wilde alleen maar lunchen en werken. Voor een aperitief was hooguit tien minuten tijd beschikbaar. Hare Majesteit was echter van mening dat zij de gastvrouw was, zodat het bezoek toch kon doorgaan, zoals Camille zich had voorgesteld.

Vijf minuten nadat de naam van Mitterrand een tweede R had gekregen, kwamen beide staatshoofden de grot in. Waarschijnlijk was onze koningin gecharmeerd van de herinnering aan haar voorouders. Ze zette zonder aarzeling met hetzelfde krijtje haar handtekening op de muur. Mitterrand en daarna alle regeringsleiders volgden haar voorbeeld, evenals Jacques Delors.

Alles was op veiligheid gecontroleerd, maar men had over het hoofd gezien, dat er naar de grotten maar één toegangsdeur was. Als die mogelijk vergrendeld zou worden, had de hele Europese top als een rat in de val gezeten. Achteraf gezien is het onbegrijpelijk dat niemand van de beveiliging daaraan had gedacht. Uiteindelijk bleef het gezelschap meer dan een half uur in de grotten.

Na het aperitief kwamen de koningin en Mitterrand als eersten naar buiten om naar het restaurant te gaan, op protocollaire afstand gevolgd door de andere regeringsleiders, die immers 'maar' premier of regeringsleider waren.

De lunch verliep volgens plan. Het personeel van de koningin zorgde voor de bediening, maar Willy Oostenbach, chef van de zwarte brigade, mocht wel aanwezig zijn. Alle 'livreiers' van het paleis waren er in vol ornaat. Zelfs de afwassers en de zilver-poetsers waren meegekomen!

'Livreiers' van het paleis in vol ornaat.

Tijdens de lunch hield de koningin een indrukwekkende rede, waarin ze voor het eerst aankondigde dat ze bereid was af te zien van haar beeltenis op de nieuwe munt van Europa, toen-tertijd een precair punt voor Engeland.

Na de maaltijd begaf het gezelschap zich naar het provincie-huis voor de volgende verplichting. De koningin verliet als laat-ste het kasteel, maar niet nadat Judith Oostwegel en Peter en Ans Harkema aan haar werden voorgesteld. Ze bedankte hen voor de goede zorgen en sprak de hoop uit dat Neercanne nog lang plezier mocht hebben van de bloemen.

CAMILLE OOSTWEGEL SR. EN DE TUINEN

In de hal van het kasteel hing, achter de receptiebalie, de grote historische kopergravure uit 1715 van de Brusselaar Guillaume de Bruijn. Daarop is Château Neercanne in volle pracht te zien, met omringende tuinen en bossen. Camille: 'Die gravure viel me pas echt op toen ik bezig was met de overname van Neer-canne. Ik vroeg aan deze en gene of die weergaf hoe het er vroeger uit had gezien, maar ik kreeg te horen dat het meer een kwestie was geweest van opschepperij. Toch herkende ik wel wat contouren hier en daar. Geïnspireerd door de restauratie van de tuinen bij Paleis Het Loo dacht ik: als ik Neercanne in de oude glorie wil terugbrengen, dan hoort daar ook de histo-rische tuin bij. Bij de opening van het château, door burge-meester Baeten in 1984, heb ik ook gerefereerd aan die tuinen. In mijn toespraak heb ik letterlijk gezegd: "Wat op Het Loo kan, moet ook op Neercanne kunnen." Het was mijn streven om de tuinen weer in hun vroegere staat terug te brengen. Ook heb ik gezocht naar de geschiedenis, oude boeken bestudeerd, schilderijen bekeken en archieven uitgeplozen. Mij was duidelijk dat de tuin zoals die op de gravure is te zien, er ooit moet zijn geweest. Ik sprak erover met architect Frans Vandehoek, die ook de restauratie van het kasteel had gedaan. Hij vond het meteen een interessant idee.

Later sprak ik er ook met Servé Minis over, de stadshistoricus.

Toon Hermans wordt aardbeienkoning op Château Neercanne.

Toon Hermans,
een graag geziene gast

Eén van de meest trouwe gasten in de huizen van Camille was wel Toon Hermans. Vanaf de begindagen bezocht hij Restaurant Château Neercanne. Toen Château St. Gerlach klaar was logeerde hij met vaste regelmaat in Houthem, en altijd in kamer 115. Aan een tafel bij het raam schreef hij daar zijn teksten. Hermans was zeer verbonden met die plek. Was de kamer bezet, dan kwam hij niet. Zo deed hij dat ook in Hotel Brughof.

Toen Camille een beeldententoonstelling hield op het grote voorplein van Château St. Gerlach zei Hermans aan de latere directeur van het Kruisherenhotel Sita Tadema: ' "Daar moet ik eens over praten met Camille, want dit is niet mooi." Zo deed hij dat, maar met weinig woorden: "Camille, de bomen hier zijn mooier dan de beelden".' Overigens vond Hermans de beeldengroep van Ru de Vries, die geschonken was door vrienden van Judith en Camille, wel mooi.

Hij ging er graag naar kijken. Ook hij had zijn bijdrage daaraan geleverd. Staande naast het beeld van de boer zei hij graag: 'Die pet heb ik betaald.'

Gouverneur Kremers steekt samen met zijn collega, gouverneur Vandermeulen van Belgisch Limburg, de eerste spade in de grond voor het archeologisch onderzoek naar de voormalige baroktuinen van Château Neercanne (maart 1989).

De gemeente was met de Technische Universiteit Delft bezig om enkele buitenplaatsen van Maastricht te onderzoeken. Servé Minis zorgde ervoor dat de kasteeltuinen in hun plan werden opgenomen.'

Omdat de baroktuinen in Neercanne onder het gras verdwenen waren, zoals ook bij Het Loo bleek te zijn gebeurd, nam Camille in 1987 contact op met kunsthistoricus Eelco Elzenga, conservator van Paleis Het Loo. Die vond het verhaal interessant genoeg om naar Neercanne af te reizen.

'Toen hij de tuinen zag, zei hij meteen: "Het is er nog allemaal." Verborgen onder het gras waar toen nog de schapen graasden.' Aan de overkant van de weg waren de resten van de vijver nog enigszins te herkennen. Elzenga adviseerde om voor de tuinen eerst een beschermde status te verwerven.

Camille ging daarop naar Zeist om op het hoofdkantoor van de Rijksdienst voor de Monumentenzorg de kwestie voor te leggen aan Rob de Jong, een ambtenaar belast met historische tuinen. Deze kwam persoonlijk naar Neercanne. Hij adviseerde positief zodat de tuinen inderdaad een beschermde status kregen. In 1988 werd de Stichting Kasteeltuinen Neercanne in het leven geroepen. Mr. Philip Houben werd voorzitter. De oprichting viel samen met de start van de restauratie. Het archeologisch onderzoek door de TU Delft kwam daarna op gang.

Ingenieur Hugo Knook had de leiding van het geheel. Hij vertelt: 'Op verzoek van Camille liet ik ze beginnen op de plek waar op de gravure een kleine vijver te zien was. Na nog geen half uur stuitte men al op de eerste stenen. De vijver met spuitstuk kwam tevoorschijn en er werden zelfs zaden gevonden. Aan de overkant van de weg werd in de vijver een kogel aangetroffen bij het miniatuur oorlogsschip dat er ooit lag. Dat het schip er is geweest, bewijzen rekeningen van een timmerman die ooit de opdracht kreeg het vaartuig te repareren.'

Camille: 'Ik probeerde me, bij al mijn plannen, vooral te verplaatsen in de gedachten van de oorspronkelijke eigenaar. Wat had Van Dopff bezield om het zo te doen en wat hing daarmee samen? Die nieuwsgierigheid speelde voor mij een grote rol.' Vreemd genoeg vond Stichting het Limburgs Landschap die restauratie eerst niet nodig. Uiteindelijk liet men echter de bezwaren daartegen varen, zolang Oostwegel binnen zijn 'pachtgrenzen' bleef.

'C'EST LA FRANCE ICI'

Na het déjeuner van de staatshoofden op 9 december 1991 zag president Mitterrand in de hal de kopergravure. Het Franse staatshoofd keek heel aandachtig naar de afbeelding. Premier Lubbers, die naast hem stond, wenkte Camille naderbij te komen en enige uitleg te geven over de afbeelding. Camille, toen al volop bezig met zijn plannen om de tuinen in hun oorspronkelijke staat te herstellen, wist de interesse van de president te winnen. Hij liet Mitterrand ook het bordes zien en daar herkende deze de Franse stijl in. 'Monsieur, c'est la France ici!' riep de president uit. Hij was enthousiast en vond het plan om de tuinen te restaureren geweldig.

Een dag later stond in de *Telegraaf* een artikel over de tuinen en Camilles praatje met Mitterrand, een publicatie die Camille zeer van pas kwam. Zelden zal er aan een project als dit zulk grondig onderzoek zijn besteed.

De UNESCO-conferentie in 1995 betekende een mijlpaal. Ze ging over 'The restauration of baroque gardens' in de stad Maastricht. Inhoudelijk veelbetekenend op deze internationale bijeenkomst was zonder meer de uitspraak van de aanwezige hoofdtuinarchitect van Château de Versailles: 'De atmosfeer van de Franse Zonnekoning is op Neercanne blijven hangen.'

De Europese Commissie besteedde ieder jaar acht miljoen gulden aan cultuur in Europa. Jaarlijks koos zij een monumententhema voor heel Europa, waar ze maximaal 300.000 à 400.000 gulden per thema aan uitgaf. In 1992 was het monumententhema: historische tuinen. Oostwegel moest naar Brussel om een en ander toe te lichten. Zijn plan viel in de smaak en kwam in aanmerking voor subsidie. Het resultaat: een Europese onderscheiding en een UNESCO-bescherming. 'We

Groothertogin Maria van Rusland (l.), zichzelf tsarina noemend, met haar moeder prinses Leonida van Georgië, bij aankomst op Neercanne. Een jaar na de Europese top kwamen de Romanovs, nazaten van tsaar Peter de Grote, op bezoek. Camille liet hen de omgeving en de stad zien. Hij bezocht zelfs het beroemde café In den Ouden Vogelstruys met ze, waar op dat moment kunstenaar Pieke Dassen aanwezig was. Die ochtend had een foto van de hoogheden in de krant gestaan. Pieke Dassen zei: 'Ich kin uuch' en nodigde ze uit voor een bezoek aan zijn atelier. Het tijdschema liet dat helaas niet toe. Ongetwijfeld heeft Camille ze laten zien waar hun roemruchte voorvader vroeger in Maastricht verbleef (1992).

kregen een bokaal die in Lissabon is uitgereikt en 100.000 gulden. Niet zo'n groot bedrag, want de hele restauratie heeft meer dan een miljoen gekost, maar het was een locomotief, een vliegwiel. Ook kregen we nog een bedrag van de gemeente. Monumentenzorg gaf 50.000 gulden en de rest is uit de exploitatie van Neercanne gekomen.'

Op de gravure uit 1715 was heel goed te zien hoe de tuinen in die tijd waren ingericht. Camilles plan was om ze in hun oude luister te herstellen, inclusief de grote tuin voor het kasteel, die er zeker moet zijn geweest, en ook de zuil in het Sterrenbos en de Belvédère, waarvan oude glasrekeningen in de archieven nog getuigen.

De vijver aan de overkant van de weg maakte geen deel uit van de erfpacht. Toch wilde Camille die ook bij de restauratie betrekken, zodat het weer het unieke geheel zou zijn zoals Van Dopff het indertijd had laten aanleggen.

Diverse malen voerde Camille hierover gesprekken met het bestuur van het Limburgs Landschap, maar de meningsverschillen waren groot. De leden van de stichting vreesden een toeloop van mensen in het vredige gebied als de plannen van Oostwegel zouden doorgaan. Bovendien had zich sinds twee eeuwen een prachtig landschap gevormd met de meanderende Jeker. Het bestuur vreesde dat de natuurwaarde van het gebied zou worden aangetast door de restauratie. Het prees het landschappelijke karakter, maar Camille vond daar niet veel natuurwaarde in: 'Het was allemaal gras, boterbloemen, koeien en kunstmest. De oude bomen die er stonden waren mooi, maar verder was de grond heel gradiënt-arm.' Hij besloot de gevreesde aantasting van de natuurwaarde te laten onderzoeken. Uit het rapport bleek dat, wanneer de tuin zou worden aangelegd volgens de plannen van Oostwegel, de Europese kanarie en de das weer zouden terugkomen. Planten, salamanders en een heel rijke flora en fauna zouden er komen.
Er was een hele lijst van positieve veranderingen. Camille: 'Later heb ik het bestuur gevraagd om commentaar op het rapport te geven, maar dat heeft het nooit gedaan. Boer Vrancken, de

pachter van het weiland, is naar mij toe gekomen en zei dat hij zeker aan mijn plannen wilde meewerken. Terwijl het bestuur juist problemen over de pacht van de weilanden met Vrancken voorzag.'

Oostwegel bleef pleiten voor het algeheel herstel van de historische tuinen. 'Toen de stichting een vergadering op Neercanne hield, vroeg ik op de man af wat ze wilden, want ik wenste niet aan een dood paard te trekken. Ze besloten dat er niets met de vijver zou gebeuren, want het Jekerdal zou op de Ardennen lijken en dat wilden ze zo houden. Persoonlijk zag ik dat niet zo, maar ik heb gezegd dat ik er ook niet meer op terug zou komen. Voor mij was de kous af. De vijver was sinds 1985 al een beschermd monument. Ze zagen in mij waarschijnlijk een kapitalist die alleen maar geld wilde verdienen. Nou, mijn gedachten waren nog niet koud toen ik al na enkele maanden hoorde, dat zij met plannen kwamen om de overkant te restaureren. De boomgaarden bestonden vroeger vooral uit leifruitbomen zoals

Officiële opening gerestaureerde terrastuinen door de gouverneur van Limburg mr. B.J.M. baron van Voorst tot Voorst (juli 1997).

Opening Meesters in de
beeldhouwkunst 2006 door
minister Gerrit Zalm op
Château Neercanne.

kweepeer, appel, perzik, abrikoos, peer en wijndruif. Deze fruit-soorten zijn in 1997 op de drie terrassen herplant tegen de steile muren. Vroeger was er ook een groente- en kruidentuin, maar op die percelen zijn door het Limburgs Landschap hoogstambomen geplant.

Inmiddels was er een nieuwe directeur van die stichting aangesteld. Hij heeft me het plan laten zien en dat vond ik geweldig. Ze maakten een keuze voor een heel voorzichtige variant, het licht herstellen van de vijver, hagen terugbrengen, een grote wijngaard aanleggen, maar daarvoor wilden ze die prachtige hoogstambomen kappen. Dat vond ik onbegrijpelijk en eigenlijk waren ze er zelf ook niet gelukkig mee. Ik heb ze voorgesteld de wijngaard uit te breiden zodat het kappen kon worden voorkomen. Er is toen een gefaseerd plan uitgewerkt. Het is een variant geworden. De vijver is weer goed zichtbaar en er is wat beplanting aangebracht, maar het wordt waarschijnlijk niet meer zoals het vroeger is geweest.'

BELANGRIJKE GASTEN

Sinds Château Neercanne als restaurant wordt uitgebaat, hebben belangrijke personen er een bezoek gebracht. Vele politici en ministers die er ooit te gast waren, hebben hun naam in de grot gezet. Een culinaire gast van naam was de vernieuwer van de haute cuisine, Paul Bocuse, de meest befaamde chef de cuisine van de vorige eeuw.

Peter Harkema kreeg op een drukbezette zondag een telefoontje. De Belgische prins Albert en prinses Paola waren op tuinenbezoek geweest in Rekem: was er nog een tafeltje vrij voor het echtpaar? Harkema liet die kans niet voorbijgaan en zei: 'Laat ze maar komen.' De zaak zat stampvol, maar Peter kwam op het idee om op het balkon van de eerste verdieping een tafel te zetten, met kamerschermen links en rechts zodat het prinselijke paar niet gehinderd zou worden door nieuwsgierigen. Het was hartje zomer en door het uitzicht op het prachtige Jekerdal was dit waarlijk een prinselijke plaats. Twee weken later werd prins Albert koning van België.

Een andere gast was 'Soldaat van Oranje' Erik Hazelhoff Roelfzema, wiens handtekening ook in de grot staat. Hij was in gezelschap van de enige Nederlandse draagster (naast Koningin Wilhemina) van de Militaire Willemsorde, de verzetsheldin mevrouw Jos Gemmeke-Mulder, Limburgse van geboorte maar toen woonachtig in het noorden van het land en overleden op 20 december 2010.

Freddy Heineken als eerste aardbeienkoning van Château Neercanne.

Prins Hendrik van Denemarken bezocht Neercanne tijdens het congres dat door Europa Nostra in Maastricht werd gehouden.

In 2004 was kroonprins Willem Alexander op Neercanne in het kader van de Europese top.

Onder leiding van Jaap de Hoop Scheffer verbleef in 2004 de top van de OVSE op Château Neercanne.

De top van Air France en KLM logeerde in Château St. Gerlach en dineerde op Neercanne.

Ook Yehudi Menuhin, de wereldberoemde violist, was er te gast. Ter gelegenheid van 'Global Panel for Africa' verbleef de president van Mali, de heer Alpha Oumar Konare, in Maastricht. Hij is de enige president ter wereld die ook archeoloog is. Op 29 november 1995 bezocht hij een aantal interessante archeologische plekken in de stad, waaronder de Derlonkelder, de Sint Servaaskerk en de opgravingen van de kasteeltuinen van Neercanne. Hij kreeg een rondleiding in het gangenstelsel van de Cannerberg waar hij zijn handtekening achterliet. Later heeft hij in Mali, naast zijn paleis, grotten laten inrichten naar voorbeeld van die van Neercanne.

Premier Balkenende op Château St. Gerlach.

In oktober 2002 bezocht de mondiale autopers Château St. Gerlach. Die maand dineerden dagelijks ongeveer 50 autojournalisten uit verschillende landen in het restaurant.

Ook de andere Oostwegel-locaties mogen zich met enige regelmaat verheugen in hoog bezoek. Zo hield in de zomer van 2004 prins Hendrik van Denemarken een proeverij van zijn eigen Cahors-wijnen op Château St. Gerlach. Bij een bezoek aan het Kruisherenklooster tijdens de restauratie merkte hij vervolgens op: 'Fantastisch hoe dit alles gerestaureerd wordt. Als voorzitter van Europa Nostra, dat steeds krapper bij kas komt te zitten door de uitbreiding van de Europese Unie, ben ik wel eens jaloers op de geweldige manier waarop mon ami Camille Oostwegel mooie projecten weet te realiseren.'

Bekende gasten op Château St. Gerlach in het najaar van 2005: premier Jan Peter Balkenende, PSV-voetballer Phillip Cocu, zanger Xander de Buisonjé en presentatrice Irene Moors.

Op 28 april 2006 waren de Zuid-Afrikaanse ambassadeur mevrouw H.B. Mkhize en de Zuid-Afrikaanse minister van Handel en Industrie mevrouw Elisabeth Thabethe aanwezig op Château St. Gerlach. De Zuid-Afrikaanse regering wilde graag in contact komen met het Limburgse bedrijfsleven, in verband met investeringsplannen voor Zuid-Afrika. Daartoe nodigde de ambassadeur gasten uit voor een ontbijt op St. Gerlach.

Tijdens het Pinksterweekeinde van 2010 fietsten, totaal onaangekondigd, kroonprins Willem-Alexander, prinses Máxima en hun dochtertjes Amalia, Alexia en Ariane het terrein van St. Gerlach op. Na wat ravotten op het gazon werd de middag door het prinselijk gezin afgesloten met een diner op het Bistrot-terras.

Het rondeel

Op een vroege zondagochtend eind september 2010 wordt Camille in alle vroegte gebeld met een jobstijding. Een instorting op Château Neercanne. Het blijkt om het zuidelijke rondeel te gaan, het halfronde uit de hoge muur tussen het bovenste en op één na bovenste terras uitstulpende torentje dat een trap verbergt waarmee beide terrassen met elkaar in verbinding staan. De buitenste schil van mergelblokken blijkt te hebben losgelaten en ligt als een berg puin aan de voet van het rondeel.

September 2010 (boven) en restauratie mei 2011 (beneden).

De schrik bij Camille is groot. 'Zijn er mensen bij betrokken?' is zijn eerste vraag, 'gewonden of mogelijk erger?' Dat valt gelukkig mee. Het voorval heeft zich op een uitermate rustig ogenblik voltrokken. Maar Camille beseft terdege de reikwijdte van de dans die ontsprongen is. Hoe vaak hebben mensen niet van de trap in het rondeel gebruik gemaakt? Hoe vaak staan bezoekers niet op het terrasje waar nu het mergelpuin opgestapeld ligt?

Het incident maakt maar weer eens duidelijk hoe kwetsbaar monumenten zijn. Al sinds Camille Neercanne in handen heeft, laat hij nauwgezet de bouwkundige staat in de gaten houden. 'Al onze monumenten monitoren we het gehele jaar door op stabiliteit van de bouwwerken.' Van het betreffende rondeel was sinds drie maanden bekend dat er een klein scheurtje in de mergelmuur was ontdekt. Het zou absoluut geen kwaad kunnen, was Camille verzekerd door deskundigen.

'Alle betrokkenen, zoals architecten, bouwmeesters en Monumentenwacht, waren bezig met dit euvel, maar er is continu aangegeven dat er totaal geen gevaar was voor afbrokkelen, laat staan voor instorting. Ik werd er dan ook zeer door verrast.'

Het lijkt vast te staan dat door de overvloedige regenval van de laatste jaren in combinatie met enkele periodes van strenge vorst in januari 2009 en januari 2010 de mergel dermate oververzadigd van vocht was geraakt en ontwricht, dat het scheurtje kon uitgroeien tot een complete instorting.

De restauratie is in 2011 afgerond.

CHÂTEAU ST. GERLACH

DE DROOM VAN ST. GERLACH

In het prachtige Geuldal, even ten zuiden van het Limburgse dorp Houthem, liggen de gebouwen en het landgoed St. Gerlach. Vanaf de middeleeuwen had het uitgebreide complex verschillende functies. Zo herbergde het in de lange loop van zijn geschiedenis onder meer een kloostergebouw, een kloosterkerk, een proostenhuis (proosdij), een pachthof en een hoeve.

De gebouwen zijn in de turbulente historie ettelijke keren deels of helemaal met de grond gelijk gemaakt, onder andere door de gevolgen van overstromingen van de Geul, aardbevingen, brand, plundering en gebrek aan onderhoud. Meestal werd op de resterende fundamenten opnieuw opgebouwd of (groten-) deels vernieuwd. De laatste ingrijpende restauraties vonden plaats tussen de jaren 1995 en 1997, toen vrijwel het hele complex - de kloosterkerk was inmiddels parochiekerk geworden - een nieuwe bestemming kreeg als hotel-restaurant en conferentieoord Château St. Gerlach.

Op 15 september 1997 verrichtte mr. Pieter van Vollenhoven de officiële opening. Op dezelfde dag werd eigenaar, fondateur en hotelier Camille Oostwegel sr. geëerd met een benoeming tot Ridder in de Orde van Oranje-Nassau. De rijke historie van het klooster op de plek waar de waarschijnlijk rond 1165 als kluizenaar gestorven ridder Gerlacus - de latere St. Gerlachus - in volledige ascese had geleefd, werd onder meer in de toespraken met regelmaat gememoreerd.

Konikpaarden in Ingendael, het natuurontwikkelingsgebied op de voormalige pachtgronden in het Geuldal dat kon ontstaan doordat Camille Oostwegel sr. en Maarten Cuppen het via een transactie met het ministerie van Landbouw voor een gulden overdroegen aan Stichting het Limburgs Landschap.

CHÂTEAU ST. GERLACH

Het was 1 maart 1997 toen de eerste gasten arriveerden op Château St. Gerlach. Een dag eerder meldde het *Limburgs Dagblad*: 'Camille Oostwegel zet kroon op zijn werk'.
In de laatste voorbereidende week was het nog spannend.
De meubels waarmee de kamers en suites van het hotel moesten worden ingericht, kwamen van ver, onder andere uit Spanje, Frankrijk, Engeland en Tsjechië.

Door een blokkade van de snelwegen, die weken had ge-

duurd, waren de vrachtwagens met de meubels uit het Spaanse Malaga pas op het laatste moment aangekomen. Er heerste hoogspanning op het hele landgoed, al zouden de gasten daar weinig van merken. Peter Harkema, die tijdelijk benoemd was tot directeur in Houthem, had iets aardigs bedacht voor de gasten van het eerste uur. Ze mochten hun kamer zelf officieel openen door een rood-wit bouwlint door te knippen en een glas champagne te heffen. Een fotograaf was aanwezig om 'de plechtige opening' vast te leggen.

Tijdens de bouw waren mensen in de gelegenheid geweest om de verrichtingen te volgen. Dat zouden uiteindelijk 25.000 bezoekers worden. Camille leidde de geïnteresseerden vaak zelf rond, gaf uitleg terwijl hij op de puinhopen stond, in de zon en in de sneeuw. Het was toen bijna onvoorstelbaar dat er uit die ravage ooit een prachtig monument zou ontstaan. Camille had naar de openingsdag uitgezien. Voor hem en voor Judith was deze mijlpaal inderdaad de kroon op hun werk.

Eerste gasten op Château St.
Gerlach (1997).

In 1978, Camille was toen directeur van Novotel Breda, had toenmalig hoofdredacteur Léon Pluymaekers van het weekblad *Het land van Valkenburg* hem benaderd voor een interview. Na het gesprek was Pluymaekers met de jongste Novotel-directeur van Europa over landgoed St. Gerlach begonnen: 'De baron

Graanschuren Château St. Gerlach geschilderd door de 'paardenschilder' Willem Nakken (1903).

weet niet wat hij met het kasteel wil. Moeten we ons niet inspannen om het te behouden en over de toekomst nadenken?' Camille was het met hem eens: 'Ik had daar zoveel jeugdherinneringen.' Toen Baron Robert de Selys de Fanson op 23 juli 1979 overleed bleek bij testament dat deze de Kerkfabriek van Aywaille in België tot erfgenaam had benoemd en de parochie Sint-Gerlachus uit Houthem tot legataris. De nalatenschap van de baron kwam als een volslagen verrassing in Houthem. De baron, die in buitenlandse dienst was van de Belgische staat en daarom veel in andere landen verbleef, woonde niet permanent in het kasteel.

Hij had weinig contact met mensen uit het dorp. Wie kon de baron dit idee voor zijn testament ingefluisterd hebben? Was het pastoor Peters die hem nog op zijn sterfbed te Brussel had bezocht? De pastoor zou deze suggestie al snel als pertinente roddel van de hand wijzen.

In eerste instantie waren de pastoor en het kerkbestuur blij met de gulle gift. Die blijdschap temperde toen bleek dat tweemaal tot 80% successierechten aan de Belgische staat betaald moest worden. Na het voldoen hiervan was de beurs van de parochie leeg. Mogelijk heeft de baron zijn eigen familie voor die successierechten willen behoeden.

Geschiedenis
Château St. Gerlach

DE HEILIGE GERLACHUS

De geschiedenis van Houthem is onlos-makelijk verbonden met die van de klui-zenaar St. Gerlachus. Het in 1612 door Cornelis Tilmans beschreven leven (vita) van de heilige opent met 'Den H. Gerlacus is gebooren van seer edele ouders naer de weerdigheyt des werelts in den byvang van de stadt Maestricht, daer de reliquën van den H. Servatius eerlijck bewaert wor-den'. Waarmee terugverwezen wordt naar

de rond het jaar 1225 geschreven, maar inmiddels verloren gegane *Vita Beati Ger-laci Eremytea*.

Gerlacus, nu Gerlachus of Gerlach ge-noemd, zag kort voor het begin van de 12de eeuw ergens in het land van Valken-burg het levenslicht. Hij zou van adellijke afkomst zijn geweest. Mede door zijn voor die tijd fors postuur stond hij al op jonge leeftijd bekend als een ontzagwekkende, onverschrokken man. Door zijn moed en dapperheid was hij een geziene gast op burchten en kastelen in de wijde omtrek. Hij werd tot ridder geslagen en nam deel aan de toernooien en steekspelen van zijn tijd. Gerlacus leefde erop los, maar door een tragisch voorval nam zijn leven een resolute wending. Nadat hij had gehoord van de plotselinge, dramatische dood van zijn geliefde vrouw kwam hij op slag tot inkeer en gaf zijn losbandig leven op.

Gerlacus trok letterlijk het ruwe boetekleed aan, toog naar paus Eugenius III in Rome om te biechten en ging vervolgens bij oplegging naar het Heilige Land. Daarna besloot hij om definitief terug te keren naar zijn geboortestreek.

Gerlacus voerde alle boeteopleggingen van de paus uit naar letter en geest. Volgens de legende leefde hij voortaan als een uiterst nederig kluizenaar in een enorme uitgeholde eik in Houthem. De boeteling Gerlacus leidde een leven van bidden, lijden en uiterste soberheid. Met grote regelmaat maakte de heremiet voettochten naar heiligdommen in Aken en Maastricht, in welke stad de ex-ridder bij voorkeur het graf van de door hem geadoreerde St. Servatius bezocht.

Vrijwel onmiddellijk na zijn dood in 1164/1165 werd Gerlach als een heilige vereerd. In de oudste geschriften - zijn levensbeschrijving werd in een Franse vertaling gedrukt in 1745 - staat zijn naam als Sanctus Gerlachus vermeld.

De relikwieën van de Houthemse heilige zijn later voor verering onder een aan hem gewijd praalgraf in de kleurrijke, barokke parochiekerk van St. Gerlach geplaatst.

18e-eeuws gebedenboekje over St. Gerlach.

HISTORIE KASTEEL EN LANDGOED ST. GERLACH

Van de eerste eeuwen na het eerste millennium weten we betrekkelijk weinig, want in de levensdagen van Gerlachus vormt Houthem nog geen eigen parochie. Het kerkelijk leven van het dorp begint in de Vroenhof, waar de aan de proosdijkerk van het nabije Meerssen onderhorige kapel was gelegen. Dit blijkt uit verschillende, behouden oorkonden uit de 12de eeuw. In die tijd zullen trouwens veel inwoners van Houthem wel in Meerssen naar de kerk zijn gegaan. Door een schenking van de Franse koningin Gerberga in 968 was daar een abdij ontstaan en daarna een bloeiende proosdij. Ruim acht eeuwen lang zou die laatste voortbestaan, tot de Franse bezetting er definitief een eind aan maakte.

Op christelijk gebied was de 11de eeuw een bijzonder 'roerige' geweest. De gelovigen zetten zich af tegen de rijke Benedictijner abdijen en de vroomste geesten zagen het hoogste ideaal vaak in een bestaan als kluizenaar. In de volgende eeuw ontstonden nieuwe orden, zoals die van de Norbertijnen in het moederklooster Prémontré. Oorspronkelijk was het instituut in Houthem een dochterinstelling van het klooster van Heinsberg (tegenwoordig net over de Duitse grens), maar het Norbertijns sticht kreeg al gauw een eigen, onafhankelijke proost. Het mannenklooster - toen al het Gerlachklooster genoemd - werd aan het begin van de 13de eeuw

mogelijk gemaakt door een schenking van Gosewijn IV, heer van Valkenburg. Historische bronnen spreken verder over een in eerste instantie gesticht dubbelklooster, maar daar zijn de geleerden het niet helemaal over eens. Zeker is, dat er in de laatste decennia van die eeuw een convent voor vrouwen kwam, bedoeld voor vaak zeer jonge meisjes uit de betere kringen die wilden intreden. Zo ontstond in 1201 in Houthem een adellijk vrouwenstift - naar men zegt op de plaats van Gerlachs graf - dat vermoedelijk al de naam van de heilige droeg.

ONTWIKKELINGEN

De steden Maastricht, Luik en Aken hebben altijd een rol in de algemene historie van Houthem gespeeld. Tijdens de Tachtigjarige Oorlog (1568-1648) leed het Houthemse klooster zwaar onder de negatieve gevolgen van de krijgshandelingen. In 1581 brandden de gebouwen van het klooster maar liefst twee keer af en dat zou zich volgens de geschiedschrijving in 1615 herhalen. Gelukkig werd in de twee daaropvolgende jaren - na de verovering van Maastricht door de hertog van Parma - veel hersteld. In 1661 werd in het Partagetractaat beslist, dat het convent in Houthem een Spaanse enclave in Staatsgebied zou worden.

Een periode van bloei volgde in de eerste helft van de 18de eeuw. Nadat proost Josephus Bartholomeus van der Steyn wegens ouderdom en ziekte het beheer van

Proost Frans van Cauwenbergh.

het klooster had moeten overdragen, werd de nieuwe proost Franciscus van Cauwenbergh op 17 juli 1701 in het bezit gesteld van de proosdij van Houthem. Van Cauwenbergh was een actief en invloedrijk man, die zijn professie in de Norbertijnerabdij in Heylissen had gedaan. Allereerst begon hij de inmiddels door oorlogs perikelen verwaarloosde kloostertucht te verbeteren. Dat deed hij onder meer door nieuwe nonnen te werven, een priorin aan te stellen en opnieuw de clausuur (afzondering) in te voeren.

In de jaren tussen 1708 en 1730 werd er onder supervisie van Francisca Isabella de Raveschot de Cappelle een stiftkerk, een nieuwe kloostervleugel en een speciale woning voor de proost gebouwd, het complex dat later Kasteel St. Gerlach zou gaan heten. Bovendien werd in 1759 ten zuidoosten van het klooster een pachthof gebouwd naar een ontwerp van de uit Aken afkomstige bouwmeester Johann Joseph Couven. De toekomst zag er toen rooskleurig uit.

DE NORBERTINESSEN VERTREKKEN

Maar door de Verlichtingsidealen van de Oostenrijkse keizer en 'verlicht despoot' Jozef II, die toen onder meer over de zuidelijke Nederlanden regeerde, veranderde later in de 18de eeuw wel een en ander ten opzichte van de contemplatieve religieuze orden in het land. De keizer, die met zijn vergaande hervormingen het (Franse) revolutiegevaar probeerde te bezweren, wilde de kloosters het liefst opheffen. In 1783 decreteerde hij, dat er in de kloosters geen novicen meer mochten worden aangenomen.

Nadat de revolutionaire Fransen de zuidelijke Nederlanden waren binnengevallen, werd het klooster verschillende keren door hen opgeëist, deels voor huisvesting van de soldaten, deels voor gebruik als magazijn en zelfs om als veldhospitaal te dienen.

Bij het Verdrag van Fontainebleau (1785) stond Oostenrijk St. Gerlach af aan de Republiek der Verenigde Nederlanden.

Op 5 november 1794 viel de vesting Maastricht, wat in feite de overgave aan de Fransen van heel Zuid-Limburg inhield. Het betekende tegelijk de instelling van het Departement van de Nedermaas. De kloostergemeenschap van St. Gerlach in

Spiegelzaal (1950).

Roermond verloor haar talrijke bezittingen, waaronder het oude klooster in Houthem. De weinige zusters die er nog in verbleven, vertrokken uit Houthem naar het nu onder Oostenrijks bestuur vallende Roermond. Ze namen de in hun bezit zijnde relikwieën van de heilige Gerlach mee. Pas in 1841 zouden die in Houthem terugkeren.

1797 TOT 1909

In 1797 kocht Mathias Sleijpen, samen met zijn schoonzoon advocaat Martinus Jacobus Schoenmaeckers, het door de Franse regering geconfisqueerde klooster St. Gerlach. Ook de vader van Schoenmaeckers, in 1801 burgemeester van Houthem, was al enige tijd actief met het bewoonbaar maken van het leegstaande klooster. Nu werd het gebouw deels tot kasteelhoeve bestemd en de proosdij ging als landhuis fungeren. Sleijpen stierf in 1798 en de nieuwe eigenares werd kleindochter Elisabeth Walburga Schoenmaeckers. Ze trouwde in 1829 met Anton Joseph Frans Corneli van Rimburg en het echtpaar kreeg twee zonen. De oudste, Frans of François Corneli, werd burgemeester van Houthem en heeft met zijn Luikse vrouw Elise Raikem op Kasteel St. Gerlach gewoond. Het echtpaar Corneli-Raikem liet het interieur tussen 1856 en 1904 bijzonder luxueus inrichten. De fraaie, laat 19de-eeuwse interieurdecoraties zijn tot op de dag van vandaag goed bewaard gebleven.

Intussen was de parochie van Houthem naar de stiftskerk overgebracht. Frans Corneli overleed in 1903. Het landgoed werd vervolgens beheerd door zijn weduwe Elise. Zij stierf op 5 april 1909 in haar woning in de stad Luik.

Praalgraf Heilige Gerlachus.

BIJNA DRIEKWART EEUW DE SELYS DE FANSON

In de 15de en 16de eeuw behoorden de leden van het Maastrichtse geslacht Selys (ook: Celis) tot het gilde van de smeden. Kort voor de verovering van Maastricht in 1579 door de Spanjaarden vluchtte de familie naar Luik. Wegens grote verdiensten voor de exploitatie van onder andere grote ijzergieterijen in Wallonië werd het geslacht Selys daar in de adelstand verheven, waarna de oorspronkelijke naam door elkaar opvolgende, adellijke huwelijken in de loop van de historie volgens traditie transformeerde naar De Selys de Fanson.

Priesterkoor der Kerk van St-Gerlacus

Priesterkoor (1933).

Elk kasteel heeft zijn eigen geschiedenis. De bewoners ervan hebben bijna nooit nagelaten indruk te maken op de samenleving in het algemeen en op de omwonende bevolking in het bijzonder. Interessante histories, vaak een roman waardig! Ook over de baronnen van het Houthemse kasteel en hun manier van leven valt veel te vertellen, wat gelukkig (deels) terug te vinden is in de literatuur. In het recente verleden is er bovendien nog wel een en ander uit de volksmond opgetekend. De voornaamste en meest relevante verhalen daaruit zijn meegenomen in de inmiddels tot stand gekomen geschiedschrijving van St. Gerlach.

De meeste bewoners van het kasteel in de periode 1910-1979 waren persoonlijkheden van allure. Door directe vererving kwam het voormalige klooster St. Gerlach met landgoed in 1909 in het bezit van de uit Wallonië afkomstige advocaat Robert Baron de Selys de Fanson, president van het Hoge Gerechtshof in Luik. Hij was getrouwd met Louise Eugénie Ernestine de Woot de Trixhe en verhuisde met zijn gezin in 1910 van Luik naar het Houthemse kasteel, dat hij vooraf grondig had laten opknappen en moderniseren. Uit het huwelijk werden twee zonen geboren: Michel (1883-1961) en Florent (1884-1941).

DE OUDE BARON

Baron Robert, hierna te noemen Robert sr., had enkele lichamelijke handicaps. Hij miste een arm en hij kon maar met één oog zien.

Daardoor alleen al zou zijn zekere afstandelijkheid ten opzichte van de mensen verklaard kunnen worden. In het openbare leven was de oude baron gereserveerd,

Bibliotheek (1950).

hoewel van de man op leeftijd gezegd wordt dat hij naast zijn statige houding een duidelijke charmante uitstraling had. Robert sr. hield van de jacht en de natuur en zocht vaak de stilte en afzondering op.

Tijdens en na de Eerste Wereldoorlog - waarin Nederland neutraal bleef - zou het landgoed een anti-Nederlandse traditie hebben gekend. Tijdens de periode van het Limburgs separatisme hadden de families Schoenmaeckers en Corneli al een rol als voorvechters van de Belgische afscheiding van Nederland gespeeld. Nu streefden de Belgen naar beter te verdedigen grenzen. Landgenoten in Nederlands-Limburg zoals Robert Sr. konden hen daarbij als contactpersoon van dienst zijn. Het verhaal gaat dat deze inderdaad één van de contactpersonen van de Belgische annexionisten in Brussel is geweest. Tijdens de Tweede Wereldoorlog vertrokken Robert sr. en zijn zoon Michel niet naar hun Belgische en Franse bezittingen, maar bleven op het landgoed in Houthem wonen. Mogelijk hebben beiden een rol in het verzet tegen de Duitsers gespeeld, maar daar zijn onvoldoende gegevens over.

DE VREEMDE BARON

In september 1944 kondigden Amerikaanse tanks in Houthem de bevrijding van Zuid- Limburg aan. Het landgoed had gelukkig niet veel van de oorlog te lijden gehad. Maar na de dood van Robert sr. op 21 februari 1946, kwamen beginnende gebreken van het gebouw aan het licht. Het aantal personeelsleden was teruggelopen. De vraag drong zich op of Roberts ongetrouwde en wat vreemde zoon Michel de situatie - ook in de toekomst -

Baron Robert (sr.) de Selys
de Fanson (1861-1946).

Baron Michel Florent Ferdinand
de Selys de Fanson (1883-1961).

Baron Robert (jr.) de Selys
de Fanson (1925-1979).

in de hand zou kunnen houden. Baron Michel leidde een teruggetrokken leven. Hij leek alleen maar aandacht voor het verleden te hebben. Door zijn excentrieke gedrag dacht men buiten het kasteel vaak dat hij ontoerekeningsvatbaar was. Michel was echter een intelligente persoonlijkheid, die maar liefst twee keer zijn ingenieurstitel verdiende. Desondanks was hij, net als zijn overleden vader, niet geneigd om moderne techniek in huis te halen, waardoor bijvoorbeeld de hele was van het kasteel nog steeds met de hand gedaan moest worden. Eind december 1960 werd hij plotseling ziek en hij stierf een half jaar later, op 31 mei 1961.

Baron Michel, 77 jaar oud, werd in het bijzijn van een aantal pachters van het landgoed op het kerkhof van Houthem begraven.

DE LAATSTE BARON

Na de dood van Baron Michel in 1961 kwam St. Gerlach in eigendom van diens neef, de later als vrome, eeuwige vrijgezel bekend staande Robert Baron de Selys de Fanson, hierna Robert jr. genoemd.

Die zou als laatste bewoner een wel heel belangrijke rol krijgen in de geschiedenis van het landgoed. Zijn zuster Thérèse en moeder Madeleine kwam uiteraard ook een deel van de erfenis toe.

Robert jr. en Thérèse waren kinderen uit het huwelijk van Florent Selys de Fanson en Madeleine Baronesse Leboeuf de Montgermont (1893-1977). De tijden waren veranderd en de nieuwe baron - een kleinzoon van Robert sr. dus - ging voor een belangrijk deel in die verandering mee. Robert jr. stond dichter bij de hem - ook in dorpsverband - omringende mensen dan de eerdere kasteelbewoners. Ofschoon hij in zijn functie als Belgisch consul-generaal in de Bondsrepubliek Duitsland dikwijls uithuizig was, was hij door zijn innemende verschijning toch een bekende figuur voor de inwoners van Houthem-St. Gerlach. Daaraan hebben ook zijn open houding in de kerk en zijn warme betrokkenheid - ook financieel - bij het Houthemse gemeenschapsleven ongetwijfeld bijgedragen. De jonge baron was gelovig, muzikaal, kunstzinnig en hield van de idyllische natuur van het weidse Geuldal. Hij was beschermheer van de Schutterij Sint Martinus en had bij jubilea en andere gelegenheden vaak een (bestuurlijke) functie bij de plaatselijke zangvereniging Orphée.

Al in de tijd van Baron Michel was het verval van het landgoed in verregaande staat. Dat gold helaas ook voor het fraaie, 19de-eeuwse interieur. De Rijksdienst voor de Monumentenzorg was wel geïnteresseerd in het landgoed, maar stelde geen middelen voor een restauratie beschikbaar aan de Belgische De Selys de Fanson.

Aan de jonge baron lag het niet. Hij deed alles naar vermogen, knapte zoveel als mogelijk de gebouwen op, maar redde het niet. Bovendien verbleef hij door zijn diplomatieke functie te weinig op St. Gerlach. Na de dood van zijn moeder Baronesse Madeleine in 1977 zou hij niet lang meer van zijn landgoed kunnen genieten.

Na een korte periode van ziekte overleed Robert jr. op 23 juli 1979 in Ukkel. Hij werd begraven in het Belgische Xhoris en Houthem wijdde een straatnaam aan hem als herinnering aan deze laatste baron en de familie De Selys de Fanson.

Het testament van Robert Baron de Selys de Fanson werd in Brussel notarieel openbaar gemaakt. In de editie van 14 september 1979 publiceerde de krant *Het Land van Valkenburg* dat de 53-jarige consul-generaal van het koninkrijk België in de Duitse Bondsrepubliek het merendeel van zijn onroerend goed had nagelaten aan het dekenaat Aywaille in België en aan de parochie Houthem-St. Gerlach in Nederland.

EEN TESTAMENT MET GEVOLGEN

Aan de parochie van Aywaille legateerde Robert jr. al zijn bezittingen ten noorden van de provinciale weg van Meerssen naar Valkenburg. De parochie Houthem-St. Gerlach bedeelde hij met zijn algemene bezit ten zuiden van die weg. Als verplichting stelde hij daarbij om duizend heilige missen te doen lezen voor zijn zielerust en die van zijn familie.

Dit enorme legaat vormde voor het kerkbestuur van Houthem, dat het op 27 september 1979 had aanvaard, het begin van een groot aantal ernstige problemen. Om de erfenis in bezit te krijgen, kreeg de parochie onder meer met de hoge successierechten van de Belgische staat te maken.

Doordat de baron niet rijk was geweest, zag de parochie zich genoodzaakt om een lening aan te gaan voor de eerste herstellingen van het goed. Het baatte allemaal niet, want de belangrijke erfenis was een te grote schuldenlast op de schouders van de parochie van Houthem.

Vaststaat dat de baron grote moeite had om het landgoed te onderhouden. De boerderijen waren in zeer slechte staat. Door verkoop van weilanden wist hij het geld bij elkaar te krijgen om tenminste het dak van zijn kasteel te vernieuwen. Achteraf gezien was dat de redding van het gebouw, want het verval was ernstig. In een gesprek had de baron zich wel eens laten ontvallen dat de elektrische leidingen zeer ouderwets waren en 'in textiel gehuld erbij lagen'. Ook had een aannemer steunberen moeten aanbrengen omdat anders de muur van de pachthof dreigde in te storten. De baron had serieuze plannen het verval tegen te gaan, maar ernstige ziekte en zijn plotselinge dood haalden zijn voornemens in. Een maand voor zijn dood schreef hij zijn testament dat hij bij een Brusselse notaris achterliet. In een hoekje, linksonder, noteerde hij: 'Priez pour moi'.

Door de hoogte van de successierechten die over de erfenis werden geheven, kwam het kerkbestuur in grote problemen. Het kasteel, met inboedel, werd verzegeld. De hele kwestie werd zo ingewikkeld dat Camille er even afstand van nam. Wel had hij inmiddels ontslag genomen bij Novotel om Restaurant Kasteel Erenstein te gaan exploiteren. 'Toen ik in Erenstein begon, heb ik me meteen in de geschiedenis van dat kasteel verdiept. Ik stuitte al snel op het feit dat de eerste baron van

St. Gerlach, van wie mijn grootvader de grond voor Casa Blanca kocht, in 1861 op Kasteel Erenstein geboren was. Dat vond ik heel bijzonder en ik beschouwde het als een goed voorteken. Ik wist meteen dat het in Houthem wel ooit in orde zou komen.'

Het kerkbestuur zag zich inmiddels voor een grote opgave gesteld die oorzaak was van vele meningsverschillen. Pastoor Lardinois, de opvolger van pastoor Peters, vond de erfenis een blok aan zijn been: het beheer paste zijns inziens niet bij de opdracht en taak van een kerkbestuur. De spanningen rond het landgoed liepen zodanig op dat het bisdom intervenieerde.

Omdat de leden meenden zich door meer deskundigen te moeten laten bijstaan, werd op 25 juli 1988 de Stichting Behoud St. Gerlach in het leven geroepen. Voorzitter werd de toenmalige burgemeester van Meerssen, Karel Majoor. Inmiddels was J.M. Keulers als pastoor benoemd. Hij vertegenwoordigde in de functie van vice-voorzitter het kerkbestuur in de stichting. De overige leden kwamen uit diverse maatschappelijke groeperingen. De taak van de stichting was het zoeken naar een passende bestemming voor gebouwen en landgoed. Maar ook hierover was geen eensgezindheid. Zo boterde het niet altijd tussen het kerkbestuur en de stichting, meestal als gevolg van communicatiefouten en misverstanden over uitgangspunten.

De situatie verergerde nadat de stichting fondsen had verkregen en een bureau voor planontwikkeling in de arm had genomen om de mogelijkheden voor restauratie en herbestemming te inventariseren. Al gauw bleek dat dit bureau weliswaar voortvarend te werk ging met plannen en tekeningen, maar ook erg duur was. Diverse mensen in het kerkbestuur maakten zich daar ernstige zorgen over.

Deze ontwikkelingen openden nieuwe perspectieven voor Camille. De toekomst van het kasteel hield hem bezig en zette hem aan tot dromen, zoals hij zelf zegt. Hij keek al uit naar kastelen met een horeca-accommodatie. Maar hij was toentertijd nog directeur in Breda en er lagen plannen om naar Zuid-Amerika te gaan

Toch werden zijn dromen realistischer toen hij, kort na de dood van de baron, namens Novotel een studiereis voor Nederlandse directeuren naar Parijs georganiseerd had. Ze brachten een bezoek aan een kasteel buiten Parijs dat door Novotel was gekocht en ingericht voor hotelexploitatie: Château de Maffliers. 'Toen ik dat zag, nam ik me voor om mijn idee met het Houthemse kasteel bij Novotel te bespreken. Ik ben vrij snel met de ontwikkelingsdirecteur Europa van Novotel, Jacques Danos, en

Restauratie Château St. Gerlach (Pachthof).

de directeur Nederland, E. Mees, gaan praten en samen hebben we een bezoek gebracht aan Houthem. Dat was een maand na het overlijden van de baron. Het Novotel-concern had al langer plannen voor een Maastrichtse vestiging en dat zou ook heel goed in Houthem kunnen. Ik zie ons nog staan, in het weiland, voor het deels verwaarloosde kasteel. Jacques Danos riep: "Mais c'est superbe, Camille, tu seras châtelain!"'

De heren waren enthousiast. Met Theo Coonen formuleerde Camille, op 20 oktober 1979, een brief waarin zij het plan ontvouwden om van het kasteel een hotel te maken. Het werd besproken met de toenmalige pastoor Peters van de parochie Houthem, vertrouweling en biechtvader van de baron. Hij had de baron nog bezocht op diens sterfbed en was bereid naar de initiatiefnemers te luisteren. De brief lieten ze achter op de pastorie.

Rondslingerende documenten in Château St. Gerlach (1984).

Maquette Pachthof Château St. Gerlach gemaakt door Eef Smitshuysen.

Pachthof (1950).

Pachthof (1960).

Pachthof (1990).

Terwijl Camille de ontwikkelingen van een afstand volgde, bleef in zijn achterhoofd de gedachte zitten dat St. Gerlach nog wel op zijn pad zou komen. Was hij een weekend thuis, dan liep hij altijd even naar het kasteel om er wat rond te kijken.

In de lente van 1984 waren Raymond, Judith, Camille en jeugdvriend Harry Sillen samen met een kerkmeester in het kasteel geweest. In de kamer, die later Camilles werkkamer zou worden, slingerde een enorme stapel documenten en oude aktes rond.

Een oud legaat vermeldde dat de Hoogwelgeboren R. Baron de Selys te Luik op 29 mei 1907 bij een notaris in Meerssen 4.390 franc overmaakte aan de R.K. Kerk in Houthem. Camille ging deze zichtbare teloorgang van historische papieren aan het hart en hij opperde dat alles zorgvuldig bewaard moest worden. Hij nam het legaat mee en een visitekaartje van de moeder van de baron.

In 1985, tijdens een braderie in het dorp waarbij het kasteel te bezoeken was, ontmoette Camille pastoor Keulers voor het eerst. Camille liet blijken dat hij geïnteresseerd was in het landgoed, terwijl hij in die tijd nog volop bezig was met de restauratie van de Winselerhof.

Tijdens de opening van zijn nieuwe hotel door minister Elco Brinkman op 15 september 1986, hield Camille een tafelrede. Hij refereerde aan het advies van voormalig minister Westerterp, directeur van de Optiebeurs, om even pas op de plaats te maken. Maar de aanwezige gouverneur Kremers antwoordde daarop dat een ondernemer juist vooruit moest.

Al de volgende dag ging Camille met Jo Eenens, voorzitter van de Raad van Commissarissen, naar St. Gerlach.

Camille zegt daarover: ' "Dit wordt mijn volgende project", heb ik tegen hem gezegd. "Een goed idee", antwoordt Eenens.' Diezelfde dag schreven ze samen een brief aan het kerkbestuur waarin ze zich officieel als mogelijke participanten aanmeldden. Bij het kerkbestuur hadden zich al eerder belangstellenden kenbaar gemaakt. Zo waren er plannen voor een oorlogsmuseum, een stoeterij en een golfbaan. Er werden gesprekken gevoerd met diverse abdijen en kloosters in Nederland en België. Belgische zusters die wel interesse hadden, schrokken terug

Pachthof Château St. Gerlach (2017).

Château St. Gerlach (1993).

vanwege het verkeerslawaai en de overkomende vliegtuigen. Er waren ook aspirant-kopers die al gauw bedankten vanwege de strenge eisen van de werkgroep in verband met de historische en religieuze verbondenheid van het landgoed met de kerk. Lang werd onderhandeld met de uit Houthem afkomstige ondernemer Jaap van Rennes, die plannen ontwikkelde voor een golfbaan en een eigen woning op het landgoed, maar ook hij haakte ten slotte af.

In september 1988 begonnen Oostwegel en Eenens de eerste gesprekken met het stichtingsbestuur onder leiding van de heer Majoor. De heren lagen elkaar kennelijk niet. 'Na de eerste verkenningen waren er vervelende discussies met de stichting,' vertelt Eenens. 'Meestal over de betalingen van Camille Oostwegel Holding BV (Cohold BV) aan de stichting in verband met het voldoen van de rekeningen aan de projectontwikkelaar.'

Met deze laatste had Majoor kennelijk minder problemen. Omdat Camille niet helemaal alleen de kar wilde trekken, werd gezocht naar mogelijke partners. Zo werd op 11 oktober 1989 een intentieverklaring opgesteld over samenwerking en participatie tussen Cohold BV en de stichting Driekant (voorheen Vormingscentrum Geerlingshof). In februari 1990 haakte Driekant echter af om zich te vestigen op Kasteel Vaeshartelt.

Met andere gegadigden is het nooit tot serieuze plannen gekomen. Pas op 2 juli 1990 werd de eerste intentieovereenkomst tussen Stichting Behoud St. Gerlach en Cohold BV getekend en kwamen er gesprekken tussen Oostwegel, Eenens en econoom André Kolodziejak van het bisdom. Er werd overeengekomen dat Cohold BV de enige serieuze kandidaat was en dat geen overleg meer gevoerd zou worden met mogelijke andere partijen.

In het begin waren de besprekingen met de stichting redelijk positief. Camille wist wat hij wilde. 'Opvallend was dat aldoor de projectontwikkelaar mee aan tafel zat. Het was vooral merkwaardig dat die, als buitenstaander, de notulen schreef en vrijwel iedere vergadering bijwoonde. Al gauw bleek dat hij de gang van zaken bepaalde en het project tot grotere proporties opblies dan zinvol was.' Eenens en Oostwegel protesteerden fel tegen deze situatie, maar volgens Camille werd er niet naar hen geluisterd: 'De stichting wilde het complex in eigendom blijven beheren en restaureren en daarmee goede sier maken. Men dacht aan overdracht in huur of in erfpacht.'

Pelgrimstocht naar het graf van St. Servaas met reliek van St. Gerlach.

Camille Oostwegel sr.
en zijn geloofsbeleving

Het rooms-katholicisme liep als een rode draad door de opvoeding van de kinderen Oostwegel. Als jonge knaap zong Camille in het jongenskoor. Met kerstmis waren dat zeven missen achter elkaar. Op werkdagen zaten de jongens Oostwegel 's morgens om zeven uur al in de kerk. 'Ik heb dat nooit als een must ervaren. Het hoorde er toen vanzelfsprekend bij. Het was ook een avontuur om zo vroeg op pad te mogen gaan,' zegt Camille. Hij is in de Houthemse kerk gedoopt, deed er

Eerste heilige communie in de heilige Gerlachuskerk, Camille rechts op foto (7 mei 1957).

zijn eerste plechtige communie en ontving er het vormsel.

Ook zijn vrouw Judith is opgevoed met het katholieke geloof. Beiden ontlenen hun normen en vertrouwen eraan en geven die bewust door aan hun drie kinderen. Wellicht tot verbazing van een aantal genodigden bij de viering van het 20-jarig bestaan van Oostwegels onderneming, sprak een bevriend priester aan het begin van het diner een gebed uit. Ook aan de opening van al zijn zaken ging steeds een feestelijke dankdienst vooraf - graag zelfs in aanwezigheid van de bisschop.

In een interview in het blad *Chapeau* zegt Camille: 'Ja, Judith en ik zijn beiden katholiek en dat laten we ook blijken. Maar ik beschouw mezelf niet als een fanatieke gelovige. Ik denk dat ik een doorsnee katholiek ben. En we proberen de waarden van het geloof mee te geven in de opvoeding van de kinderen. Ik vind het een rijk gevoel dat ik gelovig ben. Als we mooie festiviteiten hebben, dan combineren we die met een heilige mis. Ik vind het katholieke geloof een heel feestelijk geloof, dat je de vrijheid geeft om plezier in het leven te hebben. [...] Het past goed bij mij, want ik ben een optimistisch mens.

Nee, ik heb nooit twijfels in het geloof gehad. Ik beschouw het als een belangrijk richtsnoer. [...] Het geloof is voor mij ook een bepaalde leidraad in de maatschappij, als het gaat om respect voor elkaar, voor normen en waarden. Die staan ook onder druk. Denk maar aan de gezondheidszorg, de veiligheid op straat. Afspraken die met elkaar worden gemaakt, worden vaak niet nagekomen. Nee, ik ben geen voorstander van de gedoogcultuur.'

eens hun excuses aanboden. 'Bij mij
waren ze aan het verkeerde adres. Ik bijt
me daarin vast en probeer ze tot de orde
te roepen. [...] Maar van de ouders krijg
ik dan geen steun. Die bagatelliseren een
dergelijk gedrag.' Voor Camille is dat onbegrijpelijk.

Eens per jaar gaat hij vanuit Houthem, te
voet en in processie, met het beeld van
Sint Gerlachus naar het graf van Sint Servaas in Maastricht. Het is een Houthemse
traditie die wordt gelopen in navolging
van de tocht die Sint Gerlachus dagelijks
biddend naar Maastricht maakte. Op za-
terdagen liep de heilige naar Aken om de
Heilige Maagd te vereren. In zijn levens-
verhaal staat dat in de winter de bloed-
sporen van zijn voeten te volgen waren.
Camille loopt niet mee vanwege de gezelligheid, 'maar vanuit een persoonlijke
geloofsbeleving. Het mooie aan het katholieke geloof is dat er genoeg decorum is
om iets te vieren als je blij bent en dat je
er ook op kunt terugvallen als je verdriet
moet verwerken.'

Dat hij de daad bij het woord voegt, blijkt
uit de volgende anekdote. Toen zonen
van welvarende industriële families zich
balorig gedroegen en brand veroorzaak-
ten in Château St. Gerlach, was Camille
ziedend, temeer omdat de gasten niet

Met Elco en Janneke Brinkman en pastoor Keulers voor Château St. Gerlach (1990).

Voor Oostwegel was dat onbespreekbaar. Hij wilde het landgoed in eigendom, omdat het als huurder niet realistisch is zoveel te investeren en zo'n groot risico te nemen. 'Ik had absoluut geen zin om aan de hand van deze stichting te lopen. Zelf hadden ze geen cent.'

Het was vanaf het begin duidelijk dat degene die het kasteel zou overnemen, niet alleen de successierechten aan de kerk moest vergoeden, maar ook de baten die de kerk zou derven na verkoop, en bovendien ook de rekeningen van de projectontwikkelaar moest voldoen.

Tijdens een van de vergaderingen merkte Eenens op: 'Als ik het goed begrijp maakt de projectontwikkelaar namens de stichting uit wat en waarin geïnvesteerd wordt en mag Oostwegel dat betalen. Mijne heren, een bekend gezegde is: "Wie betaalt, bepaalt" en dat geldt ook voor ons.'

Het functioneren van de projectontwikkelaar in de groep bleef voor Camille een groot obstakel en leidde tot felle woordenwisselingen. De meningen liepen op een gegeven moment zo ver uiteen dat Oostwegel en Eenens geen gesprekken meer voerden met de stichting. Omdat de problemen met de stichting en het kerkbestuur bleven aanhouden achtte bisschop Gijsen, die al eerder door een van de kerkmeesters op de hoogte was gebracht, het nodig persoonlijk in te grijpen. Een kerkbestuur is in feite autonoom, maar mag nooit belangrijke beslissingen nemen zonder toestemming van het bisdom. Jo Eenens was indertijd bestuurder van Rolduc. Hij had regelmatig contact met de bisschop en kreeg dus zijn vertrouwen.

Op 12 november 1991 werden alle betrokken partijen bij het bisdom ontboden bij welke gelegenheid de bisschop de inhoud van zijn kadernota bekendmaakte, overigens na intensief overleg met de econoom van het bisdom, André Kolodziejak. Het zou, achteraf gezien, een historische bijeenkomst worden in de grote vergaderzaal van het bisschoppelijk paleis.

Jo en Camille waren als eersten aanwezig. Ze werden hartelijk begroet door bisschop Gijsen. De bisschop schonk zelf koffie in, stak een pijp op: 'Ja, meneer Oostwegel, ik vind het een goed idee wat u daar allemaal gaat doen, maar begrijp

wel: daar mogen nooit vrouwen komen.'

Camille schrok en vroeg wat hij bedoelde: 'Het is een hotel-restaurant monseigneur, daar komen ook altijd vrouwen.'

'U begrijpt toch wat ik bedoel? Vrouwen die mannen komen entertainen. Die in Maastrichtse hotels met bussen worden aangevoerd. Ik wil niet dat vrouwen van lichte zeden bij het heiligdom van Sint Gerlachus komen. Als ik het later merk, dan zult u nog wel van me horen.'

'Maar monseigneur, het is toch niet de bedoeling om daar dit soort praktijken te bedrijven?' antwoordde Camille.

'Ja, ja, dat u dat maar goed in uw oren knoopt,' sloot de bisschop af.

Jo Eenens opperde dat je zo'n voorwaarde in de koopakte zou kunnen opnemen.

Iets later kwamen de anderen. Het hele stichtingsbestuur met voorzitter Majoor, pastoor Keulers, het kerkbestuur, Kolodziejak

Koken in de oude keuken van de baron (12 oktober 1991).

en de projectontwikkelaar. Het gezelschap was wel twintig personen groot.

De bisschop heette iedereen welkom en zei: 'Ik zal het kort houden. Wij dachten dat het landgoed een mooie erfenis was, zoiets als een bruidsschat, maar het bleek al gauw een molensteen om de nek van het kerkbestuur en daar gaan we nu een eind aan maken. Ik heb een kadernota opgesteld en daarin heb ik het volgende uitgevaardigd: De heer Oostwegel wordt eigenaar van die en die gebouwen.' Hij wees ze op een tekening aan en vervolgde: 'Deze gebouwen kan de parochie behouden als ze dat wil, daar kunnen eventueel een nieuwe kapel en een pastorie worden gebouwd. Ook de landbouwgronden van circa 70 hectaren dient het kerkbestuur in overleg met Oostwegel af te stoten. Verder ben ik van mening dat het kerkbestuur vooral de kerk moet besturen en zich niet te veel bezig moet houden met andere zaken.' Hij wees precies aan hoe de bezittingen verdeeld zouden worden. Doodse stilte in de bisschoppelijke zaal. 'Heeft nog iemand een vraag?' Niemand reageerde.

'Mijne heren, dan dank ik u voor uw bezoek. De kadernota zult u de volgende week in de bus vinden. Ik dank u zeer.'

'Ik bespeurde ontreddering bij een deel van het gezelschap,' zegt Camille nu over de reactie van de aanwezigen. De kadernota beschreef dat de bestemming van het landgoed 'geheel dient te stroken met hetgeen de kerk acceptabel acht - ook in de toekomst', en dat de kopers aan de door hen te kopen gedeelten bestemmingen zouden geven die 'stroken met de toelaatbaarheid van bestemmingen, vast te stellen door de bisschop van Roermond, ook naar de toekomst.' Het was nu duidelijk wie de nieuwe eigenaar zou worden, maar de problemen waren daarmee niet opgelost en zouden nog jarenlang nasudderen.

Een jaar nadien, op 12 oktober 1991, kreeg Camille een merkwaardig verzoek van mr. Philip Houben, burgemeester van Maastricht, die ook voorzitter was van de Raad van Advies van het MECC, waarin voorzitters van raden van bestuur zitting hadden. Het was de gewoonte om na de jaarvergadering de dag af te sluiten met een diner. Houben vroeg Camille of het mogelijk was te dineren in het vervallen Kasteel St. Gerlach. Camille opperde verbaasd dat daarvoor een akkoord van het kerkbestuur nodig was. Men had geen bezwaar. Zowel voor Camille als voor Peter Harkema was het verzoek een vrolijk stemmende uitdaging.

In de spiegelzaal werden de tafels feestelijk gedekt terwijl de rommel en het verval eromheen duidelijk zichtbaar waren. Met kaarsen was er een feeërieke sfeer gecreëerd, buiten was het kasteel op een spookachtige manier verlicht. In de vroegere keuken van de baron, waar tegenwoordig restaurant Les Salons is gevestigd, kookte het team van l'Auberge de Neercanne. Zo'n 20 personen zaten aan tafel, waaronder voormalig gouverneur Sjeng Kremers.

Camille ervoer het als spannend, want er stond voor hem in die tijd veel op het spel. Aan het einde van het diner riep burgemeester Houben Camille naar binnen en vroeg hem te vertellen over zijn plannen met het landgoed. De gasten, die van ondernemen wisten, luisterden belangstellend naar zijn verhaal.

Na afloop vroeg Houben aan zijn gasten om Camille een advies te geven. Iedereen raadde hem af aan deze zware opgave te beginnen. Waarschijnlijk heeft hij hun raad met een welwillende glimlach in ontvangst genomen.

Op 31 oktober 1991 vond er op Château Neercanne een bijeenkomst plaats van de studiekring Thomas More. Spreker die avond was mr. Pieter van Vollenhoven, voorzitter van het Nationaal Restauratiefonds. Camille nam de gelegenheid te baat hem te vertellen over zijn plannen met Château St. Gerlach. Van Vollenhoven was heel geïnteresseerd en raadde hem aan contact op te nemen met de directeur van het Nationaal Restauratiefonds, Ab Welgraven.

Een dag later stuurde Oostwegel 'als dank voor het advies en de bereidwillige aandacht' zijn Jubileumboek aan Van Vollenhoven. Het daaropvolgende bezoek van de fondsdirecteur bleef niet zonder resultaat. Negen maanden later, in augustus 1992, werd de toezegging voor rijkssubsidie in Amersfoort

Dhr. Pieter van Vollenhoven brengt een werkbezoek aan Château St. Gerlach vóór de restauratie (maart 1993). Links gouverneur E. Mastenbroek en rechts Piet van Zeil.

gedaan door minister Hedy d'Ancona waarbij Camille kennismaakte met Fons Asselbergs, die later hoofd werd van de Rijksdienst voor de Monumentenzorg. Het lobbywerk bij de gemeente zowel als bij de provincie voor de subsidies was gedaan door Eenens en Oostwegel. Tot in het toenmalige kabinet werd steun gezocht en gekregen voor dit project. De twee klopten aan bij Lubbers, Brinkman en directeur-generaal van het ministerie van Cultuur Jesserun.

Het lobbyen ging in feite buiten de voorzitter van de stichting om, maar het was niet de bedoeling hem buitenspel te zetten. De problemen tussen de stichting en de projectontwikkelaar enerzijds en Oostwegel-Eenens anderzijds bleven aanhouden.

Op 31 augustus 1992 trad de heer Majoor af als stichtingsvoorzitter. Kort voordat hij wegging, was er nog een vergadering op de pastorie. Bij die gelegenheid gaf Majoor Camille een boek cadeau met plannen die door de projectontwikkelaar waren gemaakt.

'Ik had toen al diverse van diens rekeningen aan de stichting betaald want, zoals gezegd, de stichting had niets,' stelt Camille.

"Dit is misschien leuk voor jou," zei Majoor en voegde eraan toe dat het al was rondgestuurd aan mogelijke belangstellenden, particulieren en instellingen. Ik vroeg verwonderd wie dat betaald had. "Dat begrijp je toch wel," kreeg ik als antwoord, "dat is een sigaar uit eigen doos". Het boekwerk had 17.500 gulden gekost. Ik mocht dat betalen!

Toen heb ik gezegd: "En nu is het afgelopen". Jo Eenens en ik zijn opgestaan en vertrokken. Het was een absurde situatie. Voor ons was dit niet langer aanvaardbaar.'

Het boek bleek een promotiebrochure over het landgoed te zijn, over de geschiedenis en de mogelijke toekomst om zodoende belangstellenden en overheden te overtuigen, maar, zegt Eenens: 'Het was vooral reclame voor de projectontwikkelaar.'

Majoor werd in het najaar van 1992 opgevolgd door Piet van Zeil, de vroegere burgemeester van Heerlen en eerder staatssecretaris van Economische Zaken. Een van diens eerste daden was de projectontwikkelaar bestuurlijk buiten de deur zetten vanwege diens tegenstrijdige belangen. Helaas leidde dat niet effectief tot resultaat. In de loop van de tijd bleek de projectontwikkelaar de mening te huldigen dat hij recht had op de algehele opdracht voor de restauratie van het landgoed. Oostwegel en Eenens accepteerden dat niet: 'Van Zeil kwam regelmatig met Jo Eenens en mij op Erenstein eten om zaken te bespreken, maar veel resultaat leverde het niet op.'

EEN SLEPENDE KWESTIE

Het grote struikelblok was wat Camille betreft het moeizaam functioneren van de stichting. Dit had, volgens Jan Wortmann - jurist en inwoner van Houthem die al eerder door het kerkbestuur om advies was gevraagd - op z'n minst twee kanten: die van Camille Oostwegel en die van de bestuursleden. De eerste was gedreven door zijn ambitie om het project te realiseren. De bestuurders waren deskundig op velerlei gebied, maar waren geen ondernemers met de passie van Camille Oostwegel.

Pastoor Keulers was namens het kerkbestuur benoemd tot vice-voorzitter. Soms zaten er twee leden van het kerkbestuur voor een bepaalde periode in de stichting, dan weer als secretaris of penningmeester. Het kwam voor dat de stichting bepaalde zaken regelde waarvan het kerkbestuur niet op de hoogte was. Dat leverde problemen op. Camille: 'Omdat de projectontwikkelaar grote bedragen in rekening bracht en wij die niet langer wensten te betalen aan de stichting, zijn we slopende onderhandelingen begonnen. Ook de projectontwikkeling en de bouwbegeleiding kon en wilde Cohold BV die man niet geven. Dan zou hij de lakens uitdelen, alle leveranciers zoeken, die uitknijpen en dan konden wij aan zijn hand lopen.' De projectontwikkelaar claimde van de stichting opdracht voor restauratie etc. te hebben ontvangen, maar kon daar geen bewijzen voor leveren. Voor sommige leden van het kerkbestuur, en later van het stichtingsbestuur, was al gauw duidelijk dat hij zich voor veel zaken liet betalen, maar geen voldoende verantwoording gaf van de kosten. Diverse mensen vreesden dat de

Het kogelgat in de Spiegelzaal van Château St. Gerlach, erin geschoten door een jonge Amerikaanse soldaat.

Het kogelgat

Bezoekers van het restaurant van Château St. Gerlach en in het bijzonder van de Smirna Kamer van dat restaurant kán het niet ontgaan dat zich in een van de twee centrale spiegels een gat bevindt. Een kogelgat. Ontstaan bij de bevrijding in september 1944.

Decennialang kleefde er de naam aan van de Amerikaanse overste Joe Ryan. Captain Joseph A. Ryan. Maar was hij de schutter wel? Camille vertelt: 'Matti Laeven en ik speelden vaak op de boerderij. Hij kon spannende verhalen vertellen over wat zich allemaal in het kasteel afspeelde. Over de baron die altijd met de bolhoed op achter het raam zat. Dat sprak enorm tot onze verbeelding. Ook als we met oom Jeu gingen wandelen in het Kloosterbos, dan had je daar een plek waar een oude auto uit de oorlog lag. Die was doorzeefd met kogelgaten. Oom Jeu wist dat de Amerikanen daarop geschoten hadden. Kogelgaten, oorlog en soldaten, dat bleef bij mij hangen.

Matti wist dat er ergens in het kasteel een kogelgat moest zijn in een spiegel. De eerste keer dat ik het zag was in 1984 toen ik met Harry Sillen, Judith en Raymond na de dood van de baron een bezoek bracht aan het kasteel. Het verhaal was dus waar.

Later, in 1989 of 1990, in de aanloop naar de restauratie, heeft De Heemkunde Vereniging Valkenburg gesprekken gevoerd met de toen nog levende medewerkers van de baron, de kooksters, kameniersters, de gezelschapsdames. Daar is een videoband van gemaakt.

Ik heb die mensen allemaal de vraag gesteld over het kogelgat. Onafhankelijk van elkaar vertelden ze dat de eerste baron tijdens de bevrijding een aantal Amerikaanse soldaten naar binnen had gehaald. De gaarkeukens stonden op de landerijen van het kasteel. De baron heeft hen bedankt voor de bevrijding, heeft hun het kasteel laten zien en een glas wijn gegeven. Een jonge Afro-Amerikaanse soldaat had dat gat erin geschoten. Van een getuige heb ik gehoord dat het waarschijnlijk uit balorigheid is gebeurd. Ook Matti had het er altijd over gehad dat het om een jonge zwarte Amerikaan ging.

De aannemer wilde dat glas tijdens de restauratie vervangen en het kostte nog heel wat moeite om iedereen ervan te overtuigen dat het moest blijven zitten. Ten slotte heb ik er een houten paneel voor laten timmeren.

Op 15 september 1997, de dag van de officiële opening, komt er een oudere grijze heer naar me toe. Paul Stassen uit Sittard. Hij was goed bevriend met mijn vader, zei hij. Hij had me iets bijzonders te vertellen. Tijdens de bevrijding was zijn broer lid van Rode Kruistroepen die samen met de Amerikanen optrokken. "In een van de vertrekken in het kasteel is een kogelgat en mijn broer was erbij toen het gebeurde."

Dit overkwam me op de dag van de opening met 2000 gasten. Hij vertelde het volgende: "De soldaten werden binnen gevraagd door de baron die hen een glas wijn aanbood, maar de jongens van 17, 18 jaar hadden nog nooit wijn gedronken. Eén werd balorig, speelde een beetje met zijn pistool en deed alsof hij in het raam, waarin hij zich weerspiegeld zag, op zichzelf wilde schieten. En per ongeluk ging het pistool af. De oude baron riep uit: "Heer bevrijd me van onze bevrijders."

Het bijzondere was dat de Sittardenaar nog de naam wist van de militair en vooral dat die op Margraten begraven ligt. Na zijn verblijf in Limburg is de soldaat met de troepen naar het noorden getrokken en bij Eindhoven op een landmijn gereden en daar gesneuveld. Joseph Ryan heette hij en in gedachten zag ik een jonge zwarte Amerikaan voor me. De eerst volgende bevrijdingsdag heb ik aangegrepen om met Judith en de kinderen naar het graf te gaan zoeken. Ik vroeg aan een beheerder naar soldaat Ryan. Waar begint u aan, zei hij. Die naam is in Amerika zoiets als Jansen in Nederland.

Joseph Ryan.

Veel zin had hij niet om voor me te zoeken. Hij dacht dat er misschien wel 200 lagen.

Maar wat bleek, er lag maar één Joseph Ryan. We zijn naar dat graf toegelopen en het was een heel bijzondere ervaring. Ik heb me gemeld bij de oorlogsgraven om een graf te adopteren. Misschien dat van Joseph? Nee, dat was niet mogelijk want een Limburgse familie bekommerde zich al om dat graf.

Maar de jongere generaties die geen band meer hebben met de oorlog doen tegenwoordig toch makkelijk afstand van de adoptie.

Drie weken voor het bezoek van Bush kreeg ik bericht van de Stichting dat het graf van Ryan was vrijgekomen en of we het wilden adopteren. Ik heb meteen ja gezegd.

Er was zelfs nog een tweede graf van een soldaat, een piloot, die ook in Houthem had gelegen en gesneuveld was. Ook dat hebben we geadopteerd.

Een week voordat Bush kwam kreeg ik de certificaten. Het was uniek. Een functionaris van de ambassade, die opdracht had een boekje over het landgoed te maken, heeft het verhaal erin opgenomen. Ik heb aan Paul Stassen gevraagd of hij het verhaal voor me op papier wilde zetten want het was heel belangrijk voor mij. In NOVA heb ik het ook nog verteld.

Als Matti destijds niet over het kogelgat had gerept, was die kleine geschiedenis allang verdwenen. Nu heeft het zelfs in het Witte Huis nog een rol gespeeld.

Maar voor mij was daarmee de kous toch niet af. Zouden er geen nakomelin-

Frannie en Joseph Ryan.

Camille Oostwegel sr., Margie Ryan, Elizabeth Ryan, Joseph II & Cheryl Ryan en Robert Ryan.

gen van Joseph Ryan bestaan? Of andere familieleden? Dat moest toch uit te zoeken zijn!'

Als Camille in 2009 in contact komt met Mieke Kirkels - auteur van het boek *Van boerenakker tot soldatenkerkhof* (over het ereveld te Margraten) - zet die hem op het spoor van Nicole Sproncken. Zij weet uiteindelijk al in januari 2010 de familie Ryan op te sporen en Camille neemt contact met hen op. Er zijn nog twee broers van Joseph Ryan in leven, van wie de ene,

Leo, een rooms-katholiek geestelijke is en de ander, Robert, inmiddels hoofd van een eigen gezin met kinderen en kleinkinderen.

Maar tegelijk met dit contact dient zich een complicatie aan rond het kogelgatverhaal. Want de Ryans blijken blank. Hoe zit de vork nu werkelijk in de steel? Alles komt ten slotte tot in detail op tafel wanneer Robert Ryan met zijn vrouw Margie, dochter Elizabeth, zoon Joseph II en schoondochter Cheryl op uitnodiging van Camille eind mei 2010 naar Nederland

Robert & Margie Ryan bezoeken samen met Camille Oostwegel sr. het graf van Joseph Ryan.

komen en hun intrek nemen op Château St. Gerlach. Op Margraten woont de familie op zondag de 31ste de jaarlijkse herdenking op de erebegraafplaats bij. De dag erna nemen de vijf Ryans in gezelschap van diverse personen die op de een of andere manier bij de zaak betrokken zijn - Paul Stassen en echtgenote, Mieke Kirkels, Nicole Sproncken en uiteraard Camille zelf - plaats aan de lange tafel in de Smirna Kamer. De familie heeft het volle zicht op het kogelgat.

En nadat Camille tevoren Paul Stassen nog eens diep in diens herinnering heeft laten graven, komt de hele geschiedenis tot een apotheose. Captain Joseph A. Ryan

heeft het kogelgat níet veroorzaakt. Maar als leidinggevende van het groepje militairen destijds op St. Gerlach in september 1944 heeft hij onmiddellijk na het schietincident alle verantwoordelijkheid naar zich toegetrokken. Als lagere in rang en bovendien zwart zou de werkelijke schutter in het Amerika waar de mensenrechten nog zeer ongelijk lagen, vrijwel zeker een zware disciplinaire straf boven het hoofd hebben gehangen. Dat wilde Joe Ryan met zijn opofferingsactie voorkomen.

Voor de Ryans heeft eigenlijk steeds vastgestaan dat Joe het schot niet gelost kon hebben en zeker niet in baldadigheid.

Het lag totaal niet in zijn karakter om uit de bocht te vliegen, verwoordt dochter Elizabeth het algemene gevoel bij de familie.

De bijeenkomst op St. Gerlach zal uiteindelijk een diepe emotionele lading meekrijgen als vader Robert voorzichtig enkele van zijn eigen oorlogservaringen - in de Pacific - te berde brengt. Want nadat hij al snel weer zwijgt omdat het onderwerp té pijnlijk is - Robert maakte de Japanse aanval mee in 1944 op het Amerikaanse vliegkampschip 'Franklin' - beginnen zijn kinderen, deels vragenderwijs, op het onderwerp door te gaan. En er ontvouwt zich het beeld zoals zich dat in zo vele door de oorlog getekende families voltrok:

Robert Ryan.

Grafkruis van Joseph Ryan op soldatenkerkhof Margraten.

zij die het meemaakten zwegen, de kinderen durfden dat uit respect en angst niet te doorbreken en pas bij de vragen van de derde generatie komt het deksel van de kist.

De dag wordt besloten met een bijzondere geste: een bezoek aan de grotten van Geulhem. Daar mogen de Ryans een mergelplaquette onthullen waarop zowel wordt gerefereerd aan het kogelgat op St. Gerlach als aan de rol van de bevrijders in 1944 en Margraten dat voor zo velen de eindbestemming werd. Aan de familie wordt het portret van Joe Ryan aangeboden zoals dat van een foto in houtskool is overgebracht op een mergeltableau. Daarmee wordt een cirkel gesloten: Captain Joseph A. Ryan is vereeuwigd voor Zuid-Limburg en zijn verhaal is nu bekend.

Camille sr. en zijn zoon Camille
met de eerste bouwtekening
(1990).

parochie wel eens failliet zou kunnen gaan aan de toegezegde 'medewerking' van de projectontwikkelaar.

Camille bood hem desondanks aan de bouwdirectie te doen of de cascobegeleiding. Voor het voorbereidingsproject had hij de projectontwikkelaar via de stichting al bijna een miljoen gulden moeten betalen. Eigenlijk wilde Camille met deze man niet verder, temeer omdat hij überhaupt niet op de begeleiding van wie dan ook zat te wachten. Hij had immers al drie grote projecten zonder begeleiding tot een goed einde gebracht. Toch bood hij de projectontwikkelaar nog aan marktconform mee te doen, maar die rekende, in afwijking van het gebruik in zakelijk verkeer, een veel te hoog bedrag voor de begeleidings-kosten. Ook met de provincie als subsidiegever zou een dergelijk hoog bedrag niet geaccepteerd worden. Cohold BV dacht een goed voorstel gedaan te hebben wat de percentages betrof, maar de projectontwikkelaar wilde meer.

Om uit de impasse te komen, kwamen alle partijen overeen een bindend advies te vragen aan U.F. Hylkema, oud directeur-generaal van Monumentenzorg, nadat die alle partijen had gehoord.

Camille: 'Als er uit de bus zou komen dat ik met de project-ontwikkelaar verder moest, dan zou ik me daaraan conforme-ren. Daar had ik voor getekend. Zo ook de stichting en de betrokkene. Ik had goede hoop dat het zo wel zou lukken. Het zou me meer kosten, maar er was mij veel aan gelegen om de kwestie op te lossen. Op 24 maart 1994 bracht Hylkema zijn advies uit. Echter, het bestuur en Van Zeil wilden op belangrijke onderdelen het advies niet opvolgen. Ook de projectontwikke-laar niet. Die zei: "Ik doe het niet!" En de stichting accepteerde dat. Het vertrouwen was toen bij mij helemaal weg. De stichting had toen meer ruggengraat moeten tonen. In april 1994 is er nog een bijeenkomst geweest op de pastorie waarbij een ver-tegenwoordiger van het bureau van de projectontwikkelaar aanwezig was. De projectontwikkelaar zelf zat in het buitenland. Wel was er een vertegenwoordiger van het bisdom. Van Zeil begon aan het bindend advies te schaven door er bepaalde zaken uit te halen. Ik weigerde. We zijn uit elkaar gegaan zonder oplossing. Ze hebben er alles aan gedaan om mij op een zijspoor te houden. Zij wilden een partij vinden waar ze als stichting een belangrijke rol bij konden blijven vervullen.'

Op 16 april 1994 vond de laatste bijeenkomst plaats op de pastorie met Van Zeil, de projectontwikkelaar, architect Mertens, die in een vroeger stadium al voor de baron had gewerkt, Cohold BV en het oude bestuur van de stichting. De impasse waarin de onderhandelingen zich bevonden, werd ook daar niet doorbroken. Twee dagen later had Van Zeil een eigen 'bindende nota' geschreven die echter door geen van de partijen werd ondertekend. In juni verzocht Van Zeil opnieuw aan Hylkema een nader advies uit te brengen. 'Maar met dat nader advies heeft Van Zeil geen knopen doorgehakt, met name wat de projectontwikkelaar betreft.'

Camille als gids op een van de vele rondleidingen tijdens de restauratie van St. Gerlach.

HET PROCES

In augustus 1994 deed investeringsmaatschappij De Vechtse Slag N.V., inmiddels zakelijk partner van Camilles Cohold BV, de projectontwikkelaar een laatste bod van 795.000 gulden, waarvoor hij de bouwdirectie kon doen onder bepaalde voorwaarden. Maar met een brief maakte de projectontwikkelaar zich daarvan af. Hij bleef de totale begeleiding van de restauratie, inclusief de bouwdirectie, eisen. Ook bleef hij herhalen dat hij al eerder een opdracht zou hebben gekregen. 'Maar dat was niet het geval,' aldus Camille. 'Toen hij zijn gelijk niet kon halen, heeft hij een kort geding aangespannen. Ook toen beweerde hij een opdracht te hebben, maar wie die dan verstrekt had, was om te beginnen al niet duidelijk. Hij voerde het proces tegen de Stichting Behoud St. Gerlach, formeel de opdrachtgever voor de restauratie, terwijl de kosten daarvoor door Cohold BV en De Vechtse Slag N.V. gedragen moesten worden.'

De uitspraak van het kort geding op 6 december 1994 hield in dat de projectontwikkelaar niet aannemelijk had gemaakt dat hij de opdracht ooit had gekregen. In feite had de stichting dit kort geding dus gewonnen, maar daarmee was de kous niet af. De projectontwikkelaar nam er geen genoegen mee, hetgeen

voor de stichting later reden was om een principiële uitspraak van de rechtbank te Maastricht te verlangen.

De procedure bleef zich voortslepen. Iedere keer lichtte de projectontwikkelaar andere elementen uit de zaak om zijn gelijk te halen, wat resulteerde in nieuwe rechtszaken tot aan het hof in Den Bosch. Een belangrijk element in de strijd was dat er wel stevige rekeningen werden gepresenteerd, maar dat voldoende verantwoording en specificatie niet werden gegeven. Ook Van Zeil zei als getuige bij het beroep, voor het hof in Den Bosch, 'moeite te hebben met het gebrek aan specificatie'.

Een aantal bestuursleden van de stichting werd door het gerechtshof gehoord, zoals Majoor, Van Zeil en Vercammen. Camille: 'De leden legden dusdanige verklaringen af dat de projectontwikkelaar daar de conclusie uit kon trekken toch een opdracht te hebben gehad. In een volgende zitting liet de stichting uiteraard ook getuigen horen. Maarten Cuppen, Ubbo Hylkema en ook een lid van het kerkbestuur werden gehoord. Aan mij werd ten slotte gevraagd of ik nog iets wilde opmerken.
Ik heb toen een uitvoerig pleidooi gehouden in het bijzijn van de projectontwikkelaar, waarna de president zei: "Meneer Oostwegel, gaat u maar zitten, u heeft uw hart geluchd".

De projectontwikkelaar kreeg van het hof nog de gelegenheid aan te tonen hoe de declaraties waren opgebouwd. Jo Eenens had als nieuwe voorzitter van de stichting ooit een gesprek met hem gehad, in de tijd dat Maarten Cuppen erbij was gekomen. Voor dat gesprek stuurde hij een rekening van 14.000 gulden. Wij accepteerden dat niet, want Eenens had hem nooit enige opdracht gegeven.'

De projectontwikkelaar heeft de door het hof geboden gelegenheid niet benut. Hij heeft er nooit meer werk van gemaakt. De zaak heeft tien jaar geduurd en veel geld gekost.

Camille was en is niet op revanche uit. Hij heeft als het meest pijnlijk ervaren, dat Jo Eenens, lang een vriend van de projectontwikkelaar, werd 'gedagvaard' om te komen getuigen. Een oproepingsbrief zou voldoende zijn geweest.

Ten slotte vond ook het hof dat de projectontwikkelaar niet genoeg bewijzen voor een opdracht voor de restauratie had geleverd. Het hof wees zijn claims af en veroordeelde hem tot het betalen van de proceskosten. Naast de stichting en de projectontwikkelaar waren het bisdom, het kerkbestuur, De Vechtse Slag N.V. en Cohold indirect betrokken bij deze ingewikkelde en precaire zaak.

Vanaf het begin hing de projectontwikkelaar als een zwaard van Damocles boven het project. Als de projectontwikkelaar in het gelijk was gesteld, dan was zeer twijfelachtig of de restauratie wel was doorgegaan: in zijn advies schreef Hylkema al dat hij 'niet echt enthousiast was over het wel zeer zorgeloze bewind dat het stichtingsbestuur in de periode 1990-1992 heeft gevoerd'.

Voor Camille vormden de realisatie van zijn jongensdroom en het behoud van het landgoed dé krachtige motor om het gevecht met volle inzet te voeren. Misschien was hij daarom door niets en niemand te stuiten.

De voormalige secretaris van de Kamer van Koophandel, drs. Lou Horbach merkte eens lachend op: 'Het is toch jammer dat de baron niet meteen het landgoed aan Camille Oostwegel sr. heeft geschonken. Dan hadden veel problemen voorkomen kunnen worden.'

Oud-kerkmeester Giel Franssen: 'De parochianen zijn over het algemeen tevreden over de resultaten. Ze zijn trots op het landgoed en Camille krijgt wel de meeste waardering voor hetgeen hij tot stand heeft gebracht. Hij blijft een Houthemse jongen.'

EEN MEDE-INVESTEERDER

De naam Maarten Cuppen is al meerdere malen gevallen. Omdat Oostwegel niet voor de volle 100% wilde investeren, zocht hij naar mede-investeerders. In maart 1994 kwam hij in contact met Maarten Cuppen, directeur van investeringsmaatschappij De Vechtse Slag N.V. Met hem werd op 15 maart 1994 een contract tot samenwerking afgesloten. 'Maarten Cuppen heb ik voor het eerst gesproken in een bouwkeet in Mechelen waar hij aan een groot project, de Mechelerhof, werkte. Het klikte meteen. Ik heb hem verteld over het St. Gerlach-project. Dat vond hij wel interessant. Hij had nog andere zaken onder handen, veel plannen, ook om naar de beurs te gaan met zijn zaken. Ik heb hem voorgesteld aan onze Raad van Commissarissen. We hebben in Erenstein, met Jo Eenens, Judith, Piet van Zeil en Maarten, een ontmoeting gehad met zijn president-commissaris waarbij we afspraken uit te zoeken of er mogelijkheden waren om samen verder te gaan. We belden af en toe met elkaar, tussen al die drukke momenten door. Maarten was zeer gedreven, indrukwekkend, letterlijk en figuurlijk, met zijn grote gestalte. In het voorjaar van 1994 begon de tijd te dringen met de pachtkwestie en met de affaire rond de projectontwikkelaar. Uiteindelijk moest ik Maarten toch activeren. Ik wilde

Hoeve Erens (1950).

Hoeve Erens (1960).

weten of hij mee zou doen of niet. Daarna werden de contacten intensiever. Hij begon zich in de zaak te verdiepen en op het moment suprême, toen pastoor Keulers belde dat het bestuur van de Stichting Behoud St. Gerlach was opgestapt, heb ik tegen Maarten gezegd: "Nou erbij komen". Hij had ook intussen zijn voelhorens uitgestoken en adviseurs in Houthem uitgenodigd en hun raad gevraagd.

Door de tijdsdruk die eind juni heerste, toen alles in orde gemaakt moest worden voor de pachtkwestie, is de samenwerking met Maarten in een stroomversnelling gekomen. Vóór 1 juli 1994 moesten wij een overeenkomst hebben met het kerkbestuur, het bisdom, Cohold BV en De Vechtse Slag N.V., waaruit moest blijken dat de financiering en de subsidies veilig gesteld konden worden. Met andere woorden, dat deze partijen aangewend konden worden om het project te realiseren. Ik kon aan de stichting laten zien: hier is de financiering van de Nationale Investerings Bank, ik heb een partner die verantwoordelijk is voor de appartementen. De Vechtse Slag N.V. en Cohold BV realiseren een voorziening voor de kerk: de nieuwe kapel, de nieuwe pastorie, de kloostergang, de schatkamer, het museum, financiële garanties, het staat allemaal zwart op wit in die overeenkomst.

Dat was het belangrijke basisdocument voor de Rechtbank

Hoeve Erens tijdens restauratie (1995).

en het Pachthof Arnhem, de hoogste juridische instanties in pachtkwesties, om te zeggen dat hier het algemeen belang prevaleerde.'

'Toen er een nieuw stichtingsbestuur was, zijn we gaan praten over de aanbestedingen. We kozen voor architectenbureau Mertens, dat voor de baron al werkzaamheden had gedaan en ook al in een vroeg stadium betrokken was bij het project voor de subsidie-aanvragen. Wil Amory was mijn architect. Hij heeft de logistiek ontworpen. Zijn ontwerpen zijn als het ware ingeschoven bij de restauratieplannen van Mertens. Amory deed de horeca- infrastructuur, Bert Quadvlieg kwam erbij voor de decoraties en de hele interieurinrichting. Maarten had zijn eigen interieur-architect voor de appartementen. De oplossing met De Vechtse Slag N.V. vond ik ideaal. Ik kreeg in Maarten dus een partner, een medevechter, hij maakte veel indruk bij alle partijen. Ik stond niet meer alleen voor de zaak. We vulden elkaar goed aan. We wisselden elkaar af in belangrijke besprekingen. Zowel bij de provincie als bij het bisdom, bij het kerkbestuur of bij de gemeente ging dat zo. Maarten was meestal wat relativerender dan ik.

Het was ook interessant dat Maarten die 39 hotelappartementen bouwde, die te koop werden aangeboden aan particulieren of aan beleggers. Het werd een wisselwerking met mijn exploitatie, maar ook met de kerk. Vlak voor de opening van Château St. Gerlach werd het laatste appartement verkocht. Daarna is Maarten uit de onderneming gestapt.

We hadden samen sinds juni 1994 een VOF om het project te realiseren in de verdeelsleutel van 68% Cohold BV en 32% De Vechtse Slag N.V. Ook die is daarna afgewikkeld en opgeheven. Met het kerkbestuur is alles afgewikkeld op 31 december 2000.'

DE PACHTKWESTIE

Behalve de perikelen rond de projectontwikkelaar, speelde in die tijd nog een netelige pachtkwestie. Bij het landgoed waren twee boerderijen die de baron had verpacht. Boer Laeven woonde vroeger op de pachthof. Op die plek is nu het hotel. De familie verhuisde in 1972, want zoon Matti, jeugdvriend van Camille, wilde het boerenbedrijf niet voortzetten. Boer Erens had zijn hoeve waar het zwembad werd gevestigd, het Kuurcentrum, de hotelappartementen en het Stiftgebouw. Hoeve Erens was groter dan hoeve Laeven.

Camille: 'Als we vroeger met oom Jeu wandelden, keken we ook altijd naar de landerijen. Hoe goed en hoe snel het werk opschoot. We vergeleken het werk van de boeren met elkaar wat betreft heggen scheren, ploegen en zo meer. We vonden dat Erens altijd het snelste was met alles.' Erens sr. had in de jaren 30 gepacht van de baron. Hij gold als een vooruitstrevende boer met moderne apparatuur en grote oppervlaktes land die hij en zijn zonen bewerkten. Een van de zonen dreef later de hoeve. Ze hadden ongeveer 30 koeien en 40 kalveren en daarnaast nog 25 hectaren land gepacht van de baron. In die tijd waren huis en stallen al in een zeer slechte staat van onderhoud. Toen het kerkbestuur eigenaar werd, zijn er gesprekken met de familie Erens begonnen, want het was onmogelijk om ook maar iets te ondernemen met het landgoed terwijl de familie Erens daar nog woonde. Dat bleek ook al snel toen er plannen ontwikkeld werden met Jaap van Rennes voor een golfterrein. Van Rennes kwam er niet uit met Erens.

In het dorp werd die zaak hoog opgeklopt, ten nadele van de familie Erens. Hen werd de zwarte piet toegespeeld omdat er maar geen vooruitgang in zat. Pastoor Keulers vertelde dat hij niet meer op de hoeve kwam, "want Erens jaagt mij van het erf af". De verstandhouding was heel slecht. Het kerkbestuur had inmiddels een Maastrichtse advocaat in de arm genomen. Erens, die zelf heel goed op de hoogte was, had voor prima adviseurs gezorgd.

Toen Maarten Cuppen en Camille de gesprekken begonnen met het kerkbestuur en de stichting, lag daar nog steeds de kwestie met Erens. Uiteindelijk konden ook zij niets als hij niet zou vertrekken. Het was een groot probleem.

Camille Oostwegel sr.
volgens Thijs Brand

Thijs Brand was vanaf 1998 tot en met 2011 lid van de Raad van Commissarissen van Cohold BV. In april 2000 ging hij met pensioen als algemeen directeur van Brand Bierbrouwerij.

Hij noemt Camille het voorbeeld van een ondernemer die over een goede intuïtie beschikt. 'Zijn zintuigen staan altijd open als het ware. Voor hij met een plan komt, denkt hij er eerst goed over na. Pas als hij voor zichzelf de plussen en minnen op een rij heeft, komt hij ermee voor de dag. Hij is ook niet star in concepten. We hadden als commissarissen bepaald dat er na Château St. Gerlach genoeg gebeurd was en dat er geconsolideerd moest worden, maar na een jaar lag er weer een nieuw concept op tafel, voor het Kruisherenhotel, dat van alle kanten goed bekeken was en er werkelijk schitterend uitzag. Het vulde aan op plaatsen waar dat nog kon en het profiteerde van de mogelijkheden die er al waren. In het Kruisherenhotel was in eerste instantie geen restaurant, want die faciliteit bood Château Neercanne al. Een hotel met de uitstraling en allure van het Kruisherenhotel is er in Maastricht niet te vinden. Het is een verrijking voor de stad, want die omgeving kan best een duwtje gebruiken.

Daar heeft Camille een goed gevoel voor. Het sluit ook aan bij zijn waarden en normen, bij zijn gevoel. Het is niet alleen intuïtie; hij kan ook heel goed de cijfers onder elkaar zetten. Hij heeft economisch inzicht, wil precies weten hoe het financieel in elkaar zit. Maakt plannen om de kosten in de hand te houden en berekent wat het kan opbrengen. De ondernemer die dat vergeet, loopt vast. Hij heeft ook een goede balans. Laat zich niet gauw uit het veld slaan en weet een zekere afstand te bewaren. Hij kijkt goed de kat uit de boom.

Heeft hij eenmaal iets vast, dan laat hij het niet meer los. Hij is zeer vasthoudend en hij weet zich goed te presenteren. Alle subsidies heeft hij persoonlijk moeten binnenslepen. De start in Houthem was ingewikkeld met het kerkbestuur en een aparte stichting. Die hadden andere ideeën en opvattingen en die waren voor Camille niet interessant. Op een gegeven moment heeft hij de knoop doorgehakt en gezegd: "Zoek het maar uit, ik ga mijn eigen weg". Daar was hij duidelijk in.'

Camille sprak er met zijn schoonvader over. Die had als advocaat destijds ook pachtkwesties bij de hand gehad. Van hem kreeg hij de tekst voor de pachtwet die hij goed heeft doorgenomen. In de wet staat dat, als de instandhouding van een monument van algemeen belang is, dit uiteindelijk boven de pachtrechten van de pachter prevaleert. De zaak was eigenlijk heel duidelijk.

Wel was het nodig om tot overeenstemming te komen over het vertrek van de pachter. Omdat Camille zekerheid wilde hebben ten opzichte van de stellingname van Erens' advocaat en die van het kerkbestuur, nam hij het best gespecialiseerde advocatenkantoor in de arm. Maar de verplichting lag er dat Maarten en Camille, kortom de VOF, moest zorgen dat Erens elders zijn bedrijf kon voortzetten en voldoende gecompenseerd werd. Dat was helder. Het kerkbestuur stond in contact met rentmeester Costermans, met wie ook Camille op een lijn zat.

Nog voordat Maarten op het toneel verscheen, zocht Camille al samen met Costermans naar een andere hoeve in de Voerstreek. Maar dat was voor Erens te ver van zijn eigen landerijen elders in Houthem, die hij wilde behouden. Veel mogelijkheden passeerden de revue. Aan twee landbouwers uit het dorp werd nog voorgesteld om land te ruilen, maar ook dat lukte niet. Toen kwam Maarten erbij. Camille was al goed ingeburgerd in

de pachtkwesties. Hij kende Erens van in het dorp en had al
eerder met hem gesproken, maar Erens leek vooralsnog niet te
willen vertrekken. 'Ik heb een dak boven mijn hoofd,' zei hij, 'wij
zitten hier goed.'

In juni 1994 hadden Maarten en Camille alle contracten getekend, zodat vastlag dat er financiering was. Ze maakten meteen
aan iedereen duidelijk dat het verder ook hun zaak was en dat
noch de pastoor, noch het kerkbestuur er zich mee moesten
bemoeien. Maarten en Camille zijn met boer Erens, diens vrouw
en zoon gaan praten. Het gesprek werd in de keuken gevoerd
bij een kop koffie. Boven het fornuis was een tentzeil gespan-
nen als bescherming tegen de doorlekkende regen. Erens zei
niet veel. Zijn vrouw deed het woord. De jonge zoon zat er wat
afzijdig bij. Een punt dat speelde was dat de pacht ophoudt als
de pachter 65 jaar wordt. Erens had een maatschap met zijn
broer en had de bui allang zien hangen. Toen zijn zoon 18 werd,
nam die dan ook de plaats van zijn vader over in de maatschap.
Voor Maarten en Camille was dat een groot probleem. De
familie Erens stond ijzersterk. Toch verliep het gesprek over en
weer, in een zeker vertrouwen. Maar Erens zei steeds: 'Ik zit hier
goed, ik ga hier niet weg.' Na het tweede kopje koffie was het
ijs toch gebroken. 'Toen hebben we de vraag gesteld, wat ze
nou eigenlijk wilden. Geld of boeren? In het dorp ging het verhaal dat hij alleen maar geld wilde. Ik heb respect voor het boerenleven en het boerenwerk en dat konden ze weten. Eindelijk
zei Erens: "Boeren! Daar zit mijn zoon! Wij zijn boeren en we
willen door. Bouw maar een boerderij op het eind van het
landgoed." Dat bleek echter niet mogelijk te zijn. Na dat gesprek is Judith 's avonds nog naar de boerin gegaan met een
bos bloemen en een fles wijn voor hem. Dat viel bij de familie
in goede aarde. Ze voelden dat wij hen waardeerden en de zaak
wilden oplossen. Ten slotte kwamen we tot een akkoord en
werd alles juridisch geregeld.'

Belangrijk was dat nu tenminste duidelijk was wat ze wilden en
dat er een nieuwe boerderij gekocht moest worden. Camille: 'Er
kwam een bespreking met onze rentmeester en de rentmeester

Het wapen van proost Frans van Cauwenbergh.

van Erens. Erens wilde er natuurlijk niet op achteruit gaan: hij vroeg zoveel grond voor zoveel vee, een huis dat net zo groot was als het oude enzovoort.'

Vrij plotseling werd er via de rentmeester van Erens een boerderij in Sibbe gevonden die pas acht jaar oud was, met grote stallen, grote mestkelders, kalveren en paardenstallen en zelfs een schapenstal. Er hoorde 22 hectaren grond bij en zelfs nog iets meer dan wat ze gepacht hadden in Houthem. Het paste allemaal. Erens kon eigenlijk geen nee meer zeggen. Er hing een prijskaartje aan van twee en een half miljoen gulden. Erens werd eigenaar van die boerderij terwijl hij op het kasteel voor een appel en een ei gepacht zat. Toch krabbelde hij terug en deed het voorstel af alsof het niets was.

We stelden voor om ter plekke te gaan kijken, maar dat wilde hij niet. Ten slotte kreeg de jonge zoon opdracht mee te gaan en eventueel te beslissen. Weer terug in Houthem liet de zoon zich nogal geringschattend uit over de boerderij: "Och ja, het is een boerderijtje".

Wij wilden per se weten of ze het aanbod accepteerden of niet, maar het kwam niet tot een oplossing. Toen is Costermans regelmatig met hen gaan praten en heeft hen uitgenodigd om een dagje naar Den Bosch te komen. Daar zijn ze te gast geweest, hebben de St. Jan bezocht en omdat het advent was werd ook nog de kerststal bekeken. Zo werd het ijs gebroken.

Het was wel te begrijpen dat ze zo terughoudend waren, want ze woonden sinds 1934 op St. Gerlach. Voor hen lag er een hele geschiedenis, ook met de baron. Vlak voor diens overlijden hadden ze zelfs nog een pachtverlenging getekend,' zegt Camille.

Op dat moment waren de eigendommen van het kerkbestuur nog niet officieel aan Maarten en Camille overgedragen. Ook liep er nog vanuit het kerkbestuur een rechtszaak tegen Erens. Het was zo ingewikkeld dat ze een rentmeester en een advocaat nodig hadden om alles juridisch op elkaar afgestemd te krijgen. Er waren drie notarissen bij betrokken. Dat was in januari 1995. Omdat Bouwbedrijf Van de Ven toch niet alles tegelijk kon aanpakken, gingen Maarten en Camille ermee akkoord dat de familie er nog even bleef wonen. Ook voor de bewaking. De boerin kreeg een goed contact met de uitvoerders. Erens had nog de pachtgrond. De zaak was op een oortje na gevild. Ook was er afgesproken dat Erens tot juni 1995 de koeien mocht laten grazen en nog twee sneden gras eraf mocht halen.

Uiteindelijk werd het allemaal beklonken op Goede Vrijdag 16 maart 1995, bij de notaris in Voerendaal. Het nam zowat een hele dag in beslag om alle punten en komma's te bespreken. Er moest veel aangepast worden. Erens had een half jaar langer kunnen pachten dan overeengekomen was, hij had een maand langer kunnen melken zodat hij 1.000 kilo melk meer had. De nieuwe hoeve werd zijn eigendom terwijl hij gepacht had gezeten in een ruïne.

Spa Château St. Gerlach.

Bij de afwikkeling ging het uiteindelijk nog over 1.000 of 2.000 gulden die hij moest betalen aan de VOF vanwege opbrengsten, zoals ook was overeengekomen. Maar Erens weigerde dat consequent: 'Dat moeten jullie maar voor je rekening nemen.' Camille zei meteen: 'Dat doe ik niet. Jullie worden miljonair en we zullen afrekenen.' Maar hij bleef weigeren.

'Toen zijn Maarten en ik maar naar een café gegaan in Voerendaal om te overleggen bij een kop koffie en een uitsmijter. We wisten niet goed hoe we dit probleem konden oplossen. Maarten kwam op het idee om ons als boeren te gedragen en ons in natura te laten uitbetalen. Weer terug bij het gezelschap vroegen we twee kalveren voor de waarde van het bedrag dat we tegoed hadden.

"O nee, geen mestkalveren, die zijn voor ons te veel waard", zei Erens. Er viel niet over te praten. Ik herinnerde hem eraan dat ze ook nog een kudde schapen van ons hadden gekregen. In Houthem hadden ze die niet. Omdat het in de Goede Week was stelde ik voor dat ze twee paaslammeren zouden geven. "Pa en ma, dat doen we", zei de zoon meteen.

Zo werd het opgenomen in de notariële akte: "Door partij Erens zullen uiterlijk 15 april 1995 twee paaslammeren worden geleverd aan partij 1, ten huize van de heer Oostwegel, St. Gerlach 72 te Houthem". Getekend werd onder de ontbindende voorwaarde dat twee schapen geleverd moesten worden. "Akkoord",

Eerste steenlegging januari 1995 Château St. Gerlach. Erewijn uit middeleeuwse kruik die opgegraven werd bij Château St. Gerlach. Midden gouverneur Baron Van Voorst tot Voorst, daarnaast archeoloog Doeke Krikke.

zei de zoon, "Ik kom ze morgenochtend brengen".

Toen stond ik met mijn mond vol tanden, want ik wist zo gauw niet waar ik ze moest laten. En zo is het tot op heden gebleven. Maarten en ik hebben die schapen nog steeds tegoed.'

DE KAPEL

Houthem-St. Gerlach was sinds eeuwen al een pelgrimsplaats. Nog voordat er sprake was van de kadernota die bisschop Gijsen zou opstellen, lag er bij het kerkbestuur al de wens om naast de kerk een stilteruimte te realiseren. Het bisdom adviseerde indertijd om die ruimte onder het oksaal te maken en af te scheiden van de rest van de kerk. Uitbreiding en nieuwbouw hadden niet de voorkeur. Maar het kerkbestuur dacht daar anders over. Om recht te doen aan de religieuze betekenis van St. Gerlach wilde men iets nieuws creëren in eigentijdse stijl.

Deze visie werd gedeeld door de VOF die bij aankoop van het landgoed de plicht op zich had genomen een aantal kerkelijke voorzieningen te realiseren. De kapel was daar een van. Het was een uitdaging, maar, volgens Camille, ook en vooral een ideëel uitgangspunt dat geld mocht kosten. De VOF gaf de opdracht tot het bouwen van de kapel aan architectenbureau Mertens.

Op een paasmaandag bezocht het voltallige kerkbestuur met kapelaan Verheggen en Camille Oostwegel sr. op initiatief van pastoor Keulers een aantal kapellen in Zuid-Limburg. De dagkapel van Sint Servaas in Maastricht leek het beste voorbeeld, ook voor de leden van het kerkbestuur. Het plan begon zich te ontwikkelen.

Irene van Vlijmen.

De pastoor had strikte opvattingen over de religieuze betekenis van de te bouwen ruimte. Camille opperde al vrij snel dat de nieuwe kapel ook aangekleed diende te worden, Sint Gerlachus waardig. Als ze tot overeenstemming konden komen, zou hij de kosten daarvan op zich willen nemen, uit dankbaarheid en ter ere van de Heilige Gerlachus, die immers in het gezin Oostwegel een bijzondere plaats had.

Toevallig werd Camille door zijn vriend Theo Coonen geattendeerd op de Limburgse kunstenares Irene van Vlijmen, wonend in Spanje. Dat was naar aanleiding van een groot interview in de *Telegraaf*. In de donjon van een Frans middeleeuws kasteel had zij een nieuwe kapel versierd met een mozaïek/fresco. Mozaïek in combinatie met frescoschilderingen is een Byzantijnse techniek die in Nederland niet meer wordt gehanteerd.

Camille nam onmiddellijk contact met Van Vlijmen op en bezocht het kasteel in Frankrijk. De kapel, een mooie spirituele ruimte, was in opdracht van een Japanse zakenman gerealiseerd voor alle geloven ter wereld. Camille was onder de indruk van het werk dat de kunstenares daar had geleverd. Dat ze bovendien een Limburgse was, woog zwaar in haar voordeel.

Bij terugkomst besprak hij zijn bevindingen met de pastoor en gaf hem documentatie. De pastoor zei dit alles heel interessant te vinden. Camille nodigde de kunstenares uit om naar Houthem te komen. Zij zag het als een uitdaging om haar kunstwerk in haar eigen geboortestreek in een kapel uit te voeren. Tijdens de eerste ontmoeting met de pastoor heeft ze haar ideeën naar voren gebracht. De pastoor luisterde belangstellend. Nadat Van Vlijmen alles had bekeken, zei ze tegen Camille: 'Ik doe het, onder voorwaarde dat ik een mozaïek-ei mag maken. Ik heb in Californië en Japan gewerkt, maar nooit was er tijd en ruimte om dat idee te realiseren. Hier zou het heel mooi staan.'

Het mozaïek-ei voor Château St. Gerlach (Irene van Vlijmen, 1997).

Camille was er eerst wel verwonderd over, maar omdat het werkelijk een grote wens van haar was, heeft hij toegezegd. Irene van Vlijmen aanvaardde de opdracht van Camille om de hele wand tegenover het altaar van een mozaïek/fresco te voorzien. Het mozaïek-ei staat inmiddels inderdaad op het voorterras van het kasteel.

Later gaf het kerkbestuur aan Bureau Mertens opdracht het interieur van de kapel te ontwerpen. Op dat punt ging het echter zwaar wringen. Mertens ging in zee met twee opdrachtgevers voor eenzelfde project. Dat kon niet anders dan tot loyaliteitsconflicten leiden.

Al snel bleek dat het ontwerp van architecten Hamers/Voorvelt van Bureau Mertens en de achterwand niet bij elkaar pasten. De architecten wensten geen rekening te houden met het kunstwerk van Van Vlijmen, want, liet Mertens weten: 'Het mocht geen Irene van Vlijmenkapel worden.'

Zowel Camille als Maarten Cuppen hoopten op een *Gesamt-kunstwerk*, maar van bereidwillige samenwerking was al spoedig geen sprake meer. Er begon een heel vervelende discussie waarin maar niet duidelijk werd wat het kerkbestuur wilde. In een brief schrijft Camille: 'Persoonlijk heb ik steeds als mijn mening verkondigd, dat als je in deze tijd, naast een grote en unieke kerk - waarin overigens best ook nog plaats is voor een dagkapel, ook daar is drie jaar geleden over gesproken - veel geld gaat uitgeven voor een nieuwe (dag)kapel, dit dan ook in alle opzichten iets heel bijzonders moet worden, St. Gerlachus waardig en het meest indrukwekkende onderdeel van het totale monumentale ensemble. Want wie durft het aan om naast een kerk die tot de tien belangrijkste monumenten van Nederland behoort met het Heiligdom van Sint Gerlachus, een nieuw heiligdom te creëren?' Het lijkt Camille een grote uitdaging, maar 'ook een zeer moeilijke opgave om te beoordelen wat middelmatig, slecht, goed of optimaal is'.

Camilles smaak en visie werden lang niet door iedereen gedeeld. Een voormalige kerkmeester meende dat de pastoor problemen had met de opstelling van Camille die zijn stempel op het geheel drukte: 'Zeker toen hij zich bemoeide met de inrichting van de kapel, terwijl dat toch meer de taak was van het kerkbestuur. Maar Camille was opdrachtgever. Franssen vond dat hij te ver daarin ging. Dat is natuurlijk de gedrevenheid van Camille. De pastoor wilde graag bouwpastoor zijn en iets nalaten voor de toekomst. De inrichting van de kapel was zijn stokpaardje. Dat Camille een kunstenares opdracht had gegeven een kunstwerk te maken, daar was niet iedereen in het kerkbestuur gelukkig mee. De kunstenares had over de inrichting van de ruimte heel andere ideeën dan de architect.'

In april 1996 maakte Van Vlijmen alvast een concept waarin haar kunstwerk paste. Omdat Maarten en Camille de kosten van de te bouwen kapel op zich hadden genomen, vonden zij het

Irene van Vlijmen.

niet onredelijk dat zij ook mochten meebepalen hoe het zou worden. De pastoor gaf echter meermalen aan geen inmenging te dulden van de VOF omdat hij zich immers ook niet bemoeid had met de inrichting van het landgoed. 'Maar,' aldus Camille, 'als het kerkbestuur andere kunstenaars had aangetrokken, dan was dat ook goed geweest. Maar de openingsdatum van het landgoed kwam dichterbij, terwijl er geen voortgang in het werk zat.'

Zes of zeven maanden voor de officiële opening stond er nog maar een casco met enkele betonnen muren. In het ontwerp voor de achterwand tegenover het altaar had de kunstenares het beeld van Sint Gerlachus centraal afgebeeld, maar het werd steeds duidelijker dat de architecten de bemoeienis van Oostwegel, Cuppen en Van Vlijmen eveneens niet wilden. Die laatste was al met het werk bezig toen architect Hamers weer met een geheel ander plan kwam, nu een asymmetrische kapelvorm. In de beperkte ruimte had hij een gang getekend, waardoor het mozaïek niet meer harmonieus paste in het geheel.

Vanaf toen ontstond er een polemiek. De partijen daarin waren vooral de architecten Mertens en Hamers, het kerkbestuur in de persoon van pastoor Keulers, Maarten Cuppen en Camille Oostwegel sr. Irene van Vlijmen, die beide handen en voeten nodig had om zich buiten dit conflict te houden, werd er toch steeds in betrokken. In juli 1997 probeerde Camille nog een vergadering te beleggen, maar omdat de architect op de geplande datum afwezig was, regelde hij een bijeenkomst met alle partijen op 28 juli.

Zelf verbleef hij op die dag op een vakantieadres. Omdat hij niet gerust was over het verloop, vroeg hij aan mr. J. Wortmann uit Houthem hem te vertegenwoordigen tijdens die bijeenkomst. In het verslag van de vergadering schrijft Wortmann dat de pastoor sprak van een eerdere bijeenkomst tussen kerkbestuur, architect en mevrouw Van Vlijmen die 'niet tot een oplossing van de problemen heeft geleid. Er is sprake van onverzoenbare visies.'

Irene van Vlijmen had haar concept al in april 1996 bekend gemaakt. Architect Hamers stelde dat wijzigingen in het bouwconcept (het plan-Hamers) in september 1996 goed waren bevonden. In een 15 pagina's tellende brief schrijft Camille vanuit zijn vakantieadres in Tunesië 'dat het kille ontwerp door Bureau Mertens, van beton, glazen bouwstenen en bitumendak, nooit door de VOF zou worden goedgekeurd en uitgevoerd'. Hij memoreerde de eerdere afspraken en verwachtingen, en de hele voorgeschiedenis 'in mijn hoedanigheid als medevennoot in de VOF et cetera en dus als medeopdrachtgever voor de bouwkundige kerkelijke voorzieningen c.q. als mede financieel verantwoordelijke in dit proces, daarnaast als(mede)opdrachtgever voor de fresco/ mozaïek van Irene van Vlijmen en naast dit alles in grote persoonlijke betrokkenheid en als parochiaan.'

Helaas heeft de pastoor deze brief nooit in een vergadering van het kerkbestuur openbaar gemaakt, hetgeen weer aanleiding was voor nieuwe frustratie.

Op 8 augustus 1997 kwamen kerkmeester Franssen en mevrouw Van Vlijmen elkaar toevallig tegen. Ze sprak hem aan en uitte haar grote teleurstelling over het feit dat er van de zijde van het kerkbestuur zo weinig belangstelling voor haar werk was.

Een dag eerder had ze zelfs op het punt gestaan om te stoppen en naar Spanje terug te keren. Die dag waren er namelijk leden van het kerkbestuur, waaronder de heer Franssen, in de kerk geweest. Niemand had ook maar enige belangstelling getoond voor haar werkzaamheden. Ze gaf te kennen zich een paria te voelen en de indruk te hebben dat zij persoonlijk werd gezien als oorzaak van alle problemen. Ze vertelde dat zij het zo graag heel goed wilde doen, geheel vanuit haar hart, in harmonie met de overige partijen. In het gesprek met de kunstenares gaf Franssen aan dat het hele kerkbestuur gekozen had voor het plan-Hamers. Tussen de regels door was, volgens Van Vlijmen, wel te lezen dat hij daar niet van harte in was meegegaan, maar dat zijn solidariteit met het kerkbestuur prevaleerde.

Franssen vernam van Van Vlijmen dat het gesprek met architect Hamers niet zo goed was verlopen als de voorzitter het bestuur had doen geloven. Ze vertelde over de lange brief die Oostwegel vanuit zijn vakantieadres had geschreven. Franssen moest

concluderen dat de voorzitter deze brief niet in de vergadering had besproken, terwijl het epistel wel aan het kerkbestuur was gericht. Toen Franssen dit in een volgende vergadering aan de orde stelde, ervoer de pastoor deze opmerkingen als een motie van wantrouwen, vooral omdat Franssen weigerde te vertellen hoe hij aan zijn informatie was gekomen. Het kerkbestuur beschuldigde hem van achterbaksheid, wat de kerkmeester zeer krenkte.

In een brief van 14 augustus 1997, gericht aan de pastoor en het kerkbestuur, legt hij uit hoe de informatie tot hem is gekomen. In zijn verantwoording merkt hij ook op dat enkele jaren daarvoor, toen derden een verplichting voor rekening van het kerkbestuur wilden aangaan en een gesprek hierover niet meer mogelijk was, 'door mij contact gezocht is met het bisdom en ik heb geadviseerd en goed bevonden dat er ook met de heer Oostwegel contact zou worden gezocht. Ook heb ik toen het kerkbestuur en het bisdom schriftelijk mijn bezwaren kenbaar gemaakt.'

Zijn bezorgdheid werd de kerkmeester niet in dank afgenomen, want bij de officiële opening van de kapel werd hij niet uitgenodigd door de pastoor. Toch zegt Franssen in een gesprek 'geen kwaad woord over de pastoor te willen zeggen'.

Achteraf gezien leek het er inderdaad op dat het kunstwerk

noch door het kerkbestuur, noch door de pastoor op prijs werd gesteld. Op 25 juli 1997 stuurde bureau Hylkema Consultants B.V. een memo over het plan voor de kapel St. Gerlach. Daarin wordt gesteld dat 'de binnenarchitectuur van de kapel subtiliteit mist. De toepassing van stalen kolommen geeft een hard en schril contrast tegenover deze, verder voorzichtige nieuwbouw...' en 'de door architecten Hamers/Voorvelt gestelde architectuur beperkt het mozaïek tot a.h.w. een schilderij op deze wand, waardoor het samengaan van het kunstwerk en de totale architectuur van de ruimte ernstig wordt belemmerd'.

Desondanks besloten zowel de pastoor als het kerkbestuur te kiezen voor het plan-Hamers en dat dit plan het uitgangspunt moest zijn voor het vinden van een synthese tussen het bouwconcept en het mozaïekconcept. Architect en kunstenares werden opgeroepen om in overleg te treden en zich in te spannen voor een optimaal resultaat. Diezelfde dag zei architect Hamers bereid te zijn om met de kunstenares naar een oplossing te zoeken.

Op 31 juli 1997 belde de pastoor naar de heer Wortmann. Hij meende dat 'de VOF ten onrechte te veel wilde beslissen over de inrichting van de kapel. Of dit juridisch wel kan?'

Wortmann wilde een dreigende juridische escalatie juist tegengaan. Maarten Cuppen wilde terug naar de afspraken van 1994, maar de pastoor stelde dat de wijzigingen met instemming van alle betrokkenen waren genomen.

Mevrouw Van Vlijmen liet intussen steeds meer blijken dat zij een buitenstaander in de conflicten is. Haar wens was zich te houden aan de opdracht van haar opdrachtgevers, Cuppen en Oostwegel. De pastoor evenwel sloot in een telefoongesprek met Wortmann niet uit dat zij haar 'zwakte' aanwendt om de discussie te ontgaan en zo haar doel te bereiken. Een dag later liet Maarten Cuppen aan de pastoor weten dat de VOF zich niet zou neerleggen bij 'uw conclusie over inrichting c.q. oplevering van de kapel. U krijgt wat met u overeengekomen is. Conform contract [...] Nu u, ondanks het uitdrukkelijk verzoek daartoe van de heer Wortmann, geen antwoord heeft gegeven op de vraag of u een dergelijk kunstwerk wel of niet wilt ontvangen, ga ik ervan uit dat zulks wel het geval is.'

Op 5 februari 2003 wordt het Euromonument op landgoed St. Gerlach onthuld door Dick Boot, Chief Financial Officer van ING Nederland, de nieuwe bankier van Camilles concern. Camille had dit laten ontwerpen ter gelegenheid van de totstandkoming van de EMU en de euro. Het beeld is ontworpen en gemaakt door beeldhouwer Leo Disch, benedictijnenmonnik van de Abdij van Mamelis, met wie Camille goede contacten onderhoudt.

Op 3 augustus 1997 had mevrouw Van Vlijmen een gesprek met architect Hamers. Aan de brief van Oostwegel, die Van Vlijmen hem liet lezen, had hij geen enkele boodschap. Hij liet zich laatdunkend uit over de rol van Maarten Cuppen, Camille Oostwegel sr. en Jan Wortmann. Zelf vond Wortmann echter dat hij vanaf het begin duidelijk was geweest over zijn rol in dezen.

Irene van Vlijmen, die toen al een tijdje bezig was aan haar mozaïek, kreeg van Hamers te horen dat eigenlijk ook andere Limburgse kunstenaars uitgenodigd zouden moeten worden. Zij zou, als oorspronkelijk Limburgse, ook uitgenodigd kunnen worden en wellicht over drie of vijf jaar een bijdrage leveren aan de devotiekapel.

Zij kreeg het gevoel dat de concessies alleen van haar gevraagd werden. Pastoor Keulers schreef daarop aan Wortmann: 'Er is geen sprake van dat de kunstenares alleen maar concessies moet doen. Integendeel! Zij ontvangt de grote concessie dat zij hier in de Gerlachuskapel een kunstwerk mag aanbrengen.'

De kern van het conflict bleef het verschil in visie op de inrichting van de kapel. Enerzijds waren er de architecten die de Bossche school aanhingen met als voorbeeld de zeer sobere kerk van Mamelis, een aarzelend kerkbestuur en een pastoor die geen inmenging duldde waar het het interieur van de kapel betrof, en anderzijds was er de VOF als oorspronkelijke opdrachtgeefster.

Irene van Vlijmen werd in deze prestigeslag helaas de kop van Jut. In zijn brief van 2 augustus schrijft Camille Oostwegel sr. aan het kerkbestuur: 'Nimmer heb ik een ontwerp van Mertens/ Hamers goedgekeurd of van enig enthousiasme doen blijken.'

Camilles voorkeur ging steeds uit naar een symmetrische vormgeving gepaard aan topkwaliteit. De architecten bleven kiezen voor een asymmetrische vorm waardoor het mozaïek niet meer in de juiste verhouding stond. Maar bij het tonen van een maquette door architect Hamers werd door de leden van het kerkbestuur slechts instemmend geknikt.

'Architectuur en inrichting waren dus versmolten tot een geheel zonder inbreng van althans de opdrachtgevers van het casco,' aldus Camille. Hij noemt het 'een schrijnende situatie waarin dus blijkbaar de architect c.q. interieurarchitect de dienst uitmaakt en niet de opdrachtgevers.'

Irene van Vlijmen kon niet anders dan haar kunstwerk aanpassen met in achtneming van de aangebrachte pilaren, die inderdaad het zicht op de wand bederven. 'Met zeer veel pijn' heeft ze zich daarbij moeten neerleggen.

Maarten Cuppen voelde zich inmiddels door dit conflict zo getergd dat hij liet weten andere sloten op de deuren van de kapel te laten aanbrengen, zodat 'de heren architecten niet meer in de gelegenheid zullen zijn afbreuk te doen aan gemaakte afspraken'. Hetgeen uiteraard weer een tegenactie van de pastoor opriep in de vorm van een brief aan J. Wortmann.

De lancering van de euro. dr. W. Duisenberg (februari 2002).

Omdat ondanks alle inspanningen de oplossing in deze conflicten niet werd gevonden, werd in december 1997 een onafhankelijk oordeel gevraagd aan monseigneur Wiertz 'om de verstoorde verhoudingen tussen de VOF, het kerkbestuur en de vertegenwoordigers van architectenbureau Mertens te normaliseren en de voltooiing van de gestagneerde werkzaamheden mogelijk te maken door een onafhankelijke derde over de ontstane situatie een bindend advies te vragen.'

In een brief van het bisdom is te lezen dat: 'het bisdom, dat in dit soort zaken betrokken pleegt te worden, heeft ingestemd met de opzet van de capella Gerlachus maar heeft zich niet uitgesproken over detaillering van het priesterkoor, de plaats van het tabernakel en de devotiehoek omdat deze aangelegenheden door de architect nog nader uitgewerkt moesten worden. Het ontwerp van het kunstwerk van mevrouw Van Vlijmen is niet ter beoordeling c.q. goedkeuring aan het bisdom voorgelegd.'

Jean Claude Trichet plant een plataan.

Naar aanleiding daarvan was het aan drs. A.L.L.M. Asselbergs, directeur van de Rijksdienst voor de Monumentenzorg te Zeist, daarin bijgestaan door drs. G.Th.M. Lemmens, christelijk archeoloog en de heer Huub Kurvers, medewerker bij de Rijksdienst voor de Monumentenzorg, om een bindend advies uit te brengen, hetgeen gebeurde op 26 mei 1998.

Asselbergs schrijft: 'Wat er ook in 1996 en 1997 gebeurd is [...] het zal voor de toekomst van belang blijven overeind te

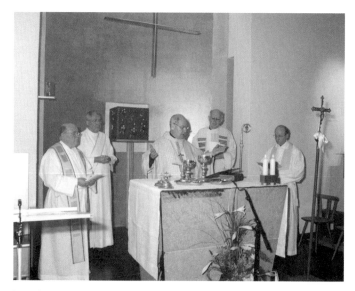

houden dat de complexe onderneming om dit landgoed weer tot leven te brengen zowel maatschappelijk als cultureel en religieus voorbeeldig is.' Maar: 'Er is in de overeenkomsten te veel ruimte gelaten voor eigen interpretaties. Hierdoor is het mogelijk dat er op scherpe toon een conflict uitbreekt over de door de pastoor gewenste uitvoering van de kerkelijke voorzieningen.' Als voorbeeld geeft hij een citaat: 'Maarten Cuppen laat op 6 juni aan het kerkbestuur weten: "Ik bevestig hierbij dat ik vanaf heden niet meer betrokken wens te worden bij de verdere detaillering casu quo uitvoering van de kerkelijke voorzieningen dan wel de 'funding' van middelen die nodig zijn [...] behoudens die waartoe ik contractueel gehouden ben." Pastoor Keulers geeft als reactie: "Wij betreuren dat dit een ongunstige uitwerking had op uw bloeddruk. Hiervoor geven wij u het eenvoudige advies om 's morgens bij uw ontbijt enige stengels peterselie te nuttigen."

Asselbergs concludeert 'hoezeer de onduidelijkheid van het contract tot persoonlijke scherpte aanleiding gaf'. Hij was van mening dat er te weinig duidelijke afspraken waren gemaakt, vooral in geval van meningsverschillen. Het architectenbureau had twee rollen tegelijkertijd te vervullen: 'De architect is allereerst de vertrouwensman van zijn opdrachtgever. Hij dient te allen tijde te voorkomen dat buiten de opdrachtgever om diens belangen met derde belanghebbenden besproken kunnen worden.'

De motivatie om de keuze voor een symmetrische vorm te veranderen in de keuze voor een asymmetrische vorm, is hem niet duidelijk, maar hij acht het beter dit nu als een voldongen feit te accepteren. 'Mevrouw Van Vlijmen ontwierp en realiseerde haar kunstwerk uitsluitend in opdracht van de heer Oostwegel, maar werd gedurende de uitvoeringsperiode ongewild geconfronteerd met interventies waarbij vertegenwoordigers van het kerkbestuur en het architectenbureau betrokken waren. Kennisnemend van de stukken en gehoord de lezing van de betrokken partijen valt mevrouw Van Vlijmen in dit conflict niets te verwijten.'

Over de hoorzitting van 20 februari 1998 berichtte de heer Asselbergs: 'Het understatement van "een gegeven paard" kwam ter sprake. Ik moet concluderen dat men hierover tegen elkaar niet open is geweest.'

In zijn brief uit Tunesië schreef Camille: 'De discussie over het realiseren van een nieuwe Gerlachus-kapel is al gestart bij de

Judith als beschermvrouwe van de Preuvenetour.

Dries van Agt plant met Françoise Oostwegel een boom voor prins Bernhard (april 1999).

Opening Prinses Juliana Park (april 1999).

Luchtfoto Château St. Gerlach (2017).

1 juli 2004: Nederland wordt tijdelijk voorzitter van de Europese Unie. Minister Maria van der Hoeven van Onderwijs en minister Laurens-Jan Brinkhorst van Economische Zaken bijten op Château St. Gerlach het spits af voor een reeks van Europese conferenties.

aanbestedingstekeningen. Bureau Mertens had toen een kapel ontworpen van beton, glazen bouwstenen en bitumen dak. Wij (de VOF) hebben dit ontwerp toen mee laten lopen in de openbare aanbesteding, maar daarbij al meteen aangetekend dat wij dit kille ontwerp nimmer zouden uitvoeren.'

In zo'n proces is het dan ook merkwaardig dat het kerkbestuur kiest voor één en dezelfde architect voor casco én inrichting en dat alle meningen van derden rigoureus worden afgewezen. Volgens een van de kerkmeesters bestond het conflict in hoofdzaak tussen de kunstenares die een meer neo-romaanse stijl voorstond en de architect die een strak geheel wilde. Volgens Camille kwam de architect met een nieuw ontwerp toen Irene van Vlijmen al bezig was met haar werk. Het werd ervaren als moedwillige tegenwerking, alsof men haar wilde wegjagen. De pastoor speelde een onduidelijke rol. De architect was een voorstander van de Bossche school, zoals de kerk van Mamelis is gebouwd en daar past zo'n kunstwerk inderdaad niet in. Als ze daarvoor gekozen hadden, voor beton en hout in de meest pure vormen dan zou de mozaïek er niet zijn gekomen. 'Ons stond meer de Romaanse stijl van de kapel in de schatkamer van Sint Servaas voor ogen.'

Het oorspronkelijke idee van Irene van Vlijmen was om de gehele absis met mozaïek en fresco's te versieren. Dit wilde Mertens/Hamers echter niet, reden waarom het mozaïek slechts op de achterwand werd aangebracht.

Het vuur tussen de betrokkenen laaide intussen hoog op. De pastoor keerde zich steeds meer tegen Oostwegel en Cuppen en verweet hen zich met zaken te bemoeien die niet tot hun competentie hoorden. Oostwegel en Cuppen meenden dat ze wel degelijk partij waren. Camille, die het mozaïek als geschenk aan de parochie wilde geven, begreep niet waarom er zoveel argumenten werden aangevoerd tegen een dergelijk hoogwaardig kunstwerk. Achteraf gezien wijt hij de protesten aan een gebrek aan visie van de zijde van het kerkbestuur en de pastoor. Maarten Cuppen, die minder emotioneel betrokken was bij het geheel, stelde zich zakelijker op en hamerde vooral op de gemaakte afspraken.

De Tour de France in Valkenburg (2006) - Etappe-directeur Jean-Marie Le Blanc.

Bij de officiële opening van het St. Gerlach-complex was de kapel verre van klaar. Dat werd vooral door Camille als een tegenslag ervaren. 'De vraag is of ik te ver ben gegaan. Ik denk het niet. Het uitgangspunt was dat we gezamenlijk iets moois zouden realiseren, ter ere van St. Gerlach en voor het nageslacht. Duidelijkheid en transparantie waren daarbij noodzakelijk maar tot op heden is die duidelijkheid er nog steeds niet,' aldus Camille. De feestelijke inzegening van de kapel vond uiteindelijk pas plaats op 4 januari 2001.

Met oud-tourwinnaar Joop Zoetemelk (2006).

Ook architect Hamers is altijd blijven volhouden het te betreuren dat in de kapel de aandacht naar het mozaïek uitgaat, terwijl het zijn bedoeling en visie was de aandacht op het altaar te richten. De VOF heeft veel druk gelegd op de totstandkoming van het mozaïek, maar, 'zand over de conflicten,' zegt hij.

Pastoor Keulers, overleden op 3 juli 2008, herinnerde zich twee jaar voor zijn dood nog dat hij bij zijn benoeming in 1985 voor een zware taak stond, namelijk de erfenis van Baron Robert de Selys de Fanson aan de parochie hanteren.

'Zoiets is groter dan je zelf bent,' verzuchtte hij. De jaren die volgden waren voor hem als 'woestijnjaren'. De erfenis bracht veel zorgen met zich mee, waar hij volgens eigen zeggen geen greep op had. Er werd een stichting in het leven geroepen, maar die voldeed, ondanks veel vergaderen, niet aan de verwachtingen.

Actrice en popidool Kylie Minogue met links hotelmanager Sita Tadema en rechts F&B-manager Mike van Kinderen.

De nacht van Neercanne

Toen eind juni 1994 in de slepende kwestie rond St. Gerlach de deadline in zicht kwam en er tussen alle partijen een overeenkomst gesloten moest worden, werd het bestuur van Stichting Behoud St. Gerlach bij het bisdom ontboden. Daar bood Piet van Zeil met het voltallige bestuur zijn ontslag aan.

Nog diezelfde dag kreeg ik een telefoontje van pastoor Keulers. 'Camille, nu het bestuur is afgetreden moeten we praten.'

Jo Eenens is meteen opgetrommeld, Maarten Cuppen met zijn adviseur Piet Kuiper, Chrit Schurgers, de vertrouwensman vanuit het LIOF, binnen een paar uur zaten we allemaal op de oude pastorie in Houthem.

De subsidies waren toegekend aan de stichting. Als die opgeheven zou worden dan waren we de subsidies, waar we zelf voor gevochten hadden, kwijt. Het ging om vier miljoen gulden. De enige oplossing was een nieuw bestuur te benoemen. Tegen wil en dank is Jo Eenens voorzitter geworden. Pastoor Keulers, bleef vice-voorzitter. Ter plekke heb ik de oud-directeur van monumentenzorg, de heer Ubbo Hylkema gebeld en gevraagd zitting in het bestuur te willen nemen vanwege zijn deskundigheid en betrokkenheid. Hij had zich ingespannen voor de subsidie. Piet Kuiper werd penningmeester en Chrit Schurgers nam de functie van secretaris op zich.'

Camille en Maarten zaten uiteraard niet in het bestuur. Formeel kon nu met het kerkbestuur, het bisdom en de stichting de overeenkomst gesloten worden. Daarin werden de eisen van de parochie geregeld, het kwijtschelden van de schulden die ze rondom de erfenis hadden gemaakt, het bouwen van een nieuwe pastorie, en een aantal nieuwe voorzieningen.

Twee dagen lang werd er tot midden in de nacht op de pastorie gewerkt om de aktes te concipiëren, bij een temperatuur van 36 graden, zonder airco! Er moest gewoekerd worden met de tijd, in die laatste dagen van juni.

Het opstappen van het stichtingsbestuur kon buiten de pers worden gehouden. Op Neercanne is formeel het concept van de overeenkomst getekend. Om het wat feestelijk te maken, werd er, na al dat harde werken, een diner aangeboden. Alle betrokkenen, inclusief Piet van Zeil, waren daarbij aanwezig.
Daar werd ook een persconferentie gehouden waarbij Van Zeil alle eer werd gegund.

Eén kwestie was nog niet geregeld. De pastoor wilde graag een vergoeding voor het onderhoud van de kerk. Ik gaf aan dat ze daar subsidie van de overheid voor konden krijgen.
Aan die vraag lag wel iets ten grondslag. De parochie had die landerijen geërfd en daar had de kerk opbrengsten van die nu vervielen.
Tijdens het diner trok Maarten zich met de econoom van het bisdom, Filott, terug op het balkon van Neercanne en regelde daar de jaarlijkse hoge vergoeding voor het onderhoud van de kerk. Eenens en Camille waren 'not amused'.
'Jo en ik noemden dat sindsdien 'De nacht van Neercanne'. Met de balkonscène.'

Keulers haalde er zelf een projectontwikkelaar binnen, wat veel wrijving gaf. Die boekte met het landgoed geen enkel resultaat. Er speelden zoveel belangen. Het was vaak heel spannend. 'Wat je graag zou willen, krijg je niet altijd.' Toch had het kerkbestuur als taak aan de parochie te laten zien wat er met de erfenis werd gedaan. Uiteindelijk zijn onder leiding van Piet van Zeil de belangen van de parochie goed behartigd, zei Keulers in 2006.

Gevraagd naar zijn oordeel over de kapel merkte hij toen op dat het een gaaf geheel was geworden. Met de wand van Irene van Vlijmen was hij echter niet blij geweest: 'Je krijgt iets aangeboden wat je niet kunt weigeren. [...] Het was een moeilijke fase in mijn leven. De kapel moest vooral rust uitstralen en dat hebben we moeten bevechten.' Als hij wel eens mensen de kapel liet zien, ging hun aandacht altijd eerst uit naar de wand in plaats van naar het altaar en dat is nooit Keulers' bedoeling geweest. 'De mensen moeten niet afgeleid worden. Ik had duidelijk moeten zeggen: "Wij bemoeien ons niet met de horeca, bemoei jij je niet met ons".' Hij doelde op Camille. Toch was hij niet rancuneus. Hij vond dat vooral aan Maarten Cuppen veel te danken was. Achteraf gezien voelde Keulers zich dankbaar voor alles wat er staat. Voor de parochie, maar ook voor de provincie zijn het landgoed en de kapel een weldaad om dankbaar voor te zijn. 'Ik ben er enthousiast over,' zei hij in 2006.

ALLES MOEST BEVOCHTEN WORDEN

Op de dag van de opening van Château St. Gerlach kwam van tijd tot tijd de zon achter een septemberwolkje vandaan. Vriendelijk genoeg om de hooggestemde verwachtingen te versieren. De vele genodigden gingen eerst ter kerke. Hoogwaardigheidsbekleders werden ontvangen en welkom geheten bij de ingang van de kerk door Maarten en Camille. Het is een Limburgs gebruik om bij feestelijkheden eerst een plechtige dankdienst te houden.

De kerk was gevuld tot op de laatste plaats. Er waren veel kleurrijke hoeden. Orgel en trompetten kondigden in een fortissimo aan dat er iets stond te gebeuren. Het koor, Cappella

Sancti Servatii, onder leiding van Peter Serpenti zong, na binnenkomst van de curie, de *Jubiläum Messe* van Joseph Gruber en het *Locus Iste* van Anton Bruckner. Tijdens de Communio zong de zus van Judith, Godelieve Serpenti-van Uden, de indrukwekkende solo, het *Panis Angelicus* van César Franck. Pastor Van Uden, een oom van Judith, assisteerde bij het opdragen van de mis. De aanwezigheid van bisschop Frans Wiertz van Roermond, de Limburgse gouverneur Baron van Voorst tot Voorst en burgemeester Nuytens van Valkenburg onderstreepte het feestelijke karakter van deze dienst.

Pastoor Keulers memoreerde dat op 12 januari 1995 in deze kerk ook een mis was opgedragen bij aanvang van de restauratie. Hij sprak nu zijn dankbaarheid uit voor het resultaat dat was bereikt en bad voor de gasten van het kasteel: 'Dat zij niet verdwaald mogen lopen in de wegen van het leven.'

Op het altaar dampte de wierook. Achterin de kerk klonk tot drie maal toe een kinderstemmetje: 'Is het nog niet afgelopen?' Toen door de bisschop de zegen werd gegeven zette het koor het *Halleluja* van Händel in.

Het was alsof de prachtige muziek meteen alle zorgen uit het verleden deed verdwijnen en plaats liet maken voor een geweldige dankbaarheid en vreugde. Het klonk als een grote lofzang. En zo moet iedereen het hebben ervaren die betrokken is geweest bij deze metamorfose.

Na de viering ontving Camille tot zijn grote verbazing uit handen van de gouverneur een koninklijke onderscheiding, Ridder
in de Orde van Oranje-Nassau. Er volgde een ovationeel
applaus. In zijn dankwoord benadrukte Camille deze onderscheiding niet alleen voor zichzelf te zien, maar vooral ook voor
iedereen die aan de verwezenlijking van deze grootse restauratie
had bijgedragen.

Monseigneur Wiertz zegende een veldkruis dat door het
kerkbestuur was geschonken. Daarna brachten drie diakens en
de bisschop, omgeven door gasten, het kruis naar de Pandhof
waar het nu nog staat als herinnering aan die dag.

Na de mis werden de gasten op diverse plaatsen verrast door
figuren uit de historie van het landgoed, zoals de pelgrim, de
baron, de pachter, de proost en de priorin. Acteurs speelden
taferelen uit het leven van de heilige en zijn omgeving. Beeldhouwer Ru de Vries had de vijf figuren in brons gestalte gegeven.
Mr. Pieter van Vollenhoven zou de officiële opening verrichten.
Hij 'daalde met een helikopter uit de hemel neer' en landde op
het glad gemaaide gazon voor het kasteel. De gouverneur, de
burgemeester en andere hoogwaardigheidsbekleders, de hele
familie Oostwegel, de heren commissarissen, vrienden en verdere relaties ontvingen hem hartelijk.

Er waren toespraken die dag in de volle, maar warme feesttent.
Een van de sprekers was Jo Eenens, voorzitter van de Raad van

Oude versie van 'De Pelgrim' door Ru de Vries.

Nieuwe versie van 'De Pelgrim' door Ru de Vries, onthuld in het najaar van 2008.

Commissarissen. Hij schetste de moeilijke weg die Camille en alle andere betrokkenen bij de totstandkoming hadden afgelegd. Maarten Cuppen sprak over de wijze waarop het landgoed was veroverd. Het resultaat was indrukwekkend mooi geworden, dat wel, maar, benadrukte Camille: 'Alles moest bevochten worden.' Woorden die nog lang naklonken. Hij bedankte zijn ouders, grootouders, oom Jeu, Judith en zijn kinderen. Ook de familie Laeven die zolang op de hoeve woonde en waar hij zoveel dierbare herinneringen aan heeft gehad.

De beeldengroep, een geschenk van vrienden en relaties, was in doeken gewikkeld. Het was aan Pieter van Vollenhoven om ze een voor een te onthullen. In een interview sprak hij zijn waardering uit voor het resultaat van deze grootse renovatie.

Mr. Pieter van Vollenhoven
tijdens de officiële opening
van Château St. Gerlach
(15 september 1997).

Hij prees de visie van Camille: 'Als hij er zijn schouders niet
onder had gezet, zou alles zijn ingestort. Zo gaat dat met
monumenten. De particulieren moeten het doen.'

Uitzwaaien mr. Pieter van Vollenhoven. Links Maarten Cuppen.

Na een kort verblijf stapte hij weer in de helikopter en uit-gezwaaid door alle gasten verdween hij achter enkele wolken. 'Alles moest bevochten worden.' Wie de geschiedenis van het landgoed heeft gevolgd, vanaf de dood van de baron tot aan de voltooiing van de restauratie, kan dit alleen maar bevesti-gen. Daarna was er feest, groot feest en tijd om te genieten van de schoonheid en van spijs en drank. De schutterij van Houthem was er en talloze gasten kwamen naar de receptie. Dit was een dag van voldoening! Het kind was dan eindelijk na een lange bevalling geboren.

Camille en zijn 2CV Charleston. Een cadeau van alle medewer-kers t.g.v. het 25-jarig jubileum.

De kroonprins en minister Van Ardenne tijdens de top van ministers van Ontwikkelings-samenwerking op St. Gerlach (oktober 2004).

To Judith and Camille Oostwegel
With best wishes,

Camille Oostwegel sr.
ontvangt President
George W. Bush

De renovatie van het Kruisherenklooster in Maastricht was in de laatste fase beland, toen Camille op 21 maart 2005 telefoon kreeg van jonkheer Pieter de Savornin Lohman, chef protocol van het ministerie van Buitenlandse Zaken.

Ze kenden elkaar van een eerdere samenwerking rond de organisatie van diverse Europese tops - onder andere één van ministers van Buitenlandse Zaken die op Château St. Gerlach was gehouden.

Ook de top van O.V.S.E. in 2004 op Château Neercanne was door hen beiden georganiseerd.

'Ze weten je van steeds verder te vinden,' zei hij, 'nu al vanuit het Witte Huis in Amerika.'

Camille dacht eerst dat De Savornin Lohman een grap maakte en reageerde als zodanig. Maar inderdaad: de vraag was of de president van Amerika George

W. Bush met zijn vrouw en zijn minister van Buitenlandse Zaken Condoleezza Rice, met hun staf in Château St. Gerlach konden logeren in de nacht van 7 op 8 mei 2005. Mogelijk zouden ook Hare Majesteit koningin Beatrix, minister-president Balkenende en minister van Buitenlandse Zaken Bot komen.

Dat zou al over zes weken zijn, tijdens het Hemelvaartsweekend. Camille had snel in zijn agenda gekeken en zag dat het Château dat weekend zo goed als volgeboekt zat.

Een familie, die een bruiloft op Château Neercanne wenste te vieren, zou uitgerekend in dat weekend in Houthem logeren. Toch zegde Camille toe, want hij was aangenaam verrast door de vraag uit Amerika. 'Dan staat morgenochtend om tien uur de Amerikaanse ambassade bij je op de stoep om alles door te spreken,' zei de jonkheer.

De dag erna kwam inderdaad een staf van de ambassaderaad uit Den Haag naar Houthem. Tijdens het gesprek realiseerde men zich wel dat de president voor zijn komst een moeilijk weekend had uitgezocht, maar daar zou de heer Oostwegel vast wel een oplossing voor vinden. Na het beraad maakte de groep een rondgang door de gebouwen.

Het hele complex werd tot in detail bekeken en ook de kamer voor het presidentiële paar werd uitgezocht. Voorafgaand aan zijn komst hadden de staf en het Witte Huis zich over het landgoed geïnformeerd via de website van het hotel. Ze wisten heel goed hoe het landgoed eruit zag. Later werd ook duidelijk dat al maanden van tevoren geheime inspecties hadden plaatsgevonden om de hele logistiek te bekijken. Alles was al in kaart gebracht. Camille liet zijn kantoorruimte zien en stelde die ter beschikking, indien nodig. Een van de Amerikanen keek naar het portret van Chirac, dat aan de muur hing en gaf, aldus Camille, het 'mooiste diplomatieke compliment dat ik ooit gehoord heb': 'Als de Franse president hier heeft gegeten, dan moet het wel fantastisch zijn.'

Camille hield even zijn adem in, want in die tijd speelde een onaangename verhouding tussen Frankrijk en Amerika in de kwestie-Irak. Voor Oostwegel als Franse consul was dit een moeilijk punt. Hij besloot de Franse vlag, die vanwege Camilles consulaat altijd bij het kasteel wappert, te strijken en de Amerikaanse te hijsen.

Die dag werd er een contract opgemaakt waarin werd vastgelegd dat president George W. Bush op 7 mei 2005 op het landgoed zou overnachten.

Moest nog de kwestie van de bruiloftsgasten worden opgelost. Van een spontane medewerking door de familie van het aanstaande bruidspaar was geen sprake. Ze hielden vol dat zij besproken hadden en wilden niet wijken voor Bush en zijn gevolg. Het kostte veel overredingskracht om hen uiteindelijk toch onder te brengen in het pas in gebruik genomen Kruisherenhotel. Ze konden zich de eerste gasten noemen in het inmiddels roemrijke nieuwe hotel.

Na de eerste onderhandelingen, waarbij Oostwegel zijn toezegging had gedaan, was het wachten op de handtekening onder het contract door de Amerikanen. Afwachten in spanning, want Camille was toch wel gebrand op deze uitzonderlijke gebeurtenis, die ook publicitair van groot belang kon zijn voor zijn hele onderneming. Uiteindelijk werd het contract door de ambassaderaad getekend teruggestuurd. In het contract was ook geregeld dat de hoge gasten een voorschot moesten betalen: als het bezoek onverwacht zou worden afgezegd, zou dit een enorme derving aan inkomsten met zich mee hebben gebracht.

Naarmate de tijd verstreek, kwamen er steeds mensen van het Witte Huis of van de ambassade langs, maar een eensluidend plan leek er niet te zijn. Het was onduidelijk wie de verantwoordelijkheid droeg en wat er moest gebeuren. Camille: 'Het leek wel alsof men uit veiligheidsoverwegingen probeerde alles wat mistig te houden.' Geheimhouding bleek een behoorlijke opgave. De pers had lucht gekregen van het ophanden zijnde bezoek en was naarstig op zoek naar nieuws.

Vaak werd Camille om opheldering gevraagd, maar hij moest steeds ontkennen dat hij op de hoogte was. Ook het gehele personeel, natuurlijk wel op de hoogte, hield zich aan de geheimhoudingsplicht. Toen Camille op een avond de honden uitliet in het park, zag hij cameraploegen liggen tussen de buxushagen. Die belden de receptie om op 6 en 7 mei een kamer te reserveren in het hotel. Maar de receptionistes gaven geen krimp en meldden slechts dat het hotel helaas volgeboekt was.

Na de begrafenis van Paus Johannes Paulus II in Rome, waar president Bush ook bij aanwezig was, werden alle veiligheidstroepen meteen in Houthem gestationeerd. 'Bij die groep bevonden zich ook de sleutelpersonen: aan het hoofd stond een dame die verantwoordelijk was voor het geheel en precies aangaf hoe alles diende te verlopen. Vooral op het gebied van veiligheid in het algemeen en die van de president persoonlijk in het bijzonder. Toen pas werd de keuze gemaakt voor de kamer van het echtpaar Bush. Langzaam kregen we meer zicht op het geheel. Ambassadeur Sobel uit Den Haag, die we van eerdere ontmoetingen goed kenden, kwam erbij. Hij had alles mee voorbereid en in gang gezet en vooral hij had de locatie bij de president voorgekookt. Ambassadeur Sobel kende Château St. Gerlach van eerdere bezoeken. Ik had aan de ambassade laten weten dat we de president en zijn vrouw zo goed mogelijk wilden ontvangen, maar dat we ook heel graag iets van het erfgoed wilden laten zien.'

Camille dacht daarbij aan de kerk van

Houthem uit de 18de eeuw, een belangrijk Nederlands monument. Of dat paste in het halveminutentijdschema van de president? Een concert in de kerk door het Maastrichtse koor Cappella Sancta Servatii wilde hij ook graag in het programma laten opnemen, maar later bleek dat Bush pas 's avonds zou aankomen en dan graag wilde rusten vanwege het zware programma.

Immers, op 8 mei zou hij een krans leggen in Margraten en meteen daarna naar Georgië vertrekken.

Zo'n vier weken voor het bezoek legde Camille zijn plannen voor het bezoek aan de kerk van Houthem voor aan ambassadeur Sobel en zijn staf. In die tijd stond de Houthemse kerk vol met steigers vanwege een restauratie. Het werk lag stil omdat het ministerie geen subsidie wilde geven. Camille stelde voor de kerk in volle glorie in gereedheid te brengen, met in zijn achterhoofd de publiciteit die dat met zich mee kon brengen. Den Haag zou de subsidie dan niet meer kunnen weigeren. Sobel vond dat voor de Amerikaanse bezoekers de steigers niet afgebroken hoefde te worden. Maar ja, de Amerikaanse president komt maar een keer op bezoek, meende Camille. Hij zocht contact met Nico Hooijmaaijer, voorzitter van de Gerlachusstichting die zich bezig hield met de restauratie. Camille betoogde: 'Het is nu of nooit. Als jullie de kerk in de belangstelling willen krijgen, ook in Den Haag, zorg dan dat

de steigers eruit zijn zodat we de kerk aan de president kunnen laten zien.'

Het was natuurlijk een kostbare zaak om al die steigers af te breken, maar na overleg met het kerkbestuur werd toch besloten de kerk leeg en schoon te maken. Er was nog een ander 'diplomatiek' probleem: de parochianen mopperden dat zij vanwege de restauratie niet meer in de kerk konden komen, maar dat voor president Bush alles opzij werd gezet. De zondag na het bezoek van Bush zouden de kinderen van Houthem hun eerste communie doen. Het kerkbestuur vertelde toen dat het gereed maken van de kerk niet voor Bush was, maar voor de kindercommunie. Voor het bezoek zag de kerk er weer prachtig uit. Alles liep gesmeerd.

Een gevoelig punt in de hele voorbereiding bleek de betaling van de voorschotnota. Aan die gemaakte afspraak werd geen gevolg gegeven, terwijl dat garantiebedrag voor Camilles onderneming van cruciaal belang was. Twee functionarissen die de pensioengerechtigde leeftijd al ruim voorbij waren regelden de financiën, maar later bleek dat de man die het voorschotcontract getekend had, hiertoe niet bevoegd was. 'Ze wilden wel straks, na afloop van het bezoek, de rekening betalen, zeiden ze, maar geen voorschot.' Camille stond er evenwel op dat de garantie-betaling volgens afspraak voldaan werd. Het risico dat de president plotseling verhinderd zou zijn, was niet ondenkbeeldig.

'Ze voelden het bijna als een aanval op

Amerika dat ik zo strikt op het contract stond. Maar "Business is business and friendship is friendship," zei ik. "Dat begrijpt u toch wel." Dat leek de heren aan te spreken, maar desondanks gebeurde er niets. Het werd dringend.'

Het leger was al volop bezig met het plaatsen van de draadversperringen, de PTT met de satellietverbindingen en zendmasten, terwijl er geen enkele zekerheid was over de financiën. Twee hotelhouders uit Maastricht zaten kennelijk met hetzelfde probleem. Ze belden om te vragen hoe Camille dat regelde met de voorschotnota's.

Voor Camille was een bepaald punt bereikt en hij gaf de directeur van Hotel St. Gerlach, Philip Geervliet, opdracht alle voorbereidingen te stoppen. Iedereen moest van het terrein af: 'Voordat we nog een stap verder gaan, moet eerst de nota betaald worden.'

Het was de woensdag voordat Bush zou komen. Vervolgens ging Camille op zijn gemak wandelen met de honden in het veld. Om bereikbaar te zijn had hij wel zijn mobiele telefoon meegenomen. 'Op een gegeven moment belde Philip me op. Er was groot gedoe ontstaan door het stopzetten van de voorbereidingen. De twee heren wilden me onmiddellijk spreken. Beiden waren in de 70 en mochten dit werk doen omdat ze meegewerkt hadden aan de verkiezingscampagne van Bush. Mee op buitenlandse reizen was zoiets als een beloning voor hen. Toen ik in mijn sportkleding op kantoor kwam zei een van hen: "U weigert de Amerikaanse president te ontvangen?"

"Ja, dat hebt u goed begrepen," zei ik. "Waarom?"

"We hebben een contract en een overeenkomst. Als u zich daar niet aan wenst te houden dan gaat het hele feest niet door."

"Bent u daar zo stellig in?" vroegen ze.

"Ja, daar ben ik heel stellig in," antwoordde ik.

"U kunt toch de Amerikaanse president niet weigeren?"

"Als het moet, dan moet het."

Er werd druk heen en weer gebeld met Amerika. Het was inmiddels Hemelvaartsdag. Ze stelden dat wij dan ook een overeenkomst moesten tekenen. Ik wachtte af. Al een kwartier later kwam per fax een heel pak papier met Amerikaanse juridische teksten. Of ik die wilde tekenen voor akkoord, maar het was geen doen om die op zo'n korte termijn te lezen. Een advocaat zou er een week werk aan hebben. Daar ging ik dus niet mee akkoord. We zaten echt klem. Zij betoogden, dat als zij geen getekend contract hadden, dat ze dan niet konden betalen.

"Daar had u dan eerder mee moeten komen," zei ik. Ik begreep wel dat ze geen geld konden opnemen, maar ik zei: "Als u een geheime opdracht in bijvoorbeeld Nicaragua heeft en u hebt geld nodig dan weet ik zeker dat u binnen een half uur het geld hebt."

"Hoe weet u dat?" vroegen ze.

"Dat lees je in iedere spionageroman," zei ik en toen ben ik weggegaan.

Later heb ik ermee ingestemd hun stukken te ondertekenen onder voorwaarde dat de voorschotnota betaald zou worden. Een kwartier later was het geld binnen. Ik kreeg telefonisch bericht uit Philadelphia. Daarna waren het de meest vriendelijke functionarissen. Het was misschien ook een beetje hun spel geweest. Als argument droegen ze ook aan dat we de eeuwige roem zouden krijgen door het bezoek van de Amerikaanse president. Maar ik zei: "We hebben al de hele wereld op bezoek gehad, behalve de president van Amerika."

Volgens mij heeft Bush alles geweten, want het eerste dat hij me vroeg bij onze ontmoeting was: "Did we pay our bill?"

Het was voor ons een indrukwekkend en uniek moment om die enorme colonne het landgoed op te zien rijden. Judith en ik keken toe vanuit mijn kantoor. De politie, de militairen, het afweergeschut en dan uiteindelijk de twee identieke limousines. Ze waren ook met twee identieke vliegtuigen gekomen.
Dat doen ze altijd, zodat voor kwaadwillende personen nooit duidelijk is in welk vliegtuig of auto de president zit. Ze stapten uit de tweede limousine die tot pal voor de deur van het hotel reed en gingen meteen naar hun kamer. We vroegen of ze nog wilden dineren, maar dat hadden ze al in het vliegtuig gedaan. Ze hebben

De limousine van de president.

toch nog wat fruit en Franse kaas gegeten op hun kamer. Het was in de keuken bereid onder toezicht van hun butler om toe te zien dat er niet mee geknoeid werd. De butler en onze chef-kok Otto Nijenhuis hebben het naar hun kamer gebracht. Ze zijn vroeg naar bed gegaan, maar waren om zes uur alweer op om alles voor te bereiden.'

Er werden ook cadeaus uitgewisseld. Zo kreeg Camille een pen en manchetknopen met het persoonlijke zegel en de handtekening van de president. Judith kreeg onder andere een speld voor een shawl, ook met zegel en handtekening.

Na het vertrek van de president ontvingen wij nog een heel persoonlijk cadeau, een juwelenkistje van koper, email en glas met een 19de-eeuwse afbeelding van het Witte Huis en Washington.

Bush op zijn beurt kreeg een kunstzinnig uitgevoerde bronzen kopie van het eerste zegel van het eerste klooster van St. Gerlach uit de 13de eeuw. Op de voorkant staat St. Gerlach afgebeeld als kluizenaar met in de omranding de tekst 'Scovent

Mrs. Condoleezza Rice, minister van Buitenlandse Zaken van de Verenigde Staten, en Philip Geervliet.

Eclesie Beati Gerlaci'. Op de achterkant staat een holle eik. Camille liet een kunstzinnig doosje ontwerpen door de Maastrichtse kunstenaar Paul Tieman. Marike Beker maakte deze bronzen penning.

Laura Bush kreeg een zeldzame originele 17de-eeuwse landkaart van Zuid-Limburg, verpakt in een kunstzinnige kartonnen doos ook gemaakt door Paul Tieman. Op de doos stond de tekst van de kaart vertaald in het Engels.

Condoleezza Rice kreeg een bronzen penning waarop St. Gerlach als pelgrim/kluizenaar in de eik stond voorgesteld. Deze penning was ontworpen en gemaakt door beeldend kunstenaar Ru de Vries. Natuurlijk werd ook het gastenboek ge-

tekend. 'Op de aankomstavond kwam ambassadeur Sobel plotseling naar me toe. "Kom gauw, Condoleezza Rice wil de kerk bezoeken."

Eigenlijk was dat voor een dag later gepland, maar meteen werden de lichten aangedaan in de kerk. Een dag eerder hadden ze de hele kerk onderzocht op bommen, tot en met het orgel. Ik kon haar het hele leven van Sint Gerlachus vertellen, ook de betekenis van het zand liet ze zich uitleggen. Ze heeft zelfs een zakje meegenomen. Ze was merkbaar onder de indruk. Voor ze afscheid nam heeft ze nog haar handtekening in het kerkboek gezet en er enkele mooie zinnen in geschreven. De dag erna was ik om zes uur

President George W. Bush met personeel Château St. Gerlach.

al op het landgoed. We moesten veiligheidshalve door controlepoortjes. Er was nog overleg gevoerd voor het geval dat het echtpaar Bush of de First Lady de kerk wilde bezoeken.

De ochtend begon voor de gasten met een werkontbijt van Bush met zijn hele staf en minister Bot. Ook de Amerikaanse minister van Buitenlandse Zaken Condoleezza Rice en onze minister-president Balkenende ontbeten op de eerste etage in de blauwe zaal. Het protocol was zeer streng. Ze hebben echt een sterrenontbijt gehad. Er werd prachtig geserveerd. Dat had Philip Geervliet de dag ervoor met zijn staf nog goed geoefend. Voor de ramen waren glasgordijnen aangebracht,

om te voorkomen dat je met een kijker naar binnen kon gluren, maar vooral vanwege de veiligheid.

In de bibliotheek was er eerst al om half acht 's morgens een interview door Rick Nieman van RTL met Laura Bush. Omdat zij ooit bibliothecaresse was geweest, had ik in de bibliotheek de mooiste antiquarische boeken uitgestald. In de spiegelzaal vond daarna het ontbijt plaats dat Laura Bush aanbood aan mevrouw van Voorst tot Voorst, de vrouw van de gouverneur, schrijfster Connie Palmen en minister Maria van der Hoeven: een echt damesontbijt.

Bij die gelegenheid zei Laura Bush: "Dames, zal ik jullie een Nederlands verhaal

Condoleezza Rice, minister van Buitenlandse Zaken van de Verenigde Staten, en Philip Geervliet.

vertellen?" En ze deed de geschiedenis van het kogelgat in een trompe l'oeil-spiegel in het château uit de doeken. Geen van de dames kende het verhaal. Na het ontbijt is Bush naar het tuinpaviljoen gegaan waar een discussie plaatsvond met middelbare scholieren. Ook onze minister-president Balkenende was daarbij aanwezig.

Toen kwam het moment om met Laura Bush de kerk te bezoeken. Daar was maximaal tien minuten tot een kwartier tijd voor, want Bush's programma was al wat uitgelopen. Iedereen stond klaar om hen uitgeleide te doen toen ik een telefoontje kreeg dat mevrouw Bush er al aan kwam. De president scheen nog bezig te zijn. Ik liep dus naar de kerk toe, maar ik zag de man die de sleutel had tussen het

publiek staan. Dat vond ik wel vreemd.

In de kloostergang stond mevrouw Bush al met mevrouw Sobel en een hofdame te wachten. Ik maakte kennis met de dames en nodigde hen uit om mee naar de kerk te gaan, maar mevrouw Bush zei: "The door is closed." Maakte ze een grapje? Ik pakte de deurklink en inderdaad, de deur was gesloten. Ik kon wel door de grond zakken. We hadden er vier weken aan gewerkt om de kerk leeg te maken om uiteindelijk de restauratie op de agenda in Den Haag te krijgen. In het belang van de kerk.

Ik was totaal verbijsterd. Ik pakte mijn telefoon, maar ik was zo van de kaart dat ik niet eens meer het nummer van Bart, het hoofd Technische Dienst, wist. Ik belde naar het hotel om zijn nummer te krijgen. Dat duurde even. Eindelijk, eindelijk had ik hem aan de lijn. "Zorg dat iemand met de kerksleutel komt, want de deur is gesloten!" riep ik. Bart werd ook zowat gek op dat moment.

Mevrouw Bush was heel vriendelijk en zei: "Maakt u zich geen zorgen, het is niet uw fout, kom, we gaan samen foto's maken."

De eigen fotograaf van het Witte Huis was erbij en die portretteerde de dames Sobel en Bush met mij tussen hen beiden in.

Laura Bush had zich in een interview laten ontvallen dat ze zich een *desperate housewife* voelde omdat Bush altijd vroeg naar bed ging. Ik zei: "Op dit moment voel ik me een *desperate man*." Ze kon erom lachen, maar even later werd ze toch een beetje ongeduldig omdat ze nog naar haar kamer moest om zich om te kleden. Ze verontschuldigde zich dat ze niet langer kon wachten. Ik heb haar teruggebracht naar het hotel. Het was een gemiste kans, de First Lady van Amerika in de Houthemse kerk. Welke parochie krijgt zo'n kans om in de belangstelling te komen? Ik ben er nog steeds confuus van.'

'Later vertelde de man met de sleutel, die uiteraard door mensen van de pers werd geïnterviewd, dat iemand van de veiligheidsdienst hem gezegd had dat het bezoek was afgelopen. Maar de afspraak was dat de kerk geopend zou blijven, dat alle veiligheidsmaatregelen in stand zouden worden gehouden totdat de president weer in zijn AirforceOne zat. Stel je voor dat er in Margraten een aanslag zou worden gepleegd, dan zou het hele gezelschap uitwijken naar Houthem, want dat was de *safe haven*. De overblijvende leden van de staf die niet mee naar Margraten gingen, moesten ook de gelegenheid krijgen om de kerk te bezoeken.

Ik heb het als een blamage gevoeld. Het heeft een enorme staart gekregen in de pers.

Ambassadeur Sobel kwam daarna naar me toe en zei: "Ik heb gehoord dat jullie een probleem hadden." Een jaar later, tijdens Tefaf, ontmoette ik Sobel weer. 'In het Witte Huis wordt nog steeds gesproken over de gesloten kerkdeur van Houthem," vertelde hij.'

Voordat de president vertrok, nam hij uitgebreid afscheid van de familie Oostwegel, van de staf van het Château en het bedienend personeel. Iedereen mocht met hem op de foto. Is dat misschien de reden geweest dat Hare Majesteit koningin Beatrix in Margraten tien minuten moest wachten op de machtigste man van de wereld, onder een dreigende regenbui?

Met Laura Bush in de kloostergang in afwachting van het openen van de kerkdeur...

Toenmalige ministers van Defensie uit de Verenigde Staten, Canada, Groot-Brittannië, Denemarken, Estland, Roemenië, Australië en Nederland.

De Afghanistan-top

Op 10 en 11 juni 2009 krijgt een bijzondere operatie zoals rond het bezoek van VS-president George W. Bush een soort van herhaling in wat is gaan heten de 'Afghanistan Top'. Toch wel tot verrassing van Camille, maar niet minder van Burgemeester en Wethouders van de gemeente Valkenburg aan de Geul, oppert toenmalig minister van Defensie Eimert van

Middelkoop in het voorjaar van 2009 om een aparte bijeenkomst te beleggen van defensieministers en de militaire top van de acht landen die op dat moment betrokken zijn bij internationale missies in zuidelijk Afghanistan. Onder hen onder meer de Amerikaanse defensieminister Robert Gates. In het vroege voorjaar een jaar later (2010), zal de Nederlandse regering vallen op uitgerekend een eventuele voortzetting van militaire aanwezigheid in het Midden-Aziatische land, maar op Château St. Gerlach beleeft minister Van Middelkoop dit voorjaar van 2009 nog een *finest hour* als officieel gastheer van de top. Die bijeenkomst is feitelijk een uitvloeisel van de grote conferentie op 31 maart 2009 in Den Haag over Afghanistan waartoe de Verenigde Staten Nederland om de organisatie hadden verzocht. Nu op St. Gerlach worden de typisch militaire elementen verder uitgewerkt van wat in Den Haag eerder overeengekomen werd.

St. Gerlach en Houthem als onderdeel van Valkenburg beleven in de aanloop naar en tijdens de top een soortgelijke hoogspanning als eerder bij het bezoek van Bush in mei 2005. Opnieuw worden het château en zijn omgeving een vesting. Minister Van Middelkoop verklaart St. Gerlach zelfs voor de duur van de top tot officieel militair object. In drie cirkels worden veiligheidszones ingericht, die ook directe consequenties hebben voor de inwoners van een deel van Houthem die dan in de middelste zone komen te verkeren. In de buitenste zone gelden een verhoogde waakzaamheid en een noodverordening die de gemeente vrij baan biedt bij eventueel (politie)ingrijpen. De middelste zone is alleen toegankelijk voor mensen die daar wonen of werken terwijl de binnenste zone geheel militair gebied wordt, waar iedereen bij betreden een speciale toegangspas nodig heeft en

gefouilleerd wordt. Voor de totale bewaking worden behalve onderdelen van de Koninklijke Landmacht ook nog eens 750 mensen van politie en marechaussee ingezet. Kort na sluiting van de top worden alle speciale maatregelen weer ingetrokken en kan St. Gerlach terugzien op een geslaagd evenement waarin het twee dagen lang alle ogen van de, vooral westerse, wereld op zich gericht wist. Op het domein van het château is de Afghanistan-top vereeuwigd door het planten van een vredesolijfboom door minister Van Middelkoop.

Eimert van Middelkoop, toenmalig minister van Defensie, plant een vredesolijfboom.

Clos St. Gerlach

Wijnbouw op eigen grond. Franser dan Frans kan Camille het in 2007 niet bedenken voor zijn domein op St. Gerlach als de verdere invulling van de terreinen weer eens door zijn hoofd speelt. Direct buiten de zuidelijke muur van Château Neercanne bestaat dan al jaren een wijngaard, maar deze staat - onder leiding van Neercannes directeur Peter Harkema - toch voornamelijk in de hobbysfeer. Jaarlijks is daar een klein oogstfeestje, maar Harkema heeft het tot nu toe niet aangedurfd om het eigen product van de druif pinot noir op de wijnkaart van Neercanne te zetten.

Voor St. Gerlach moet dat anders kunnen, vindt Camille als op St. Gerlach begin 2008 de eerste grondmonsters worden genomen om te bezien of de gronden meteen achter de muur langs de Onderste Straat - pal zuidwaarts gericht - geschikt voor wijnbouw zijn. 'Al bij de herinrichting van het domein in de tweede helft van de jaren 90, illustreert Camille de aanloop, 'zijn we al gaan bekijken wat we met de verschillende stukken grond zouden kunnen doen. Daarbij stond van meet af aan vast dat niet alles in één keer mogelijk was. De restauratie van het kasteel en de pachthof tot hotel-restaurant

plus de invulling van de direct daaromheen gelegen stukken grond hadden uiteraard eerste prioriteit. In de jaren daarop zijn we stap voor stap verder gegaan. Zo zijn in de loop der jaren de Koningin Juliana Rozenhof ontstaan, de kruidentuin en de boomgaard. De muur langs de Onderste Straat leek mij door zijn ligging altijd al heel uitnodigend voor het planten van wijnstokken.' Nadat de grondmonsters kansrijk uitwijzen, worden in mei 2008 de eerste 300 stokken geplant. Bij de keuze voor het druivenras stond vast dat er iets anders moest komen dan de overal in Zuid-Limburg aangeplante müller-thurgau of riesling. 'Ik wilde iets dat hier wat minder gangbaar is.' De keuze valt op pinot noir, de druif van zowel de Bourgogne als de Champagne-streek. Ook in de Elzas komt, als enige rode, pinot noir voor, maar daar levert deze druif lichtere rode wijnen op dan in de zuidwestelijker gelegen Bourgogne. Zuid-Limburg wijkt geografisch van deze Franse regio's aanzienlijk af, maar dat de pinot noir hier kan aarden en opbrengst leveren, is dan al bewezen, onder andere op Neercanne.

Kort na de aanplant raakt Camille in ge-

Inzegening van wijngaard Clos St. Gerlach door pastoor Alain Tardier.

sprek met Maurice Soomers van wijngaard De Fromberg in Ubachsberg. Daar had Soomers' schoonvader Paul Wiertz begin jaren 90 besloten om rond zijn 'pensionering' een deel van zijn landbouwgronden op de steile helling van de Fromberg, experimenteel te bestemmen voor wijnbouw. Anno 2008 is De Fromberg alweer lang een gerenommeerd wijnbedrijf. 'Tijdens mijn gesprek met Soomers rees voor het eerst de gedachte om van de druiven op St. Gerlach een rosé méthode champenoise te maken,' vertelt Camille.

Op 27 november 2008 wordt de wijngaard - die inmiddels de typisch Bourgondische naam 'Clos' gekregen heeft: Clos St. Gerlach (met klemtoon op de a, à la Française!) - officieel gewijd door pastoor Alain Tardier van de St. Martinusparochie in Maastricht. Hij is van Franse origine en heeft als zoon van een boerenfamilie in zijn jonge jaren nog in de Champagnestreek gewerkt. Wat kan de Clos St. Gerlach zich nog meer en beter wensen? Bovendien smeken Judith en Camille samen met de pastoor extra kracht en vrijwaring van ziektes af voor de stokken door aan het

Eerste druivenoogst, oktober 2010. Plukkers: team van de Fromberg, restaurantbrigade Château St. Gerlach, chef-kok Otto Nijenhuis, Judith & Camille Oostwegel sr. en waarnemend directeur Château St. Gerlach Edmond Pinczowski.

einde van de plechtigheid gewijd zand uit de tombe van St. Gerlach over de wijngaard uit te strooien. De feestelijkheden, waarbij in de steenkoude buitenlucht door een keur aan genodigden vervolgens het glas geheven wordt, zijn die dag gekoppeld aan de onthulling van de nieuwe pelgrim van Ru de Vries die het oude, gestolen exemplaar vervangt, en de doop van het boek *Joie de Vivre.*

In 2009 worden nog eens bijna 300 stokken bijgeplant. Daarmee staat vanaf dat moment het hele stuk grond ten zuiden de muur met wijnstokken vol. De 'vigne' springt nogal in het oog doordat aan de voet van de stokken grote afge-slepen keien zijn aangebracht met een tweeërlei doel: minder onkruid en dus onderhoud en, belangrijker, extra afgifte van warmte gedurende de nacht die in de stenen overdag opgeslagen wordt. En, vult Camille aan: 'Behalve dat het esthetisch oogt en een extra bescherming biedt tegen winterkou, krijg je ook nog eens het effect dat in de loop van de tijd mineralen uit de stenen in de bodem zullen komen. Met alle kwaliteitsverbetering voor de wijn, die dat oplevert.'

In de zomer van 2010 vraagt Camille de families Wiertz en Soomers om het onderhoud van de nieuwe wijngaard voor hun rekening te nemen. Daaronder valt niet in de laatste plaats het verwerken van de druiven tot een mousserende rosé, waarmee De Fromberg dan inmiddels al enige jaren zelf ervaring heeft. Op 1 oktober 2010 wordt tijdens een stralende nazomerdag de eerste oogst binnengehaald. Voor deze mijlpaal komen behalve de mensen van De Fromberg, ook Judith en Camille in actie en ook chef-kok Otto Nijenhuis, zijn restaurantbrigade, waarnemend directeur Edmond Pinczowski van Château St. Gerlach en zelfs enkele enthousiaste gasten.

Eind 2011 werden de eerste flessen van deze Clos St. Gerlach Rosé Brut geproduceerd. Als eenmaal alle stokken volgroeid zullen zijn, mag op een opbrengst van 500 à 600 flessen per jaar worden gerekend. Ze zijn in beginsel bestemd voor de wijnkaart van het eigen restaurant van Château St. Gerlach. Gepresenteerd met

Oktober 2010.

een door Françoise Oostwegel ontworpen etiket. 'Het moet wel exclusief worden en blijven,' vindt Camille. 'De wijngaard is daarbij ook goed te benutten als ontvangstplek bij mooi weer en voor diverse evenementen in de buitenlucht. En de cirkel is straks mooi rond op deze manier, want onze filosofie voor St. Gerlach is: zoveel mogelijk producten van eigen bodem.'

Oktober 2010.

KRUISHEREN-HOTEL MAASTRICHT

VAN KRUISHERENKLOOSTER TOT KRUISHERENHOTEL

Wellicht is er in monumentenstad Maastricht geen klooster-complex te vinden, dat de eeuwen zo compleet en relatief zo ongeschonden heeft doorstaan als dat van de Kruisheren. Het is een van de fraaiste gotische monumenten van Maastricht.

Voor de oorsprong van het Kruisherenklooster gaan we terug naar de 15de eeuw. In zijn Chroniek van Maastricht uit 1915 vermeldt de rijksarchivaris van Limburg A.J.A. Flament: 'In 1438 kwamen de Kruisbroeders uit Venlo en Namen te Maastricht en begonnen dadelijk een klooster en kerk te bouwen op den Kommel, met eenen langen uitgang op de Brusselschestraat.'

Gast-Vrijheid.

Hoe het Kruisherencomplex in het begin van de 21ste eeuw in handen van Camille Oostwegel sr. kwam, is een geschiedenis die hiernavolgend dagboeksgewijs uit de doeken wordt ge-daan, waarbij ook persoonlijke notities van Rosalie Sprooten zijn opgenomen.

Vrijdag 8 december 2000

Het bestuur van het Maastrichtse museum Spaans Gouver-nement* is in vergadering bijeen. Camille Oostwegel sr. is een van de bestuursleden. Ook aanwezig, als adviseur, is Rob Brou-wers van architectenbureau Satijn. Er wordt al discussie gevoerd over een onderwerp terwijl de vergadering nog niet echt begon-nen is. Iemand roept: 'Dan gaan we toch naar het Kruisheren-klooster!'

'Ja, sinds twee weken kan dat weer,' zegt Brouwers, 'want het Filmhuis gaat definitief niet door.'

Camille hoort het en vraagt meteen: 'Is dat waar wat je daar zegt? Is het Kruisherenklooster weer vrij?'

'Momenteel wordt het nog gebruikt als repetitieruimte door Opera Zuid,' zegt Brouwers, 'op termijn is er nog geen bestem-ming voor het klooster en de kerk.'

'Kijk eens of daar een hotel in kan,' vraagt Camille. Brouwers

Rosalie Sprooten en John Hoenen op 'veldonderzoek'.

belooft hem plattegronden te sturen en met Theo Bovens te bellen, op dat moment wethouder Stadsontwikkeling en Grondzaken in Maastricht.

Zaterdag 9 december 2000

Camille belt met Brouwers. 'Hoe kom ik aan dat gebouw? Ik moet 60 hotelkamers kunnen realiseren.' Nog diezelfde dag gaat hij met zoon Camille jr. en dochter Françoise het gebouw bekijken.

Dan volgt een weekend druk telefoneren met Rob Brouwers. Deze meent dat een aantal van 60 hotelkamers niet haalbaar is. Maar Camille is hevig geïnspireerd door de mogelijkheden die het gebouw biedt, en door het getal 60.

Hij weet meteen dat het een stadshotel moet worden, waar mensen doorgaans maar enkele dagen verblijven. Aan een restaurant denkt hij niet. Hij vraagt Brouwers om bij de gemeente te polsen naar de mogelijkheden.

Maandag 11 december 2000

Brouwers bezoekt in Zeist een vergadering van Monumentenzorg. Op de terugweg in de trein ontmoet hij per toeval wethouder Bovens, in gezelschap van ambtenaar Mennens, belast met monumentenzaken. De heren kennen elkaar. Bovens vraagt aan Brouwers om bij hen te komen zitten. 'Dat komt goed uit,' zegt die, 'want ik wilde je iets vragen.' Tijdens deze reis legt Brouwers aan Bovens het plan van Camille voor. De wethouder is even verwonderd als verrast. Als Oostwegel dat zou willen, een hotel midden in de stad...

De heren raken enthousiast en eer ze Eindhoven hebben bereikt, is de zaak in zoverre beklonken dat ze afspreken het plan verder serieus te onderzoeken.

Dinsdag 12 december 2000

Rob Brouwers belt Camille om hem te informeren over zijn ontmoeting en het gesprek in de trein en zegt dat hij rechtstreeks met Bovens kan bellen. En dat gebeurt ook.

Pandhof voor de renovatie.

Donderdag 14 december 2000

Camille spreekt op het stadhuis met wet- houder Bovens en mevrouw ir. Pascalle Satijn, die namens de gemeente het Kruisherenklooster in haar takenpakket heeft. Bovens en Oostwegel lopen na het gesprek via de Grote Gracht naar de Kommel.

De wethouder leidt Camille rond door de kerk en het vervallen klooster.

Dinsdag 19 december 2000

Diner met de studiekring Thomas More - waar Camille deel van uitmaakt en deze avond bij aanwezig is - op Château Neercanne. Spreker is Thomas Lepeltak van de *Telegraaf*. Hij blijkt al op de hoogte te zijn van de plannen rond het Kruisherenklooster, maar belooft te zwijgen in ruil voor de primeur.

Het uitlekken van wat voorlopig geheim had moeten blijven, zint Camille niet. Het lek moet bij de gemeente zitten.

Woensdag 20 december 2000

Een tweede gesprek met wethouder Bovens ten stadhuize. Omdat Camilles voorzitter van de Raad van Commissarissen, Jo Eenens, verhinderd is, gaat commissaris Thijs Brand mee.

Camille bezoekt boekhandel De Tribune in Maastricht en vraagt naar het boekje *Maastrichts Silhouet* over het Kruisherenklooster.

'O, ga je dat eindelijk restaureren?' roept Robert Jan Wesley van de boekhandel uit.

'Nee, nee,' zegt Camille, 'ik heb alle boekjes, alleen het Kruisherenklooster ontbreekt.'

'Dat zullen we nog wel zien,' zegt Wesley.

Donderdag 21 december 2000

Camille bespreekt in de Raad van Commissarissen zijn plannen. Om geen ruchtbaarheid aan het nog prille idee te geven, heet het Kruisherenplan vooralsnog het 'Centrumproject'. Er mag niets uitlekken. Nog diezelfde dag bezoeken ze samen het Kruisherencomplex.

Vrijdag 22 december 2000

Camille Oostwegel sr. stuurt wethouder Bovens een strikt vertrouwelijk verslag van de bespreking op 20 december 2000 op het stadhuis.

Tijdens die bespreking heeft Camille te kennen gegeven dat hij in principe bereid is het Kruisherencomplex te restaureren en in zijn oude historische luister te herstellen. In het klooster, de kerk en de bijbehorende poortwachterwoning zal dan een hotel van het Oostwegelconcern worden gerealiseerd, dat voldoet aan hoge architectonische en decoratieve kwaliteitseisen.

Camille informeert naar de mogelijkheden en voorwaarden van de gemeente. Enige jaren geleden heeft de gemeente het complex van het Rijk verworven voor 1 gulden en 160.000 gulden voor de 'portierswoning'.

De gemeente is in principe bereid het Kruisherencomplex tegen de destijds afgesloten condities door te verkopen. Wellicht zullen wel enkele van gemeentewege gemaakte kosten worden doorberekend. Er rusten geen claims en belemmeringen van derden op het complex.

Wel blijkt André Rieu ook interesse in het klooster te hebben. De gemeente, voor Camille zijn enige gesprekpartner, moet hem dat pro forma meedelen, maar al spoedig blijkt dat Rieu inmiddels ook alweer heeft afgehaakt. Monumentenzorg heeft een voorlopige subsidie toegekend van circa 3,4 miljoen gulden. Voorwaarde: start voor eind 2001.

Een horecabestemming in het complex is mogelijk. Er bestaan plannen om de omgeving te upgraden en mogelijk een ondergrondse parkeergarage te realiseren, zodat het plein vrij van auto's wordt en een fraaier stedelijk aanzien vormt met het monumentale ensemble en de omgeving. Er wordt afgesproken dat op 4 januari de gemeente met een schriftelijk voorstel komt.

Vrijdag 5 januari 2001

Gesprek met wethouder Bovens en mevrouw Satijn. Die melden dat de kwestie al in het college aan de orde is geweest.

Er is een brief gestuurd met afspraken. Louis Prompers, directeur Dienst Stadsontwikkelingszaken en Grondzaken krijgt opdracht een nota te maken.

Vrijdag 19 januari 2001

Er is een misverstand over de brief en over een onderhoud dat zou komen. Camille weet dat de wethouders zich positief hebben uitgesproken. Er is een bespreking gepland voor 8 februari 2001. Dan zullen kerk, het poortwachtershuis en het klooster bekeken worden. Een idee van Brouwers is om de pandhof te overkappen en er een ontbijtruimte van te maken.
De kerk blijft dan beschikbaar voor culturele activiteiten.

Op 7 februari zal een bespreking met Louis Prompers plaatsvinden.

Zaterdag 10 februari 2001

Wethouder Leenders van Cultuur laat weten dat hij in gesprek is geweest met Natuurmonumenten, omdat er sprake van zou zijn dat die wegens betrokkenheid bij de restauratie van Maastrichtse vestingwerken ook bemoeienis met het Kruisherencomplex zou kunnen krijgen. Daardoor is het nog altijd niet zeker of de plannen van Camille doorgang kunnen vinden.

Woensdag 14 maart 2001

Prompers brengt naar aanleiding van het gesprek van 7 februari aan Camille verslag uit van het standpunt van de gemeente: 'Het college heeft met instemming kennisgenomen van uw initiatief en dan ook op 20 februari besloten in principe akkoord te gaan met de overdracht aan u van het Kruisherencomplex, gelegen Kruisherengang 19-21-23 te Maastricht. De vorm van de overdracht dient nog nader te worden bekeken, uitgangspunt hierbij is de eeuwigdurende erfpacht of verkoop met het eerste recht van (terug)koop. De som van overname zal worden bepaald op basis van de haalbaarheid van het plan en de door de gemeente gemaakte kosten voor het complex. Deze haalbaarheid zal door u worden aangetoond middels een nadere studie.

Geschiedenis
Kruisherencomplex

GRONDSLAG EN STICHTING

Theodorus de Celles, afkomstig uit Celles, een leengoed van het bisdom Luik, nam in 1188 onder aanvoering van de Roomse keizer Frederik Barbarossa deel aan de derde kruistocht naar het Heilige Land. Nadat hij ook nog in Zuid-Frankrijk tegen de Albigenzen - vermeende ketters - had gevochten, keerde hij naar Luik terug. Daar deelde hij de Luikse prins-bisschop Hugo le Pierrepont mee verder van zijn

waardigheid als kanunnik af te zien. De bisschop schonk hem als waardering voor die daad de kapel van Sint Theobald in Hoei bij de stad Luik, waar Theodorus zich met vier andere priesters vestigde om zich aan de verering van het Heilig Kruis te wijden en bovendien naar de regel van de heilige Augustinus te gaan leven.

Daarmee was eigenlijk al in 1211 de grondslag voor de orde van de Kruisheren gelegd. Nadat Theodorus in 1236 overleed, werd hij opgevolgd door Petrus de

Het Rijks Landbouw Proefstation in het Kruisherenklooster.

Walcourt, die de grondslagen van Theodorus overnam. Op 1 oktober 1248 gaf paus Innocentius IV zijn goedkeuring en kreeg de nieuwe orde verschillende privileges.

De Kruiserenkerk aan de Kommel stond destijds buiten de eerste omwalling van Maastricht. Vermoedelijk vonden de Kruisheren op die plek meer grond beschikbaar dan in de dicht bebouwde binnenstad. Hier konden nog betrekkelijk ruime kloostergebouwen worden gevestigd. Het begon allemaal met vijf huisjes, waartegen een klooster met drie vleugels werd gebouwd.

Het geheel was in 1436 samen met een tuin geschonken door de Maastrichtse patriciër Egidius van Elderen, met als voorwaarde de realisering van een klooster voor Kruisheren. De schenking werd in 1438 aanvaard.

Het kloosterplan van de 'Kruisheren of cruisbroederen' werd kerkelijk goedgekeurd door het kapittel van Hoei en de bisschop van Luik, Jan van Heinsberg.

In een acte had het Sint-Servaaskapittel zijn toestemming al drie maanden eerder gegeven. De voornaamste zin erin luidde: 'Het klooster zal gebouwd worden op het grondgebied van Servaas en binnen de parochie van St. Jan, waar missen gecelebreerd mogen worden. Het klooster van Venlo zal als moederklooster fungeren.'

Op de plaats waar de kerk moest komen te staan, zetten de Kruisbroeders - pas later werden ze in de volksmond Kruisheren genoemd - eerst een houten noodkerkje met een dak van stro neer. Bouwmeesters van het later in laatgotische stijl opgetrokken koor waren Petrus Toom en Johannes van Haeren. Nadat tijdens de heiligdomsvaart van 1440 de eerste steen

Kruisherencomplex ten tijde van het Rijks Landbouw Proefstation.

voor de fundamenten was gelegd, duurde het echter nog tot 1459 voordat het koor van de kerk klaar was. Door blikseminslag en brand ging de daaropvolgende jaren het een en ander verloren, maar met hulp van de stedelijke ambachtsgilden stond er toch steeds weer een kerk van het Heilig Kruis. In de decennia erna werden de kloostergebouwen uitgebreid en ingericht met een kapittelzaal, een refter en een boekerij.

De gotische kerk met zijn fraaie en interessante combinatie van rib- en kruisribgewelven heeft prachtige kapellen. Vijf ervan sieren de zuidwand van de kerk. In een kapel bevinden zich wandschilderingen, die het leven van de heilige Gertrudis (Gertrudis van Nijvel) uitbeelden. De wandschilderingen hebben in de loop van

de geschiedenis ernstig geleden, maar blijven 'historisch' mooi. Dankzij de niet te hoog geplaatste ramen wordt in de kerk een pittoresk spel van licht en schaduw opgeroepen.

Van buitenaf gezien komt het complex over als een grote kerk, waar de kloostergebouwen als het ware tegenaan zijn geplakt. Net als het klooster is de kerk - van het Maaslandse type - voor een belangrijk deel opgetrokken uit mergel, met als steunende ondergrond Naamse steen.

In de westgevel is de zachte mergel deels vervangen door de hardere Nivelsteiner zandsteen. Die laatste steen werd ook in de zuilen van de kerk gebruikt. Alle kelders van het kloostercomplex hebben een tongewelf.

Laboratoriumruimte.

Kruisherenhotel – 15de-eeuws koorgewelf.

BOEKEN

Hele generaties Kruisheren hielden zich - naast het bedienen van hun convent - bezig met het schrijven, kopiëren, verluchten en inbinden van boeken. Door de voortreffelijke kwaliteit ervan veroverden ze een klinkende naam in Maastricht en zelfs tot ver over de landsgrenzen. Maar toen meester-drukker Jacobs Baten de eerste drukkerij in Maastricht vestigde, was er weinig vraag meer naar het ouderwetse monnikenwerk. De Kruisheren zochten en vonden nieuwe werkzaamheden en taken. Ze richtten zich nu op het bedienen van de kloostergemeenschappen in Maastricht die zelf geen priesters in de gelederen hadden, zoals die van de naburige Celebreer, de Grauwzusters in de Heksenhoek en de Sepulchrijnen aan de Ezelmarkt. Ook fungeerden ze als 'custodes', kosters of bewakers dus, onder meer bij de St. Maartenskerk in Wyck.

Door dit alles stegen de Kruisheren in aanzien bij zowel de stedelijke overheid als de Maastrichtse burgerij. Hun reputatie groeide nog verder toen de kloosterlingen er tijdens de pestepidemie van 1529 voor kozen om besmette zieken te verplegen.

In de volgende jaren traden heel wat jonge mensen uit de stad tot de orde toe.

Op een gegeven moment bestond zelfs meer dan de helft van de communiteit uit Maastrichtenaren.

Na de inname van Maastricht in 1579 door de Spanjaarden onder Parma, werd er onnoemelijk veel in het kloostercomplex vernield en gingen belangrijke en waardevolle stukken verloren. Gelukkig konden de Kruis- broeders hun prachtige bibliotheek grotendeels in de stad Aken in veiligheid brengen.

Maar in de volgende eeuw brachten belegeringen door Frederik Hendrik in 1632 en die van Zonnekoning Lodewijk XIV in 1673 nieuwe rampspoed voor Maastricht.

In de 17de en 18de eeuw zijn er nog panden tegen de kloostermuren aangebouwd, die echter, net als de oorspronkelijke huisjes, op een enkele woning na in de loop van de historie verdwenen zijn.

TIARA

Er is intussen heel wat gerestaureerd in klooster en kerk. Bij de jongste verbouwing tot Kruisherenhotel Maastricht ontdekte men in de zuidmuur van het koor toevallig een deels beschadigd, gebeeldhouwd schild. In de afbeelding zelf zien we boven in het schild een pauselijke tiara met het embleem van de Kruisheren. In het onderste deel zijn twee gekruiste sleutels met een ketting te zien.

Volgens kunsthistoricus Paul le Blanc gaat het hier om een later in de kerk aangebracht bewijs uit 1318 van de Franse Paus Johannes XXII, die er de toen al in Maastricht aanwezige Kruisheren kerkelijk mee erkende. Een belangwekkende en cultuurhistorisch unieke afbeelding.

GELIEFD

De Orde van het Heilig Kruis, waartoe de Kruisheren in Maastricht behoorden, wordt gekarakteriseerd als een op zichzelf staande orde van reguliere kanunniken met een zich ten opzichte van andere orden onderscheidend karakter. In Maastricht hebben de Kruisheren zich bijzonder geliefd gemaakt.

Hun door de eeuwen heen wisselende ordekleding - steeds met de symbolische verwijzing naar het kruis - toonde doorgaans hun grote wereldse betrokkenheid. Ze waren onder andere populair door hun zorg voor armen en zieken, door - in het begin van hun bestaan - het kopiëren van boeken, het naar buiten treden en hun gastvrijheid voor inwonende gasten, die zich voor het leven in het klooster konden inkopen.

De Franse tijd werd de Kruisheren noodlottig. Was het kloostercomplex eerder al als munitiedepot, kazerne en garnizoensbakkerij gebruikt, in 1797 werden de kloosterlingen definitief uit de gebouwen verjaagd, waarna het bestaan van hun kerkelijke orde in Maastricht niet meer zou worden hersteld.

HET RIJKS LANDBOUW PROEFSTATION

De vader van de Nederlandse monumenten, Jonkheer Victor de Stuers, heeft een belangrijke rol in de geschiedenis van het Kruisherencomplex gespeeld. Aan zijn goede zorgen is het te danken, dat de kloostergebou- wen in 1897 grondig werden gerestaureerd. In 1905 volgde het herstel van de jongste gotische (Kruisheren)kerk van Maastricht.

'Geen beter middel tegen verval dan een goede bestemming', was de lijfspreuk van De Stuers - Camille Oostwegel sr. zal hem niet tegenspreken. Aan het eind van de 19de eeuw haalde De Stuers juichend het in Nederland opgerichte Rijks Landbouw Proefstation naar Maastricht. Het bedrijf zou vanaf 1898 geleidelijk aan het hele kloostergebouwencomplex van de Kruisheren in beslag gaan nemen. In 1914 nam het uit Wageningen afkomstige bedrijf het meststofonderzoek van het hele land op zich, in 1939 uitgebreid met dat van veevoeders. In 1941 werd zelfs de kerk, die normaal als archief fungeerde, als fabrieksmagazijn in gebruik genomen - wat onder andere het interieur niet bepaald ten goede kwam.

Het Rijks Landbouw Proefstation was als instituut niet bijster bekend bij de Maastrichtenaren, doordat de meeste personeelsleden niet uit Maastricht kwamen en weinig van de voorgeschiedenis van het Kruisherencomplex wisten. Maar toch groeide er bij deze werknemers een band met het gebouw en zijn vroegere bewoners.

Dat kwam al in 1914 tot uiting toen het bedrijf een beeld van 'De Kruisheer' liet vervaardigen door rijksstempelsnijder J.C. Wienecke. Het houten beeld heeft jarenlang een eervolle plaats op de kast van de directeurskamer ingenomen.

Begin jaren 70 viel de beslissing om het Rijks Landbouw Proefstation naar Wageningen te verplaatsen. Op last van het ministerie van Landbouw en Visserij zou daar een Rijksinstituut voor landbouwproducten in het leven worden geroepen. Maar pas tien jaar later ging dat plan echt door, zodat de employés in ieder geval nog de gelegenheid hebben gekregen om in 1979 het 75-jarig bestaan van het station in Maastricht te vieren.

Op 14 mei 1985 kwam 'de reizende paus' Johannes Paulus II persoonlijk naar de Maastrichtse Sint Servaaskerk en verhief ze tot basilica minor.

In 1983 was er een restauratiecampagne van deze kerk op touw gezet, die in de volgende tien jaren definitief zijn beslag kreeg. Daardoor kwam de vroeger al voor verschillende doeleinden gebruikte Kruisherenkerk weer in beeld. Na een restauratie kreeg de nabij gelegen, voormalige kloosterkerk aan het Kommelplein opnieuw een (uitgebreide) parochiële functie, die ze in die periode jarenlang zou behouden. Tot 1993, het jaar waarin de volledig gerestaureerde Sint Servaaskerk weer haar deuren opende.

Toen in 2004 het hoogste punt in de restauratie van het Kruisherenhotel werd gevierd, was het precies 25 jaar geleden dat het Rijkslandbouwstation na 75 jaar Kruisherencomplex naar Wageningen was vertrokken.

In het kader van de viering van die feiten brachten de in een reünie bijeengekomen werknemers en oud-werknemers van het voormalige Rijkslandbouwproefstation het beeld 'De Kruisheer' in een feestelijke stoet naar het hotel en boden het directeur-eigenaar Camille Oostwegel sr. 'in permanente bruikleen' aan.

Die toonde zich zeer erkentelijk en beloofde het beeld een blijvende, centrale plaats in zijn Kruisherenhotel Maastricht te geven.

Daarmee was De Kruisheer symbolisch naar zijn oude woonplaats teruggekeerd.

Laboratoriumzaal (circa 1970).

Directeurskamer (nu kamer 11 in het Kruisherenhotel).

De president van Europa Nostra Z.K.H. de prins-gemaal van Denemarken bezoekt de restauratie van het Kruisherencomplex.

Voorshands gaan wij uit van een koopsom van fl. 1.000.000,-

De reeds door de gemeente verkregen (rijks)subsidie in het kader van het BRRM (Besluit rijkssubsidiëring restauratie monumenten) zal integraal worden overgedragen, gekoppeld aan restauratieplicht van het complex. De reeds hiertoe aan de gemeente verleende bouw-, sloop- en monumentenvergunning zullen hier deel van uitmaken. De situatie met betrekking tot het Kommelplein dient als wezenlijk onderdeel te worden beschouwd van de totale planopzet rondom het Kruisherencomplex.'

Voorts wordt opgemerkt dat de gemeente de huidige gebruiker van de Kruisherenkerk, Stichting Opera Zuid, alternatieve huisvesting aanbiedt. De daadwerkelijke overdracht van het complex zal hiermee samenhangen.

Vrijdag 30 maart 2001

Tijdens het Europa Nostra Congres in Maastricht maakt Camille bekend dat 'in overleg met de gemeente het Kruisherenklooster aan de Kommel zal worden gerestaureerd en uitgebaat als 'hotel- garni'. Zoals afgesproken krijgt het Stan Huygens Journaal de primeur.

Woensdag 8 augustus 2001

Besluit van de cultuurtocht van dat jaar (een fenomeen waarop later in dit boek wordt teruggekomen). Judith en Camille praten op St. Gerlach na met een drietal bevriende deelnemers aan de tocht. Het Kruisherencomplex komt ter sprake.

'Weet je al hoe je de inrichting gaat aanpakken?' vraagt een van de vrienden. 'Zou je het niet eens heel anders doen dan alles wat je tot nu toe hebt aangepakt? Hypermodern bijvoorbeeld. Dan bereik je bovendien een heel nieuw marktsegment, zeker in een internationale stad als Maastricht.'

Judith is meteen enthousiast, Camille aarzelt. 'Ik heb weinig contacten in de wereld van eigentijds design.' Dan springt een van de andere vrienden in: 'Maar ik wél!'

En zo valt bij de Oostwegels voor het eerst de naam van ontwerper en binnenhuisarchitect Henk Vos van Maupertuus in Groningen. Enkele maanden later zal de vriend die 'Ik wél!' had geroepen, op de Woonbeurs in Amsterdam Henk Vos tippen dat zijn naam bij Camille is gedropt. De kiem voor een bijzondere samenwerking tussen noord en zuid is gelegd.

Vrijdag 10 augustus 2001

'Het vroegere klooster is ruim in verval. Kapotte ramen, het glas in lood verbogen. Wel tien keer dezelfde affiche achter het vensterglas geplakt. "Geluk", lees ik.

Dichterbij komend zie ik de aankondiging van een toneelstuk. "Sera speelt Geluk van Maximilian Dauthenley van 21 augustus tot 4 september 1999."

Nu repeteert Opera Zuid nog in de kerk van dit complex. Het voormalige kloostergebouw is overgelaten aan verval, aan vlagen van weer en tijd. Zo vlak bij het beroemde Vrijthof lijkt deze plek op een rottende kies.' (RS)

Dinsdag 11 september 2001

De wereld wordt geschokt door een zware terroristische aanval op hét handelscentrum van Amerika. Diezelfde dag, slechts enkele uren later, komt er een telefoontje waarin wordt gemeld

Van Gulpengang - Kruisherenhotel.

dat er 300 overnachtingen worden geannuleerd. In de daarop volgende dagen volgen nog meer afzeggingen. Men durft niet meer te vliegen.

'Een strop van 200.000 gulden,' zegt Camille. 'Ik zal even pas op de plaats moeten maken.' De consequentie daarvan is dat de geplande eerste steenlegging van het Kruisherencomplex in december voorlopig niet door kan gaan.

Dinsdag 9 oktober 2001

Camille reist met Jo Eenens naar Eindhoven voor een afspraak in Novotel over financiering voor het Kruisherenklooster. De Nationale Investerings Bank (NIB), sinds 1982 'investment banker' van de Oostwegel-zaken, doet moeilijk. Gesprekspartner de heer Volbeda is zeer negatief en afwijzend en raadt Camille aan een van zijn zaken te verkopen om zodoende de komende barre tijden door te komen.

Zijn verwachting is dat, vanwege de relatie van de Britse premier Tony Blair met de Amerikaanse president George W. Bush, binnen afzienbare tijd ook Engeland door een terreurdaad zal worden getroffen, met alle gevolgen van dien voor de Europese economie.

Camille is zeer teleurgesteld dat een investeringsbank juist in een moeilijke tijd niet ondersteunend is. 'Angsthazerij,' vindt hij.

Voorjaar 2002

Camille, verzamelaar van de prenten van Ph.G.J. van Gulpen (1792-1862), koopt een waardevolle verzameling van 110 stuks.

Hij voert gesprekken over het Kruisherencomplex bij Theo Bovens. De koopakte is in voorbereiding.

Camille bezoekt Fons Asselbergs, hoofd Monumentenzorg in Zeist, om over het Kruisherenmonument te overleggen. De voorbereidende ontwerpen zijn klaar. Het plan is om in de kerk een ontvangstruimte te realiseren met een glazen lift die de gasten naar de derde verdieping brengt.

Waarschijnlijk is de gemeente bereid het complex te verkopen.

Donderdag 29 augustus 2002

Camille vertelt dat de ABN AMRO, zijn huisbankier, moeilijk doet over de medefinanciering voor de renovatie van het Kruisherenklooster. Hij is er behoorlijk kwaad over geworden en zal nu met een andere financier in zee gaan. 'Ik zal ze het laten voelen!'

Woensdag 4 september 2002

Het *Limburgs Dagblad* kopt: 'Maastricht verkoopt kerk aan Oostwegel. [...]

De kogel is door de kerk. Zodra de akte bij de notaris is ondertekend, kan Oostwegel beginnen met de verbouwing van het complex tot luxueus hotel-garni.'

Het artikel vermeldt dat Oostwegel eerst maar 1 euro wilde betalen voor het hele complex omdat de gemeente het ook voor niks had gekregen, maar dat wethouder Bovens vond 'dat de gemeente de afgelopen jaren heel wat geld in dat complex had gestopt' en dat beide partijen het eens werden over een prijs van 450.000 euro.

Midden in het artikel prijkt een foto van Camille. Judith is niet blij met het noemen van de prijs. Het zou sommige mensen op verkeerde gedachten kunnen brengen.

Het verontrust haar. Ze is ook bezorgd over Camille. Dat hij een nieuw project begint in plaats van eerst alles rondom het landgoed in Houthem, St. Gerlach, te voltooien.

Nu de cijfers wat tegenvallen, is Camille chagrijnig, vooral ook omdat de ABN AMRO niet tegemoetkomt aan zijn wensen om de restauratie van het Kruisherenklooster mee te financieren. 'Wat heb je aan een bank die met de ondernemer geen risico's durft te nemen?' vraagt Judith zich af.

Donderdag 19 september 2002

Mattijs Kaak, persoonlijk assistent van Camille, reist naar Groningen om poolshoogte te nemen in de zaak Maupertuus van binnenhuisarchitecten Henk Vos en Zonen. Na terugkeer brengt hij zijn indrukken over aan Camille.

Maandag 23 september 2002

'Op woensdag 25 september 2002 zal het contract voor de overdracht van het Kruisherencomplex worden getekend,' meldt Camille.

Hij vertelt dat een en ander zijn beslag krijgt onder ontbindende voorwaarden. Zo moet Opera Zuid tijdig vertrokken zijn en wil Camille garanties dat het plein aan de Kommel autovrij gemaakt wordt.

Woensdag 25 september 2002

De ondertekening is niet doorgegaan omdat er nog wijzigingen in de akte moeten worden aangebracht. De avond ervoor was geen ambtenaar bereikbaar om nog enige vragen te beantwoorden en de broodnodige zaken te regelen.

Mr. Philip Houben was aanwezig als voorzitter van de Stichting Monumentaal Erfgoed Limburg (SMEL). Camille is teleurgesteld over het uitblijven van medewerking van de ambtenaren.

Vrijdag 27 september 2002

De overdracht is alsnog een feit. Op Neercanne is na voorlezing door de notaris de akte getekend door mr. Philip Houben, als voorzitter van de SMEL. Hij houdt een toespraak waarin hij zegt dat velen hadden geaasd op het complex, maar: 'Oostwegel weet altijd op het juiste moment te komen.'

Houben biedt namens de stichting twee boeken aan over landgoed St. Gerlach, een voor de heer Prompers en een voor mevrouw Satijn.

Daarna spreekt Prompers. Hij overhandigt Camille het boek *Mergel gebroken* van Luck Walschot. De gemeente heeft veel vertrouwen in de onderneming Oostwegel. De afspraak is wel dat Opera Zuid voor 7 oktober aangeeft wanneer te vertrekken. Voor 15 oktober moet de gemeente uitsluitsel geven over het parkeerprobleem op de Kommel. Het gezelschap drinkt een glas champagne op deze belangrijke mijlpaal.

Camille vertelt vervolgens al in 1985 interesse in het Kruisherencomplex getoond te hebben. Toen werd hem voor

100.000 gulden het oude politiebureau aangeboden, maar hij zag geen mogelijkheid daar een rendabel hotel in te verwezenlijken. Hij heeft ook een goed gesprek gehad met Van Lanschot. Die bank is met een mooie offerte gekomen. Eerder heeft Staalbankiers al een gesprek met hem gehad en een offerte uitgebracht. Toch wordt ING op de valreep de bankier als een toevallige ontmoeting met de lokale directeur, Peter Thijssen, te elfder ure de gunstigste aanbieding oplevert.

Het Nationaal Restauratiefonds verstrekt de hypotheek voor het Kruisherenhotel.

Dinsdag 8 oktober 2002

De directeur van architectenbureau Maupertuus, Henk Vos uit Groningen, komt naar Château St. Gerlach. Camille geeft uitleg over zijn ondernemingen en zijn plannen in Maastricht.

Daarna rijden beiden naar het Kruisherenhotel in wording alwaar ze verder spreken over de inrichting en aankleding. Camille legt zijn wensen voor aan de architect. Vos herinnert zich: 'Het Kruisherencomplex maakte een overweldigende indruk op me. De uitdaging was vooral om van de ruimte iets te maken dat geen afbreuk zou doen aan de kerk en acceptabel zou zijn als hotel.'

Donderdag 24 oktober 2002

De gemeente laat het nodige versloffen. Niet alle afspraken worden nagekomen. Vooral de kwestie van Opera Zuid. Voor 5 oktober had de beslissing moeten vallen over vertrek van het gezelschap uit de kerk, maar het punt is naar een volgende vergadering verschoven.

De gemeente heeft gezegd dat de vereniging uiterlijk in maart 2003 de kerk moet verlaten. De kwestie rond het parkeren op de Kommel is zo goed als opgelost.

Toegezegd is dat dat in ieder geval voor 1 december 2002 rond is. Overeengekomen wordt dat de verbouwing per 1 april 2003 moet starten.

Woensdag 30 oktober 2002

Judith en Camille reizen naar Groningen. Ze worden rondgeleid in architectenbureau Maupertuus. Later dineren ze samen met Henk Vos en diens vrouw Phil.

Tijdens het aperitief geeft Camille, toch wel tot diens verwondering, Vos opdracht om de inrichting van het Kruisherenhotel op zich te nemen. Tijdens het diner wordt er niet eens uitvoerig gesproken over het project. 'Het klikt of het klikt niet,' zegt Vos. Hij heeft meteen het gevoel goed met Camille Oostwegel sr. te kunnen samenwerken. Later zal hij vragen waarom juist hij de opdracht kreeg. 'Omdat jij goed naar me luisterde,' is het antwoord van Camille.

Zaterdag 29 maart 2003

Genodigden krijgen de gelegenheid om 'afscheid te nemen van het complex in zijn huidige staat en kennis te nemen van de plannen voor restauratie en herinrichting'. Mr. Philip Houben, voorzitter van de SMEL, houdt een boeiend betoog over het gebied rondom het Kruisherenklooster.

Hij geeft ook uitleg over de financiële stand van zaken. Betreffende de broodnodige restauratie om het complex voor verder verval te behoeden. Er is nog 500.000 euro nodig om ook de authentieke glas-in-loodramen en altaren te kunnen restaureren.

Er worden sponsoren gezocht. Het startschot voor de wervingsactie wordt gegeven. Een bedrag van 454.250 euro is al gedoneerd, maar er blijft voorlopig een tekort van 50.000 euro. Het huismagazine van Camilles onderneming, *Savoir Vivre aux Châteaux*, doet een oproep aan de lezers om financiële middelen te doneren.

Gastspreker is de heer Jan Hoet, directeur van het Stedelijk Museum Actuele Kunst in Gent en eveneens Künstlerischer Leiter van het Martha Museum Herford in Duitsland.

Ook is er een presentatie over restauratie- en herinrichtingsplannen door Rob Brouwers, Henk Vos en tuin- en landschapsarchitect Wil Snelder.

De genodigden krijgen een rondleiding door het hele gebouw. Inwoners van Maastricht wordt 's middags gelegenheid geboden om met eigen ogen het vervallen interieur van het klooster te bekijken. Er komen die dag meer dan 800 mensen op af.

Donderdag 24 april 2003

Welstands/Monumentencommissie aan B&W: 'Na uitvoerige discussie is de commissie van mening, dat op basis van de thans ingediende stukken en de verkregen mondelinge informatie onvoldoende inzicht is verkregen over het inrichtingsplan.

De commissie is met name van mening, dat het inrichtingsplan in nauwe relatie met het restauratieplan van het casco dient te worden ontworpen. Voor een goede beoordeling is het derhalve noodzakelijk te beschikken over een volledig restauratieplan, waarbij de filosofie, zoals door de architect is verwoord, ook herkenbaar is in de uitwerking en het terreininrichtingsplan voor wat betreft de binnenhoven.

De commissie vindt, dat de inrichtingsfilosofie te summier is uitgewerkt en onvoldoende helder gemaakt is middels schetsen, perspectieven en maquettes.'

Dinsdag 20 mei 2003

In Stadskantoor 2 vindt een vergadering plaats met de Welstands/Monumentencommissie van de gemeente Maastricht. Camille wordt gesecondeerd door restauratiearchitect Rob Brouwers, hoofd technische dienst Bart Kockelkoren en assistent Mattijs Kaak. Voor de zoveelste maal zijn de vloeren van het Kruisherenhotel een punt van discussie. De welstandscommissie meent dat er houten vloeren moeten komen, terwijl dat voor de bouwers op grote problemen stuit. Zo groot zelfs dat het hele initiatief in gevaar komt. Niet alleen dreigt het bouwschema door de houding van de commissie in het honderd te lopen, ook de personeelskosten worden er enorm door verhoogd. Keer op keer worden plannen afgekeurd en moet er opnieuw ontworpen en berekend worden. Zo heeft een deel van de bouw een maand stilgelegen omdat er een verschil van mening was over het aan- brengen van balken. Uiteindelijk kregen de bouwers hun gelijk - na een maand verspilde tijd en geld. Er moeten cruciale beslissingen worden genomen.

Camille Oostwegel sr. met Mattijs Kaak en Bart Kockelkoren.

Plotseling schiet Camille, die zich tot het uiterste getergd voelt, vreselijk uit zijn slof. Hij verwijt de commissie gebrek aan medewerking. 'Ik trek de stekker eruit!' roept hij, 'en ik geef jullie allemaal de schuld daarvan.'

Hij slaat zo hard met zijn vuisten op tafel dat de aanwezigen schrikken. Zo hebben ze de aimabele Oostwegel nog nooit gezien. Omdat de deuren naar de gang openstaan, komen allerlei ambtenaren op het tumult af. De tirade gaat wel een kwartier door. Camille slingert al zijn opgekropte frustratie het ruime vergadervertrek in. Bart Kockelkoren, die al zolang bij Oostwegel in dienst is, heeft hem zo nog nooit meegemaakt.

Achteraf zal Camille zeggen dat hij door de vele tegenwerking het prachtige project door zijn vingers zag glippen en het gevoel kreeg de greep erop te verliezen. Wat hem ergerde was dat de ambtenaren vaak naar de vergaderingen kwamen en dan vragen stelden waaruit bleek dat ze de zorgvuldig opgemaakte stukken niet hadden bestudeerd.

Diezelfde dag vindt er een heftige confrontatie plaats tussen burgemeester Leers van Maastricht en de bewoners van de Vinkenslag, een woonwagenkamp ten zuiden van de stad, langs rijksweg A2. Bij een politie-inval ter plaatse worden 37 locaties ontdekt waar hennep wordt geteeld. Enkele illegaal gebouwde loodsen worden met de grond gelijk gemaakt. De bewoners zijn woedend. De grootschalige inval zal de landelijke pers halen.

Woensdag 21 mei 2003

Camille heeft een afspraak met burgemeester Leers. Het gemeentehuis is met zijn uitgebreide beveiliging herschapen in een vesting. Ook de burgemeester krijgt persoonlijke bewaking als gevolg van de Vinkenslag-inval. Camille is nog steeds aangeslagen door de gebeurtenissen tijdens de vergadering van de dag ervoor.

'Als ik dit allemaal voorzien had, zou ik nooit aan het Kruisherenklooster begonnen zijn,' zegt hij. 'Dan had ik beter naar Luik kunnen gaan. Daar hebben ze me al drie prachtige projecten aangeboden.' Leers zegt dat het goed is dat hij van zijn hart geen moordkuil heeft gemaakt, maar schrikt wel. Hij stelt voor dat wethouder Hazeu, verantwoordelijk voor monumentenzorg, alles zal gaan coördineren.

Maandag 26 mei 2003
Brief van Camille aan burgemeester Leers: 'Centraal in het overleg stond de stand van zaken betreffende de voortgang van het Kruisherenkloosterproject. We hebben aangegeven ons ernstig zorgen te maken over de spoedige afwikkeling van het vergunningentraject en de haalbaarheid van de geplande startdatum van 1 september 2003. Ook hebben wij twijfels geuit over de welwillendheid van de welstandscommissie en de afdeling cultureel erfgoed en dan met name de heer S. De geconstateerde onzorgvuldigheid is reeds van invloed geweest op het architectenhonorarium en de huidige voortgang, het kan, mits we niet kordaat handelen gevolgen hebben voor het subsidietraject.'

Dinsdag 10 juni 2003
Brief van de adviseur van de afdeling Bouwtoezicht van de dienst stadsontwikkeling en grondzaken aan SMEL: 'Na uitvoerige discussie is de commissie nog steeds van mening, dat de thans voorgestelde betonnen draagconstructie binnen het klooster een te grote inbreuk maakt op de monumentaliteit van het gebouw en een oplossing is, welke onvoldoende recht doet aan de monumentale waarden. [...]

Wilt u alsnog een welstandsgoedkeuring verkrijgen, dan dient u binnen twee weken na dagtekening van dit schrijven een gewijzigd plan te overleggen, met inachtneming van bovenstaand oordeel, inclusief een nieuw welstandsformulier.'

Georges Moustaki in het Kruisherenhotel - juli 2003.

Zaterdag 19 juli 2003
Onder auspiciën van het Frans consulaat vindt er een exclusief concert plaats in de gotische Kruisherenkerk. De fameuze chansonnier Georges Moustaki is door Camille uitgenodigd om deze avond op te treden. Het podium is in de altaarruimte gemaakt.

In de pandhof is een tentoonstelling ingericht met werk van beeldhouwer Alexander Taratynov.

Dinsdag 18 november 2003
Nadat in de voorgaande maanden stapsgewijs de problemen met de gemeente zijn opgelost, kan het licht op groen voor de openbare aanbesteding van de restauratie van het Kruisheren-complex. Bouwbedrijf Van de Ven uit Veghel krijgt de opdracht. Met deze aannemer waren goede ervaringen opgedaan bij de restauratie van St. Gerlach. Rob Brouwers krijgt, omdat hij vanaf het begin betrokken is geweest bij de planning, de opdracht voor de cascorestauratie.

Vrijdag 5 december 2003
De eerste bouwvergadering vindt plaats in het poortgebouw. Aanwezig zijn Camille Oostwegel sr., assistent Mattijs Kaak en Bart Kockelkoren, hoofd technische dienst van Camille Oost-wegel ChâteauHotels & -Restaurants*.

De gemeente Maastricht wordt vertegenwoordigd door E. Creuwels. Verder zijn aanwezig Bouwbedrijf Van de Ven, Monu-mentenhuis (leerlingenbouwplaats), Satijn Architecten/ingeni-eurs en Henk Vos namens Maupertuus.

Afgesproken wordt om elke vier weken samen te komen voor beleidsafspraken. Vastgesteld wordt dat de oplevering vrijdag 1 april 2005 moet plaatsvinden.

Maandag 8 december 2003

Eerste steenlegging met Fons Asselbergs.

Officiële start van de restauratie en herinrichting van het Kruis-herenklooster. Om nadruk te leggen op de start van de bouw-werkzaamheden wordt de eerste steen gelegd door prof. drs. A.L.L.M. Asselbergs, directeur van de Rijksdienst voor de Mo-numentenzorg. Hij wordt daarbij geassisteerd door de drie kin-deren Oostwegel.

Ter herinnering aan deze dag zal een loden buis worden ingemetseld waarin allerlei belangrijke dingen van die datum opgeborgen zijn: bouwtekeningen, munten, foto's, dagkranten met daarin melding van de geboorte van prinses Amalia, eerste

*Tegenwoordig Oostwegel Collection

dochter van kroonprins Willem-Alexander en prinses Máxima, naamkaartjes van hen die aan de bouw hebben meegewerkt en dergelijke, zodat mensen in de verre toekomst op de hoogte kunnen zijn van de omstandigheden in het jaar 2003. De *Maaspost* schrijft dat de totale investering inmiddels 13.600.000 euro bedraagt.

Dinsdag 27 januari 2004

De aannemer meldt aan de heer Creuwels dat er binnen enkele dagen gestart wordt met graafwerkzaamheden voor de liftput.

Maandag 8 maart 2004

'Ik kan mijn auto nu parkeren op de Kommel. Meteen valt op dat de kerk is ingepakt. Steigers zijn ommanteld met een groen gaas en ter hoogte van het dak knalt harde muziek tussen de stellingen door in de oren van de voorbijgangers. Op het hekwerk dat het hele bouwwerk omgeeft, hangt een bord VERBODEN TOEGANG.

Hoog boven het hele complex steekt een bouwkraan in de lucht met aan het uiteinde een grote vlag met de tekst CAMILLE OOSTWEGEL.

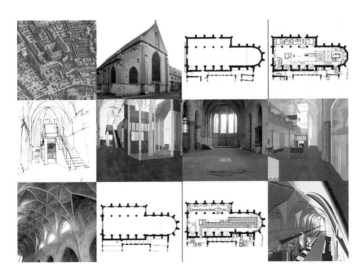

Interieurschetsen Henk Vos.

Die is er zelf van geschrokken, zijn naam zo nadrukkelijk boven de huizen. Op weg naar de ingang passeer ik het poortgebouw. Ook daar een groot bord: "Hier bouwt Camille Oostwegel", gevolgd door de namen van de bij de bouw betrokkenen.

Ik baan mij een weg tussen werkende mannen en materialen door en ga, zoals me is verteld, naar de eerste verdieping van het poortgebouw. Daar zit het hart van de bouwonderneming. Ik word verwacht. De gele helm ligt klaar. Zeven mannen bevinden zich in de ruimte, die eens een slaapkamer moet zijn geweest.

Ik was gewaarschuwd. Voorzichtig voor de gaten in de vloeren! Inderdaad, waar eens de vloer was, is nu een hobbelige zandplaats. Ik struikel bijna over uitstekende stenen, kabels, betonblokken, schoppen en hakken. Uitgegraven mergelmuurtjes, delen van putten. Boven mijn hoofd bladderende verf aan de witte balken van het plafond. De muren laten een mozaïek van materialen zien. In de loop van de eeuwen is er heel wat afgeknutseld.

Er is goed te zien hoe diep er wordt uitgegraven. Meer dan een meter zijn de oude fundamenten tevoorschijn gekomen. In de gang staat een vonkenspuwende machine die mij de doorgang belemmert. Oude rioolleidingen worden doorgezaagd om verwijderd te kunnen worden. In een ruimte die mij een zaal lijkt, is de vloer al redelijk geëgaliseerd. Om de zoveel meter steken ijzeren pinnen uit de grond.

Het interieur van de kerk is bijna onherkenbaar veranderd. Een grote graafmachine wordt door de grond gestuurd. Ik kan mij moeilijk oriënteren in deze ruimte. Omhoogkijkend zie ik dat alles nog intact is.

De schilderingen tussen de bogen. Ik probeer mijn locatie te bepalen. Daar is de deur die leidt naar het De Stuersgebouw aan de overkant van de Kruiserengang.

Ginds, waar nu een gat is gegraven, moet ooit een altaar hebben gestaan. Voorzichtig balancerend over richels, kabels en hopen aarde begeef ik me naar de plaats van het hoofdaltaar. Op 19 juli 2003 stond hier de Franse zanger Moustaki. Nog eerder hield de Belgische museumdirecteur Jan Hoet een inspirerend betoog over het belang van renoveren en het behoud van cultuurhistorische gebouwen.

Midden in de kerk is een grote vierkante bak gemaakt. Ik weet dat dat de schacht gaat worden van de lift die straks de gasten naar de derde verdieping zal brengen.
De chauffeur gaat behoedzaam te werk. Ik volg de verrichtingen aandachtig.

De eeuwen zijn zichtbaar in de lagen grond. Om mij heen hopen aarde, kuilen, zinken bakken. Als ik enkele stappen verzet, zie ik op de grond twee knekels uitsteken. Zielloze dingen die me toch even de adem benemen. Misschien zijn ze van de jezuïet uit Nijmegen, Hendrikus Dionysius, die hier in 1571 werd begraven. Als ik met een voet wat aarde verschuif, komen er nog twee kleine botjes tevoorschijn. Vingers? Tenen?
Ik heb behoefte aan frisse lucht, aan licht en ruimte en begeef me door een gang met glas-in-loodramen naar buiten.

Tijdens de restauratie werden verschillende graven blootgelegd.

De pandhof, eens een oord van verstilling, is uitgewoond, zo lijkt het. Het hele grasveld ligt vol bouwmaterialen.

Ik zoek naar de bloemen en planten die er ooit stonden. Wat gras, brandnetels en een struikje vlier hebben de veldslag overleefd.

Als ik even later weer 'binnen' ben en zoveel mannen met evenzoveel taken bezig zie, als ik om mij heen de tekens van eeuwen kan lezen, voel ik me plotseling ontroerd en gelukkig. Ik schiet een bouwvakker aan. "Vindt u het niet geweldig om zo'n uniek gebouw te renoveren?" Hij komt overeind en kijkt me aan. "Nieuwbouw is goedkoper. Dit moet tegen de vlakte."

Geschrokken begin ik een betoog over de betekenis en waarde van het culturele erfgoed, maar zo ziet de bouwvakker het niet. "Het wordt allemaal betaald met subsidie van monumentenzorg en dat zijn onze belastingcenten."

Even later zal hij zeggen dat hij wel degelijk waardering heeft voor wat 'die Oostwegel' heeft gepresteerd.' (RS)

Zondag 25 april 2004
Op uitnodiging van Camille komt de lichtkunstenaar Ingo Maurer, in gezelschap van zijn dochter, naar Limburg.

Henk Vos, die eerder een ontwerp maakte voor de belichting in het Kruisherenhotel, heeft voorgesteld dat door Ingo Maurer te laten ontwerpen. Vos bewondert deze wereldberoemde kunstenaar. Omdat zijn zoon Bart stage heeft gelopen bij Maurer, was het niet moeilijk deze te benaderen en te interesseren.

Maurer heeft in Parijs, New York en Japan gewerkt. Wanneer hij het Geuldal bij Château St. Gerlach ziet vindt hij dat 'schön und lieblich'.

Eerst wordt hem gevraagd een lichtontwerp voor de Kruisherenkerk te maken, maar het wordt uiteindelijk een opdracht voor het hele complex.

Donderdag 13 mei 2004

Sita Tadema wordt benoemd tot - directeur/gastvrouw van het Kruisherenhotel. Zij is de eerste vrouwelijke directeur in het Oostwegelconcern. Een Friezin in het Limburgse. Eerder werkte ze acht jaar in Château St. Gerlach.

Donderdag 27 mei 2004

'Mattijs Kaak hoorde daags ervoor op de radio dat het Kruisherencomplex geen subsidie van de provincie krijgt. Gedeputeerde Odile Wolfs (PvdA) zou dat bekend hebben gemaakt. Een grote tegenvaller, al is die subsidie van 282.000 euro tegenover de totale investering een 'gering' bedrag, "Elke euro telt," zegt Camille. Hij is om vijf uur in de ochtend wakker geworden en heeft liggen piekeren over een boze brief die hij uiteindelijk niet schrijft.

Wel volgen er bezwaarschriften en hoorzittingen en uiteindelijk komt er na het nodige politiek geharrewar een nieuwe beschikking.' (RS)

Donderdag 15 juli 2004

'Het is even zoeken om de ingang van het complex te vinden, want het 'hart' van de werkzaamheden is verkast. Nu huizen de heren in containerachtige ruimtes, op en naast elkaar gestapelde bouwketen.

In de kerk en de gangen liggen al cementen vloeren. Wat

Het graven van de liftput.

eens een grote ruimte was, is nu verdeeld in compartimenten waar de toekomstige hotelkamers al in te herkennen zijn. Ook de badkamers zijn afgebakend met muren. Zie ik daar al een badkuip staan? Zijn ze al aan inrichting toe?

Een trap nodigt uit naar boven te gaan.

Ik moet per ladder naar de derde verdieping. Ik steek nauwelijks met mijn hoofd boven de vloer uit, verder durf ik niet. Het is warm op zolder en er wordt gebukt gewerkt. De houten over-kapping van het oorspronkelijke gebouw is nog zichtbaar. De ladder staat wel erg steil. Terug op de tweede verdieping voelt het een stuk beter. Hier is werkelijk in iedere ruimte een woud van palen die het hele plafond moeten dragen.

Ook hier zijn de ruimtes al ingedeeld. Veel nieuwe muren die in tijd en vorm ver verwijderd zijn van de muren waartussen de monniken hier eens leefden. Toch is er nog veel te zien van eer-tijds, zoals de mergelbogen boven de ramen.

Gevraagd naar de functie van de vele palen, legt een mede-werker mij uit dat de cementdekvloer erboven nog gestort moet worden.

In de pandhof werkt een man aan mergelblokken. Acht jaar heeft hij al restauratiewerk gedaan. Eerst lang aan de Servaas-kerk en nu sinds zeven maanden hier. "Renovatie is veel inte-ressanter," zegt hij. Ik kan me er alles bij voorstellen.' (RS)

Woensdag 20 oktober 2004

'De rommel aan de buitenkant is groot. Ook in de kerk is het een puinhoop. Nog steeds grote machines, steigers, een op- en neergaande materialenlift. Waar eerst een enorme stellage stond, kijk ik nu aan tegen het gerestaureerde plafond. Dat is inmiddels in volle glorie hersteld.

In de zogenoemde natte ruimte van de hotelkamers worden de eerste tegels gezet. De vloeren zijn gestort en beloopbaar. De muren gestuukt. Een kakofonie aan geluiden begeleidt me door het hele complex. Uit gangen en kamers komen radiozen-ders die hier elk hun eigen luisteraars hebben. Daar tussendoor de herrie van een zaag.

Bij een raam met uitzicht op de Kommel komt het gebeier

van de Sint Servaasklok op mij toe. Ooit een teken voor de kloosterlingen dat het Angelus gebeden moest worden. Zij kwamen in dit gebouw dagelijks bij elkaar om te bidden.

Verder wandelend door de gangen zie ik de ene na de andere hotelkamer in wording. De toekomstige functie krijgt meer en meer gestalte.

Op de parterre wordt al vloerverwarming gelegd, zodat straks geen verwarmingselement de muren zal ontsieren.

In de gangen worden nog kloosterlijke boogjes boven de deuren aangebracht. In de pandhof valt door stellages en materialen bijna geen voet te verzetten.' (RS)

Vrijdag 5 november 2004

Het hoogste punt in de bouw is bereikt. Tegelijkertijd is het precies 25 jaar geleden dat het Rijks Landbouw Proefstation na ruim driekwart eeuw van Maastricht naar Wageningen verhuisde.

(Oud)werknemers brengen voor deze gelegenheid een beeld van 'De Kruisheer' terug naar zijn oude woonplaats. Het werd in 1914 vervaardigd door Rijksstempelsnijder J.C. Wienecke en wordt nu in permanente bruikleen afgestaan aan Camille. Die belooft dat het fraaie beeld een prominente plaats in zijn hotel zal blijven innemen.

Mr. Philip Houben (SMEL) bedankt de heren van Wageningen voor het terugbrengen van de 'De Kruisheer' en dankt ook Camille voor het terugzetten van het beeld op zijn oude plaats.

Vervolgens wordt, onder applaus van de vele toeschouwers, met behulp van een hoogwerker, het kerkgebouw van het complex met een kerkelijk symbool in de vorm van een mergelstenen kruisbloem bekroond. Het hoogste punt is bereikt dankzij de inzet van 90 medewerkers van Bouwbedrijf Van de Ven uit Veghel en Bouwbedrijf Coppes uit Valkenburg.

Ook wordt het nieuwe vignet van het Kruisherenhotel onthuld.

Het totaalbedrag van sponsoren voor de ramen bedraagt intussen 516.300 euro.

De Kruisheer - Kruisherenhotel Maastricht.

Januari 2005

Brief van Camille Oostwegel sr., mede namens het bestuur van de Stichting Monumentaal Erfgoed Limburg, aan B&W van Maastricht: 'Wij hebben kennisgenomen van uw voorstel aan de Raad om het autovrij maken en de herinrichting van het Kommelplein te faseren. U zult begrijpen dat wij hier zéér teleurgesteld over zijn. [...] Verder willen wij nog benadrukken dat de unieke inrichting van het Kruisherenhotel door Henk Vos/Maupertuus en het 'Gesamtkunstwerk' van de wereldberoemde lichtarchitect en kunstenaar Ingo Maurer een nieuwe impuls zullen geven aan de city marketing en Maastricht opnieuw internationaal op de kaart zullen zetten. Na hoofdsteden als onder andere New York, Tokyo, Rio de Janeiro,

Maquette door Ingo Maurer.

Parijs, Berlijn en Toronto, is het ons gelukt (met ook een forse extra investering) om Ingo Maurer naar Maastricht te halen.

Hiermee zullen wij het hele jaar door (en dus niet alleen tijdens Tefaf) een welstandig, creatief en kosmopolitisch publiek voor Maastricht interesseren.

In deze context en in de door u gewekte verwachtingen verzoeken wij u met klem uw besluit te herzien.'

Dinsdag 1 februari 2005

De pas benoemde directeur van het Kruisherenhotel, Sita Tadema, start in haar nieuwe functie, voorlopig vanuit Château St. Gerlach.

Maandag 28 februari 2005

Vandaag zal er een brief uitgaan van Camilles advocaat aan de gemeente in verband met het in gebreke blijven wat betreft het autovrij maken van de Kommel. Camille is nu echt kwaad over dit verzuim.

Dinsdag 1 maart 2005

'In de kerk van de Kruisheren wordt de nieuwe uitgave van *Savoir Vivre aux Châteaux* gepresenteerd aan de adverteerders.

Waterzuil door Ingo Maurer –
Kruisherenhotel Maastricht.

In de kerkruimte is nu een eerste verdieping gemaakt, waar straks het ontbijt zal worden geserveerd. De voormalige ruimte heeft wel aan herkenbaarheid ingeboet. Waar eerst het altaar stond, zijn nu de contouren al zichtbaar van de wijnbar.

De vloer wordt betegeld en terloops verneem ik dat de elektriciteit is uitgevallen "en ze willen dat om één uur alles klaar is". Ja, hoe moet dat nou? "Dan maar alles omgooien," zegt iemand. Nieuwsgierig naar de ontwikkeling loop ik door de gangen, kijk in diverse kamers die al volop vorm krijgen en, jazeker, al verwarmd worden. Hier hangt een mooie Japanse lamp, daar is al volop betegeld en er staat zelfs al een bad. In een kamer ligt al parketvloer. Het moet een genoegen zijn hier straks te verblijven en in de heldere lichte kamers door de glas-in-lood-ramen uit te kijken op de oude stadse omgeving. Vanuit een verwarmde ruimte zie ik de neerdwarrelende sneeuw.

Even later kijk ik vanuit de hoogte in de pandhof waar een groot gat gegraven is. Op weg ernaar toe passeer ik de gerestaureerde kloosterdeuren. Prachtige zwaluwstaartverbindingen zijn aan de binnenkant zichtbaar. Wat een vakmanschap hadden die monniken vroeger al in huis. Op mijn vraag, in de pandhof, naar de bedoeling van het gat wordt mij wel uitleg gegeven, maar ik begrijp er niets van. Gelukkig komt bouwcoördinator Bart Kockelkoren erbij. Hij verklaart dat de lichtkunstenaar in het midden een grote lichtfontein heeft voorzien; het gat is niet anders dan een schacht om de installatie in te laten verzinken.

Maquette door Ingo Maurer.

In de kerk krijg ik uitleg over de verdere invulling van de ruimte. Over de vergaderruimte die er zal komen, met 'muren van glas'.

Enkele uren later belt Camille. Lopend door het complex heb ik mij juist vandaag gerealiseerd hoe kostbaar dit alles moet zijn. Hoe is de som van 12,5 miljoen euro te dragen? Ik vraag hem of hij nooit wakker ligt van de zorgen. "Niet over de gang van zaken die ik zelf in de hand kan houden," zegt hij. "Wel over mensen die zich niet aan de afspraken houden en zo het werk vertragen."

Maar de geldzaken dan, vraag ik. Iedere morgen kijkt hij naar de dagelijkse betalingen. Hij ziet alle rekeningen, houdt precies bij wat er op de bankafschriften staat. En wat er aan meerwerk gebeurt, zodat het financieel niet uit de hand kan lopen. Voor noodzakelijk meerwerk is er een pot 'onvoorziene uitgaven'. Wat niet beheersbaar is, irriteert Camille.

Zo beklaagt hij zich over een ambtenaar die stukken wel drie weken laat liggen, omdat zijn naam niet helemaal juist is geschreven.' (RS)

Maandag 7 maart 2005
De restauratie van de muurschilderingen door Ans Lemmens is gereed en zal door haar worden opgeleverd. De schilderingen over het leven van de Heilige Gertrudis in een zijaltaar en die van Cuypers in de directiekamer zijn door haar in oude luister hersteld. Ze zegt graag voor Oostwegel te werken omdat hij 'zoveel respect heeft voor het verleden'.

Restauratie Gertrudis altaar
Kruisherenhotel door Ans
Lemmens.

Maandag 14 maart 2005

Het materiaal voor de 'iglo' is gearriveerd: achter de balie zal een groot ei van tempex worden gebouwd. Het is een ontwerp van Henk Vos. De bedoeling is dat de backoffice erin wordt gevestigd.

Woensdag 23 maart 2005

Brief hoofd Welstandscommissie aan de SMEL: 'Door de commissie is een bezoek gebracht aan het project, waarbij zowel de kleurstelling en het materiaalgebruik voor de loopbrug en de "tafel" zijn beoordeeld, als de aanstraling van de absis en de oostgevel aan de Kommel [...] De commissie [is] van oordeel dat deze voldoen aan de redelijke eisen van welstand c.q. monumentenzorg.'

Donderdag 24 maart 2005

'Ik begeef mij per fiets naar de Kommel, waar ik me niet kan voorstellen dat er op korte termijn al gasten zullen zijn. Bart Kockelkoren leidt me vandaag rond. Hij doet luchtig over de gang van zaken, maar de druk is voelbaar.

Het lijkt wel of de mergelmuren in de gangen licht geven nu er niet meer zoveel materiaal ligt. Ik kan me alweer voorstellen dat het ooit een kloostergang is geweest.

Boven laat hij mij de raamontwerpen van Huub Kurvers zien. Door hun zachte kleuren creëert het daglicht een bijna mystieke sfeer in de gang. Bart toont het met trots. In de Cuyperskamer, waarvan ik niet wist dat die bestond, is restaurateur Ans Lemmens bezig met het plafond. Ze komt van de steiger om uitleg te geven.' (RS)

Dinsdag 5 april 2005

'In de kerk wordt nog steeds gebouwd aan het ei van piepschuim in de vorm van een iglo. Een man zit er bovenop en brengt polyesterlagen aan. Henk Vos heeft de vorm nog iets aangepast, verneem ik. Het is een opvallend element in de grote ruimte.

Gedurfd, dat wel, ik ben benieuwd wat 'men' ervan zal vinden.

In de pandhof loop ik over een zandtapijt. Er wordt een trap gemaakt die naar een onderdoorgang leidt en die ook als nooduitgang gebruikt kan worden. In de eerste kamer die ik binnenloop, staan al meubels, zij het dat ze nog zijn ingepakt.

Alles is zo ver klaar dat het lijkt alsof er alleen nog maar goed gepoetst hoeft te worden. Geen kamer blijkt hetzelfde te zijn. Overal andere meubels. Voor het eerst loop ik op de verdieping die als ontbijtruimte dienst zal gaan doen. Men werkt aan de vloer. Vanwege de vele obstakels waag ik mij nog niet op de tweede verdieping. Wel zie ik nieuwe trappen. Op 24 april moet alles klaar zijn.' (RS)

Donderdag 14 april 2005
'De post brengt mij een kaartje van Camille. "De koorts loopt op", schrijft hij. Vol verwachting ga ik naar de bouw. De veiligheidshelm hoeft nu niet meer. Er heerst een nerveuze stemming. Veel mannen lopen rond, al dan niet telefonerend. Het lijkt wel alsof er in de kerk niets is veranderd sinds mijn laatste bezoek, zoveel materiaal ligt er nog.

Ik vraag aan Bert van de Tillaart, uitvoerder van de aannemer, wanneer alles klaar moet zijn. Over zes of zeven dagen al. Ik zeg dat er zo weinig vooruitgang te zien is. Hij kijkt een collega quasi-verontwaardigd aan.

"Wij werken hier de hele week en nu krijgen we te horen dat er niets gebeurd is. Zullen we haar eruit gooien?"

Ja, haast ik me te zeggen, ik zie dat er geverfd is. Ook de gangen lijken veel breder. De pandhof ligt al vol tegels, dat is snel gegaan. Vensterbanken worden hersteld, lampen in de gangen, bedden op enkele kamers. Bart laat me 'de tafel' zien. Zo noemen ze de ontbijtruimte. Ik kan me er nog niet veel bij voorstellen. Vooral als ik bedenk dat over een week alles klaar moet zijn. "Hoe groot is de druk?" vraag ik hem. "Heel groot," zegt hij. Zijn zorg is dat de geheel koperen entree niet klaar zal zijn.

De maker is met geen mogelijkheid tot sneller afleveren te bewerken. "Ik heb me er maar bij neergelegd," zegt Bart.

Als ik via de Kruisherengang wegga, zie ik tot mijn schrik dat er een bakstenen muurtje wordt gemetseld waar in augustus 2001 nog zo'n pittoresk hekwerk stond.' (RS)

Maandag 25 april 2005

'De ingang waar Bart zich zorgen over maakte, heeft nu vorm gekregen, al zal de definitieve vorm nog op zich laten wachten. De vloer van de kerk is gedweild, maar de chaos in de ruimte is er niet minder om.

In de gangen is de verwarming al voelbaar. De poetsploeg heeft ervoor gezorgd dat de vloer mooi glimt als in oude tijden. Met een beetje fantasie kan ik hier een biddende monnik zien lopen, al zal de temperatuur toen weinig aangenaam zijn geweest.

Door de glas-in-loodramen is de bedrijvigheid in de pandhof zichtbaar. Omdat ik niet oplet, loop ik met mijn hoofd tegen een glazen klapdeur. De meeste kamers zijn nu gevuld met kleurrijk en eigentijds meubilair.

In de pandhof staan twee grote kunstwerken. De waterzuil wordt gevuld. Elementen in yin-yangvormen hebben dezelfde kleur als de tegels. Er is nu geen bloem, zelfs geen grassprietje meer te bekennen.

Het stemt me weemoedig.

Terug in de kerk. Daar hangen nu grote ronde schilden aan het plafond die straks het licht zullen temperen. Ik vind ze prachtig in die grote ruimte.

In het toilet word ik op het verkeerde been gezet omdat het lijkt alsof er ieder moment een voorbijganger kan binnenkijken. Maar op het glas staat de geruststellende tekst 'Niemand kan u zien.' Dat moet ik geloven.

Op de bovenverdieping wordt nog druk geschilderd. Iedere kamer is een verrassing van vorm en kleur. De balans tussen oud en nieuw wordt zichtbaar. De zachtgele kleur van de mergelmuren schept een intieme warmte.' (RS)

Woensdag 27 april 2005

'Omdat de datum van 1 mei zo dichtbij is, fiets ik even naar de

Kommel. Er is veel wanorde, Bart loopt telefonerend rond, geeft aanwijzingen, is nu hier, dan daar.

Ik heb, zolang ik getuige ben geweest van de totstandkoming van deze restauratie, niet kunnen begrijpen dat hij de veelheid aan bedrijvigheid heeft kunnen beheersen en de grote verant-woordelijkheid heeft kunnen dragen. Ik heb hem en Mattijs Kaak, beiden nog jong en in deze opdracht ook wel opererend als een Siamese tweeling, met bewondering en plezier gevolgd. In de ronding achter het vroegere altaar is een meterslang en hoog rood gecapitonneerd kussen aangebracht. De bar wordt al ingericht. Ook de wijnflessen liggen klaar om in de geklima-tiseerde grote en doorzichtige ruimte hun plek te vinden.

Overal om mij heen wordt nu ingericht en ademloos zie ik een prachtige creatie ontstaan. Ook het serviesgoed komt tevoor-schijn, kunstwerken krijgen hun plaats, kleden op de vloer, het meubilair maakt zithoeken.' (RS)

Bar Kruisherenhotel.

Kruisherenhotel - Hologram
Ingo Maurer.

Zondag 1 mei 2005

De eerste gasten komen. Weekblad *Zondagsnieuws* toont een foto van Sita Tadema, die directeur wordt van het nieuwe hotel. Het Kommelplein staat nog vol geparkeerde auto's.

Vrijdag 24 juni 2005

Camille schrijft een brief aan de afdeling Stadsontwikkeling en Grondzaken waarin hij melding maakt van de aanstaande officiële opening van het Kruisherenhotel op 4 september 2005, door burgemeester Leers. Hij schrijft: 'Een grote wens voor onze onderneming is dan ook dat het Kommelplein autovrij is gemaakt en vóór die datum heringericht. Gezien de huidige stand van zaken en de stroeve communicatie hebben we momenteel niet het gevoel dat dit zal gebeuren. [...] dit gaat in tegen de afspraken die wij hebben gemaakt ten tijde van het sluiten van de koopovereenkomst in september 2002. Dit werkt dan ook in de hand dat wij bij het niet nakomen van onze eerder gemaakte afspraken onze juridische stappen zullen moeten intensiveren. [...] Misschien bent u op de hoogte van het feit dat wij de heer Leers hebben benaderd voor de openingshandeling. Het zou in onze ogen zeer moeilijk zijn om dit door te laten gaan als er op dat moment geen goede afspraken bestaan over het Kommelplein. Wij zouden dit zeer betreuren, maar hebben wel het gevoel dat we de heer Leers in zijn positie als burgemeester in bescherming moeten nemen.'

Dinsdag 5 juli 2005

Bijeenkomst in het theater aan het Vrijthof, waarbij de omwonenden geïnformeerd worden over de voortgang en herinrichting van het Kommelplein. Architect Wil Snelder presenteert zijn ontwerp. Als dit werkelijkheid wordt, is Maastricht een schitterend plein rijker. En dat zo vlak achter het Vrijthof. In oktober zal de definitieve start gegeven worden voor de uitvoering.

Zondag 28 augustus 2005

Camille ontmoet burgemeester Leers tijdens het Preuvenemint. Hij vraagt hoe het staat met de ontwikkelingen rondom het klooster in verband met de komende opening op 4 september. Camille zegt dat hijzelf of de voorzitter van de Raad van Commissarissen dan zeker iets zal zeggen over het niet nakomen van de afspraken door de gemeente.

Leers belooft erover te spreken in het college. Wethouder Aarts noemt de opmerking van Oostwegel 'chantage'. Maar later op de dag meldt Leers dat de kogel door de kerk is. Er zal op korte termijn een gesprek komen met omwonenden en ondernemers, waarna alles in gang wordt gezet. Het zal nog wel een half jaar duren eer het plein in orde is, maar alles is beter dan de afspraak dat er in 2008 gestart zou worden.

Zondag 4 september 2005

Deze zondag is een belangrijke en grote dag voor Camille en Judith. Het concern, dat ze samen hebben opgebouwd, viert het 25-jarig bestaan én de opening van het Kruisherenhotel heeft vandaag plaats.

In een volle Sint Servaaskerk vindt een plechtige dankdienst plaats, waarbij de Cappella Sancti Servatii onder leiding van Peter Serpenti zorgt voor indrukwekkende muziek.

Deken Hanneman gaat voor in het gebed en de viering, waarbij ook een origineel wijwatervaatje van de Kruisheren wordt gezegend. Een geschenk van Philip Houben. Later zal het een plaats krijgen in het Kruisherenhotel. Dan verplaatst het gezelschap zich naar het Theater aan het Vrijthof waar toespraken worden gehouden, onder andere door schrijver Geert Mak.

Hij spreekt over Victor de Stuers aan wie Nederland de bescherming van de nationale monumenten te danken heeft.

Jo Eenens memoreert Camilles prestatie van 25 jaar ondernemen en noemt het achttal projecten dat inmiddels op de naam van Camille Oostwegel sr. staat.

Mr. Philip Houben spreekt als voorzitter van de Stichting Monumentaal Erfgoed Limburg over Camilles omgang met de drie overheden. Hij noemt diens 'cultureel hoederschap van het Limburgse en nu van het Maastrichtse in het bijzonder'.

Ook zijn twee leden van de Kruisherenorde aanwezig, de orde die al zo lang uit Maastricht is verdreven. Hun namen zijn

V.l.n.r.: Rob Brouwers (architect restauratie Kruisherenhotel), Ingo Maurer (lichtarchitect) en hoofd TD in de koperen entree van het Kruisherenhotel.

evenwel door de eeuwen heen in het centrum van de stad behouden gebleven.

Burgemeester Leers roemt de historische betekenis sinds 1461 van het Kruisherenklooster en wijst erop dat het lethargische optreden van de overheid in het verleden juist een zegen is geweest voor het complex, dat daardoor nooit onder de slopershamer gevallen is. Hij spreekt over Camilles 'heilig geloof in de goede afloop'.

Groot is Camilles verrassing als hij vervolgens wegens de viering van het 25-jarig jubileum van zijn concern van alle medewerkers een nieuwe 2CV cadeau krijgt: een Charleston uit 1980 inclusief radio en cassettespeler en natuurlijk met de letters CC (Corps Consulaire) naast zijn nummerbord. Als tweedejaars student aan de Hogere Hotelschool had Camille ooit voor 750 gulden een 2CV, bouwjaar 1956 gekocht. Voor studenten een begeerd bezit.

Het betekende vooral aanzien en onafhankelijkheid. Hij reed ermee naar zijn eerste stageplaats in Epernay (Frankrijk), ging er kriskras mee door Frankrijk, totdat hij midden op de Champs-Elysées kwam stil te staan. Het werd tijd om zijn 2CV te verkopen. Omdat het inmiddels een uniek exemplaar was geworden en een plaats kreeg in het 2CV-museum, bracht het oudje weer diezelfde 750 gulden op. Enigszins weemoedig deed Camille afstand van zijn eerste auto.

Na de huldiging van het echtpaar Oostwegel komt de Koninklijke Harmonie van Maastricht musicerend binnen. De tijd tussen de toespraken wordt opgevuld met muziek door zes leden van het MCO (Muziek Centrum van de Omroep).

Daarna marcheren de gasten achter de harmonie naar de Kommel, waar Judith en burgemeester Leers de officiële opening verrichten. Het feest kan beginnen.

In de voortuin onthult Camilles moeder Mayel Oostwegel-Hardy een beeld dat Gast-Vrijheid symboliseert. Het is een geschenk van familie en vrienden. Gastvrijheid, de Kruisheren voerden die als opdracht in hun vaandel en die traditie zal in het Kruisherenhotel worden voortgezet. De twee Kruisheren bewegen zich in hun witte kledij tussen de gasten, alsof ze weer thuis zijn.

Vergaderruimte boven de entree.

Er zijn vele genodigden. Camille, Judith en Sita Tadema schudden die dag 1.400 personen de hand tijdens de receptie. Heel het feest is in een historische context geplaatst. Het personeel bedient de gasten in historische kleding: er zijn monniken in pij, napoleontische soldaten die Franse wijnen en Franse kazen presenteren.

Buiten draait een varken aan het spit en vloeit het bier. Om de tijd niet te vergeten dat het Rijks Landbouw Proefstation hier was gevestigd, worden de meest heerlijke drankjes aangeboden in reageerbuisjes.

De 'moderne tijd' is vormgegeven in de pandhof waar een cocktailbar is en een deejay voor de muziek zorgt. Hier schenkt men Japans bier. De feestelijke dag wordt afgesloten in de Philibertzaal van Château St. Gerlach met een diner voor familie, vrienden en relaties.

Augustus 2005

Philip Houben heeft in 2003 samen met Camille het initiatief genomen om in alle 60 hotelkamers van het Kruisherenhotel gedichten aan te brengen van Nederlandstalige dichters, met als thema 'Het huis'.

De Belgische letterkundige Jozef Deleu heeft de gedichten geselecteerd. Acht in Limburg wonende dichters wordt gevraagd voor deze gelegenheid een passend gedicht te schrijven: Paul Hermans, Frans Budé, Wiel Kusters, Joke van Leeuwen, Emma Crebolder, Leo Herbergs, Rouke van der Hoek en Hans van de Waarsenburg.

De gedichten op de kamers zijn vertaald in het Duits, Frans en Engels.

Uitgeverij Gianni in Maastricht zorgt voor het prachtig vormgegeven boek *Het huis - Het Kruisherenklooster* waarin alle gedichten zijn opgenomen. De presentatie van het boek vindt plaats in aanwezigheid van de Limburgse dichters.

Donderdag 15 september 2005

Nog geen twee weken na de officiële opening van het Kruisherenhotel ontvangen Camille en Judith Oostwegel, het restauratieteam van Satijn en de architecten de Victor de Stuersprijs van de stad Maastricht voor het best gerestaureerde monument van de afgelopen twee jaar. De uitreiking van een plaquette vindt plaats in de gehoorzaal van het Regionaal Historisch Centrum. De jury roemt in haar rapport dat 'een monument met zo veel beperkingen zo gewetensvol is gerestaureerd'.

Plechtige Hoogmis in de St. Servaasbasiliek t.g.v. de officiële opening van het Kruisherenhotel en het 25-jarig jubileum van Camille Oostwegel ChâteauHotels & -Restaurants, tegenwoordig Oostwegel Collection genaamd (september 2005).

Cappella Sancti Servatii, het koor van de Basiliek van Sint Servaas, in het midden Godelieve Serpenti (de zus van Judith Oostwegel).

Cappella Sancti Servatii en het Limburgs Symphonie Orkest o.l.v. Peter Serpenti ter opluistering van de Hoogmis in de St. Servaasbasiliek.

Met deken Hanneman (zegening wijwatervat bij reliek St. Gerlach) tijdens Hoogmis St. Servaasbasiliek.

Jo Eenens houdt een speech in het Theater aan het Vrijthof.

Schrijver Geert Mak over het grote belang van cultureel erfgoed.

Met de Koninklijke Harmonie van het Theater aan het Vrijthof naar het Kruisherenhotel Maastricht voor de openingsceremonie.

De openingsceremonie van het Kruisherenhotel Maastricht, voor-aan de familie Oostwegel en burgemeester Leers van Maastricht.

Het eerste 'Kruisherenbier' wordt geserveerd in het zojuist geopende Kruisherenhotel.

Het bronzen sculptuur 'Gast-Vrijheid' wordt onthuld door mevrouw Oostwegel-Hardy en de kunstenaar Paul Odekerken.

Oud-generaal overste der Kruis-heren-orde, dr. R. Vaanhold, en een mede-kruisheer geven acte de présence.

De Stadsschutterij Maastricht geeft acte de présence tijdens de officiële opening van het Kruisherenhotel Maastricht.

Camille Oostwegel sr. met jeugd-vrienden uit Houthem. Links Gerlach Cerfontaine (toenmalig president-directeur Schiphol) en rechts Bert Plusquin (directeur Chemtech Amsterdam en consul-generaal van Gambia).

Vrijdag 11 november 2005
Camille reist samen met Mattijs Kaak naar Amsterdam om bij de Mondriaanstichting een subsidie te verdedigen voor het Ingo Maurerproject. Ze zijn hoopvol, maar later blijkt dat de reis tevergeefs was: de subsidie komt er niet.

Dinsdag 6 december 2005
Prins Willem Alexander vergadert in het Kruisherenhotel en gebruikt er de lunch. Hij is in Maastricht om te spreken over grensoverschrijdende problemen. Omdat dochter prinses Amalia de volgende dag jarig is, krijgt de prins een nijntje-knuffel cadeau.

Dinsdag 17 januari 2006
Mededeling van de gemeente: 'Per omgaande zal het plein autovrij gemaakt worden.'

Kruisherenrestaurant

Woensdag 26 april 2006

Brief van Camille aan burgemeester Leers: 'Tijdens de laatste bijeenkomst, januari jongstleden in het Theater aan het Vrijthof, zijn er afspraken gemaakt over de voortgang van het Kommelplein én de fasering.

Sindsdien hebben wij van de gemeente niets meer vernomen. Ook telefonische navraag levert niets op. De omwonenden die hoopvol waren, beginnen zich te roeren. Hoe verder? 1 mei a.s. is het Kruiserenhotel alweer een jaar geopend!'

De reactie van de burgemeester volgt enkele dagen later. Zijn voorstel: eind juni zal er een gesprek plaatsvinden met de omwonenden. Autovrij maken en herinrichting is afhankelijk van de financiële middelen. Op 31 mei zal een gesprek plaatsvinden met ambtenaren.

Camilles reactie: 'Dat is zo ruim genomen. Op die manier kan het best nog uitlopen tot 2008!'

Woensdag 10 augustus 2006

'Hier sta ik weer, op dezelfde plek waar ik vijf jaar geleden stond. Waar toen nog zo weelderig en wild de planten en vruchten groeiden.

Nu zijn er een nieuw smeedijzeren hek gemaakt en een gemetseld muurtje. Op de verweerde mergelmuur crèmekleurige vlekken, waar eens gaten zaten. Nu staan er wijnruit en rozen en - allicht - buxushaagjes. De nieuwe putdeksels zijn al verroest.

Op het plein nog altijd geparkeerde auto's, een punt van last en zorg, al is een smalle strook rondom het klooster inmiddels vrij en beplant. De grote platanen, die op zomerse dagen het plein zo Frans maken, zijn op deze donkere dag als koepels waar geen licht door mag schijnen.

Op een van de bomen, bij de ingang van het hotel, hangt de mededeling "Privé- terrein". Veel indruk maakt het niet, want de auto's zoeken er toch een plaats.

Het lukt uiteindelijk om het Kommelplein autovrij te krijgen. Voor het klooster is een terras aangelegd in mediterrane sfeer. Dit is een foto van het Kommelplein in 2012.

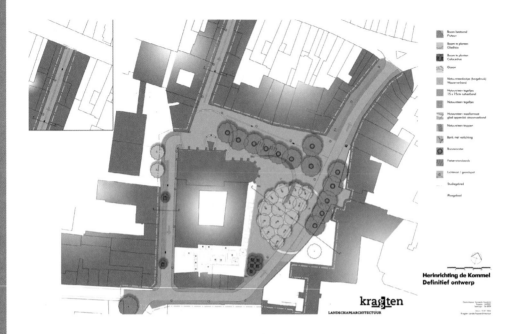

Herinrichting de Kommel
Definitief ontwerp

kra**s**ten
LANDSCHAPSARCHITECTUUR

Het ontwerp van architect Wil Snelder.

Heel jammer dat het prachtige ontwerp van architect Wil Snelder voor het gehele Kommelplein voorlopig niet door zal gaan. De hele buitenkant is onder controle, ramen gewassen, venstersponningen geverfd, muren gerenoveerd. De grote oude deuren staan heel katholiek in paarsrood en verkondigen hun ouderdom. In het oude huis op de hoek zijn nu appartementen gerealiseerd. De muur, die meerdere renovaties heeft meegemaakt, lijkt geborsteld te zijn.

Het beeld van de Gast-Vrijheid prijkt prominent op een stenen sokkel ter herinnering aan de opening op 4 september 2005. De naam van Camilles moeder Mayel Oostwegel-Hardy zal tot in lengte van dagen daar te lezen zijn.

"Casa nova", het huis met de roestige buitenkant, vraagt om een verklaring. Oud versus nieuw is een constant thema binnen dit gebouw. Naar ik verneem zullen de weersinvloeden de buitenkant voortdurend van kleur doen veranderen.

In de opvallende koperen hotelentree ziet de gast zichzelf weerspiegeld. Daarnaast statige groene bollen in zwarte pot-

324

ten. In het oog springen twee opgehangen witte borden links en rechts van de ingang. "Kruisherenhotel", vermelden ze. Buitelende rode vogels in de top als logo. Drie masten dragen de Europese, de Maastrichtse en de Oostwegelvlag.' (RS)

Donderdag 26 oktober 2006
Het autovrij maken van het Kommelplein wordt gestart.

Vrijdag 20 november 2006
E-mail van Camille Oostwegel aan burgemeester Leers en wethouder Winants van de gemeente Maastricht: 'Mijne Heren, het Kommelplein is inmiddels de grootste gratis parkeerplaats van Maastricht geworden. Auto's rijden in alle richtingen van de rijbaan over de stoepen. Het is wachten op de eerste ongelukken. Ook de drugshandel is hierdoor 's avonds weer toegenomen. Er zijn nu ook nog borden geplaatst met de tekst 'Kort parkeren 10 minuten' toegestaan (en een nieuwe parkeermeter!). Tot overmaat van ramp is het Kruisherenhotel regelmatig niet bereikbaar. Het regent klachten van onze gasten en omwonenden. Niemand begrijpt deze aanpak en dit hebben we ook niet zo afgesproken.'

Vrijdag 20 november 2006, later die dag
Interne post van stafambtenaar Jean Demollin aan diverse collega's op het stadhuis van Maastricht: 'Ik wil een poging doen om heel snel de problemen bij het Kruisherenhotel op te lossen. Ik stel het volgende voor:
• Stevige trottoirband aanbrengen om te voorkomen dat men zo gemakkelijk het plein oprijdt. [...]
• Bebording plaatsen bij voorrijstrook. 'Parkeren Maximaal 12 minuten' met onderbord 'Uitsluitend hotelgasten'. Borden goed zichtbaar plaatsen, wellicht aan begin en einde strook.
• Handhavers instrueren omtrent de wijze waarop gehandhaafd moet worden en concreet oppakken. Het kan voorkomen dat hotelgasten hier langer staan vanwege het feit dat het inchecken op sommige tijdstippen meer tijd vergt.
• Oostwegel erop wijzen dat inherent aan deze maatregelen er

ook nergens op het plein nog wordt geparkeerd. Wanneer er immers één auto staat, nodigt dat anderen uit, en heeft handhaven weinig zin.

• Mogelijk een tijdelijk bord aanbrengen: 'Verkeerssituatie gewijzigd, parkeren plein verboden.'

• Aan het begin van deze week en eind vorige week heb ik een aantal mensen reeds aangesproken op datgene wat er speelt, nu is het tijd voor actie.

• Ik wil iedereen die hier aan zet is vragen om snel te handelen en vandaag nog te reageren, de druk om hier in te grijpen neem steeds verder toe. Ik verzoek iedereen ook hier positief op in te steken. Het gaat er niet om wat niet kan, het gaat erom wat wel mogelijk is.'

Voorjaar 2007

Het Kommelplein is alweer enige maanden autovrij. Voor het klooster wordt een terras aangelegd in mediterrane sfeer. Olijfboompjes lijken te symboliseren dat de vrede met de gemeenteambtenaren nu echt getekend is. Er zijn heel wat wrijvingen geweest, maar, zegt Camille, 'Ik heb wel altijd veel waardering gehad voor burgemeester Gerd Leers die regelmatig zijn nek heeft uitgestoken om het Kommelplein autovrij te krijgen.'

Anno april 2007 is het plein nog niet zoals Camille het zich bij de start van het grootscheepse Kruisherenproject had voorgesteld. Laatste loodjes wegen ook hier het zwaarst. 'Ik ben benieuwd of de plannen van destijds uiteindelijk ooit nog in zijn geheel zullen worden uitgevoerd,' luidt de verzuchting. Maar het leeuwendeel is toch volbracht.

CAMILLE OOSTWEGEL SR. & CULTUUR

CAMILLE OOSTWEGEL SR.
EN DE ROL VAN CULTUUR

Hoofdkantoor in Villa Casa Blanca.

EEN UNIEKE COMBINATIE

Als kind was Camille al ondernemend. Maar door zijn hele leven spelen naast ondernemen ook cultuur en natuur een grote rol, soms afwisselend, soms tezamen. Hij kweekte zijn eigen groente, verzamelde allerlei kunstzinnige curiositeiten en 'relikwieën' uit de natuur en richtte op zijn kamer een klein museum in. En zelfs nu nog verzamelt hij allerhande voorwerpen en kunst die op enigerlei wijze verband houden met zijn ondernemingen. Zijn succes in de horeca is in de eerste plaats een gevolg van zijn 'vormende' opleiding aan de Katholieke Hogere Hotelschool Maastricht en de daaropvolgende stages en betrekkingen bij Novotel (het latere Accor). Maar duidelijk is ook dat Camilles nimmer aflatende belangstelling voor cultuur en natuur gecombineerd met zijn belangstelling voor restauraties hem maken tot een uniek ondernemer. En in alle projecten en ondernemingen vind je deze aspecten terug, al dan niet gecombineerd.

VILLA CASA BLANCA

Camille en zijn gezin woonden tot 2019 in de Houthemse villa Casa Blanca, een kubistische creatie van architect ir. Frits Peutz (1896-1974) waarvoor de opdracht eind jaren 20 van de vorige eeuw werd gegeven door Camilles bompa Hardy. 'Het witte huis' is een uitvloeisel van het Duitse Bauhaus, een sinds 1920 bestaande kunstrichting van architecten, beeldende kunstenaars en technici. Villa Casa Blanca was in Zuid-Nederland de eerste villa in kubistische stijl. De in zijn tijd onderschatte architect Peutz heeft nadien nog meer voor die tijd moderne gebouwen in Zuid-Limburg ontworpen, zoals het befaamde Glaspaleis (1933) en enkele dienstgebouwen in het centrum van zijn woonplaats Heerlen en de indruk- wekkende ENCI-fabriekshal in de Maastrichtse wijk Sint Pieter.

Linkerpagina:

Vóór het koningsvogelschieten. V.l.n.r. beschermheer Jan Wortmann, keizer Harry Schurgers en provoost-generaal Camille Oostwegel sr.

Rembrandt en de Nachtwacht
door Taratynov.

Villa Casa Blanca is destijds in twee fasen gebouwd, met oorspronkelijk de gedachte om het te spiegelen in zijn eigen as aan de toenmalige oostkant van het huis (nu dus het midden). Maar bij de uiteindelijke bouw, enkele jaren later, van het tweede deel, is daar toch van afgeweken. Dat tweede deel was sindsdien altijd woonhuis, totdat in 2004 de toenmalige buren - de familie Wortmann (heer des huizes Jan Wortmann heeft Camille dikwijls juridisch terzijde gestaan bij ondernemingsperikelen) - elders gingen wonen en Camille het belendende perceel een jaar later kon aankopen. Daarop kreeg deze rechterhelft van het opvallende gebouw - centraal in Houthem en op korte afstand van Château St. Gerlach - in 2006 de bestemming van hoofdkantoor van Camille Oostwegel ChâteauHotels & -Restaurants*. Het interieur werd in navolging van het Kruisherenhotel hedendaags vormgegeven door de Groningse interieurstylist en ontwerper Henk Vos.

Daarbij is nadrukkelijk gewerkt met behoud van de stijlkenmerken uit de ontstaansperiode. In het kantoorgedeelte is met een grote hoeveelheid aan afbeeldingen de geschiedenis van Camilles onderneming in beeld gebracht.

*Tegenwoordig Oostwegel Collection

Tal van prominente figuren van koninklijke afkomst, uit de politiek of uit de wereld van entertainment hebben acte de présence gegeven op Château St. Gerlach of een van de andere bedrijven van Oostwegel. Onder hen koningin Beatrix, kroonprins Willem Alexander, mr. Pieter van Vollenhoven, prins Hendrik van Denemarken, premier Balkenende, ECB-president Wim Duisenberg, Toon Hermans, de cellist Mstislav Rostropovitsj en de populaire zangeres Nana Mouskouri.

MAASTRICHT EN FRANKRIJK

Door zijn verblijf in Frankrijk werd Camilles liefde voor dat land groter en groter. Onder meer door zijn, nu nog steeds groeiende, contacten met belangrijke personen en instellingen was hij de aangewezen man om in januari 2003 honorair consul van Frankrijk in Maastricht te worden. Met het bereiken van de leeftijd van zeventig jaar heeft Camille begin 2020 afscheid genomen van het honorair consulschap van Frankrijk.

Frans Consulaat op Château St. Gerlach.

De liefde voor Frankrijk is onder meer terug te vinden in de inzet voor de organisatie van het evenement rondom de herdenking van de 300ste sterfdag van de beroemde kapiteinmusketier d'Artagnan in 1973. Vele jaren later zou Camille betrokken worden bij de totstandkoming van een nieuw standbeeld van de musketier. De Russische kunstenaar Alexander Taratynov was de maker van het beeld van d'Artagnan, dat centraal in het Maastrichtse Aldenhofpark is geplaatst. Hij was ook de vervaardiger van 'De Nachtwacht', een bronzen standbeeldgroep die - tot ze naar Holland verhuisde - door toedoen van Oostwegel lange tijd in de tuin van Château St. Gerlach werd geëxposeerd en daar in 2010 tijdelijk terugkeerde.

Met de toenmalige Franse ambassadeur J.M. Gaussot bij het beeld van d'Artagnan in Maastricht (2006).

Als honorair consul verrichtte Oostwegel in januari 2005 de officiële opening van een tentoonstelling, geheel gewijd aan werken van de Franse kunstenares Agnès Thurnauer. De schilderes was door de cultuurmedia van Frankrijk uitgeroepen tot 'de belangrijkste kunstenaar van 2004'.

Voor veel belangstellenden hield Oostwegel in de Maastrichtse Galerie Reiff een uitgebreid exposé over de kunst, waarbij hij in vloeiend Frans vooral zijn bewondering voor hedendaagse kunst uitsprak. Ook het Vrijthoftheater betrok hij op een opvallende wijze in zijn 'Franse' activiteiten. Want als huldebetoon aan de 'Franse stad Maastricht', toen zo betiteld door organisator Oostwegel, vond begin 2006 in het Theater aan het Vrijthof een cabaret- en chansonavond plaats, waarin nieuwslezer Philip Freriks als cabaretier en Filip Jordens als Jacques Brel-vertolker verrassende rollen speelden.

Een hoogtepunt in de betrekkingen tussen Frankrijk en Maastricht vormde het moment waarop in 2009 de Mosasaurus voor even vanuit de Franse hoofdstad terugkeert naar Limburg. Camilles consulschap bewees goede diensten in de aanloop naar dit evenement.

LE GRAND ANIMAL DE MAESTRICHT

Het roven van kunst en cultureel erfgoed is van alle (oorlogs-)tijden: zegevierende legerscharen zoeken kostbare buit om thuisfronten te behagen met trofeeën. Het Frankrijk van de Revolutie vormde daarop destijds geen uitzondering. Op 9 oktober 1794 capituleert Maastricht na een beleg van drie weken voor de Fransen onder leiding van hun vermaarde bevelhebber Jean-Charles Pichegru. Uit het feit dat met het leger een geoloog (Barthélémy Faujas de Saint-Fond) en een politiek commissaris (Freicine) meereizen, vallen snode roofplannen al op voorhand te vermoeden.

Zo valt ook de in de jaren 70 van de 18de eeuw in de Sint-Pietersberg gevonden schedel van een prehistorische Mosasaurus of Maashagedis in Franse handen, ondanks eerst nog een verwoede poging door toenmalig eigenaar Theodorus Godding om het fossiel buiten Maastricht in veiligheid te brengen. Eenmaal in Parijs aangekomen, wordt de verovering bestem- peld tot Frans nationaal erfgoed, wat een eventuele latere teruggave aan Nederland en Maastricht voorgoed onmogelijk zal maken. In Frankrijk zelf refereert alleen de naam van het voorwereldlijke dier nog aan zijn herkomstregio: Le grand animal de Maestricht.

Sinds in de afgelopen 20, 30 jaar wereldwijd een discussie op gang is gekomen over oorlogsbuit en eventuele teruggave aan oorspronkelijke eigenaren, deelt ook de Parijse Mosasaurus dat lot. In het Europees Parlement beijveren Nederlandse leden van verschillende politieke fracties - onder wie de latere minister van Limburgse origine Maxime Verhagen - zich voor teruggave aan Nederland, maar vruchteloos. De status van nationaal erfgoed verhindert een wederkeer en zelfs een eventuele reis over de (Franse) grens. Daarop waren zelfs ook veel vroegere pogingen tot teruggave, ondernomen door Koning Willem I, al vastgelopen.

Dat verandert evenwel als bij nadering van het Darwin-jaar (november 2008-november 2009) een actie in het kader van 'stille diplomatie' wordt ondernomen. In 2007 wordt Camille benaderd door directeur Fokeline Dingemans van het Natuurhistorisch Museum in Maastricht met de vraag of hij als consul voor Frankrijk in Maastricht niet zou kunnen helpen bij een poging de schedel voor een tijdelijke expositie naar Limburg te halen. Een kolfje naar Camilles hand, want enerzijds heeft hij van jongs af aan een verzamelwoede ontplooid van juist fossielen en anderzijds is dit een uitgelezen kans om als consul iets concreets te betekenen voor Maastricht. Zoals hij in het huismagazine *Savoir Vivre aux Châteaux* van maart 2009 schrijft: 'We namen ons voor op kousenvoeten te werk te gaan en eerst goodwill te kweken in de Franse museumwereld.' Na de bal over de banden te hebben gespeeld van 'bruikleen (met garantie op terugkeer), educatie, wederzijds respect voor de Franse én Maastrichtse historie en cultuur en de volledige medewerking van beide ministeries van buitenlandse zaken en cultuur,' stemt Parijs uiteindelijk in.

Al dreigt op het allerlaatste ogenblik nog een kink in de kabel. Camille is zelf met Fokeline Dingemans, in gezelschap van een journaliste van *De Limburger*, naar het Muséum national d'Histoire naturelle in Parijs getogen voor het tekenen van de laatste papieren en het bijwonen van het begin van het transport. De Mosasaurus staat al ingeladen als de directeur van

Camille en Judith met de Franse ambassadeur en voorganger van Gaussot Anne Gazeau-Secret op Château St. Gerlach (2004).

het museum Camille vraagt of hij de *Figaro* van die ochtend gelezen heeft. En wat blijkt: een artikel waarin staat dat het uitlenen van de Mosasaurus niet door kan gaan. En wel op grond van een voorval dat zich even eerder heeft afgespeeld rond de veiling van een deel van de kunstverzameling van modekoning Yves Saint-Laurent. Bij die gelegenheid hebben de Chinese autoriteiten een claim gelegd op twee terracotta beelden die ooit China illegaal zouden hebben verlaten. Het kon best eens zijn dat de Mosasaurus, na aankomst in Maastricht, door de Nederlandse overheid zou worden opgeëist!

Camille schrikt zich een ongeluk, ziet in gedachten het hele initiatief nog te elfder ure mislukken, en bedenkt ter plekke een noodsprong. 'Heeft u hier ook nog een historische guillotine?' vraagt hij de museumdirecteur, waarop die hem niet begrijpend aankijkt. 'Een guillotine?'
'Ik ben bereid,' zegt Camille, 'mijn hoofd op het hakblok te leggen in geval de Mosasaurus niet naar Parijs terugkeert!' De directeur schiet in de lach en de Mosasaurus kan zijn reis naar Limburg aanvangen.

Op 2 maart 2009 arriveren de restanten van de Mosasaurus (officieel: Mosasaurus Hoffmanni - naar de archeoloog en eerste eigenaar van destijds, de man die het fossiel na een proces moest overdragen aan eerder genoemde Godding, de eigenaar van de grond) met een speciaal transport in Maastricht. Een heel contrast met de manier - op een ossenwagen - waarin dat ruim twee eeuwen eerder richting Parijs was gegaan! Vijf dagen na zijn aankomst wordt de Mosasaurus voor de duur van drieënhalve maand zichtbaar gemaakt voor het Maastrichtse, Limburgse en Nederlandse publiek, in de expositie 'Darwin, Cuvier et le Grand Animal de Maestricht'. De officiële opening wordt verricht door minister van Buitenlandse Zaken Maxime Verhagen, de Franse ambassadeur J. F. Blarel en een delegatie van het museum in Parijs. Waar gestolen goed het beste gedijt, moet daarbij maar in het midden blijven.

Muséum national d'Histoire naturelle in Parijs.

HOUTHEM: DE ROOTS

Gevraagd naar zijn roots in Limburg zegt Oostwegel zich een echte Houthemer te voelen, maar cultureel is hij een Maastrichtenaar. In zijn horecaondernemingen heeft hij zich altijd een restaurateur in de dubbele betekenis van het woord getoond.

NATUUR: VARIATIE, AUTHENTICITEIT EN EMOTIE

De inspiratie voor zijn gerealiseerde projecten haalt Oostwegel uit de natuur, de geschiedenis en de cultuur. Maar zonder het economische aspect uit het oog te verliezen. 'De horeca-euro is goed voor de schatkist en dus voor onze economie,' zegt hij tijdens een van de vele gesprekken. Om daar snel aan toe te voegen: 'Maar dat wil natuurlijk niet zeggen, dat alle monumenten horecagelegenheden moeten worden.' Want in functioneel én cultuurhistorisch opzicht is het belangrijk, dat er diversiteit in monumentenland blijft bestaan. Hij wijst op de door particulieren bewoonde kastelen en op de mogelijkheid dat bijvoorbeeld gemeentelijke instanties hun intrek nemen in een monumentaal pand.

Camille Oostwegel sr. controleert het fossiel voor vertrek naar Maastricht.

Het streven naar authenticiteit in de restauratie heeft bij Oostwegel altijd voorop gestaan. Bij het restaureren is ieder detail (zelfs het kleinste) voor hem belangrijk, hoor je insiders zeggen. Maar zelf is Camille van mening dat er architectonisch verantwoorde toevoegingen en/of uitbreidingen aan een monument moeten kunnen worden gedaan. Daarbij dient de omgeving - natuur en cultuur - vitaal bij de architectuur te worden betrokken. Dat geldt overigens voor alle geslaagde bouwkunst. 'Want een monument moet leven, het is emotie,' stelt hij gedecideerd. En inderdaad valt dat laatste goed te zien én te ondergaan bij zowel Oostwegels grootste schepping Château St. Gerlach als bij zijn imposante Maastrichtse projecten Château Neercanne en Kruisherenhotel Maastricht.

In 2002 zei Servé Minis, culturele hoofdmedewerker van de gemeente Maastricht, in een gesprek naar aanleiding van Oost-

Le grand animal wordt geplaatst in het Natuurhistorisch Museum in Maastricht.

wegels opvatting over cultuur: 'Camille is een katalysator van allerlei richtingen. Hij kan heel goed inspireren en delegeren. Doordat hij zijn einddoel altijd goed kent weet hij iedere betrokkene te motiveren. En hij "schuift niet af".'

Op 15 september 1998 vond de spectaculaire viering van het 300-jarig bestaan van Château Neercanne plaats. In het met veel spektakel opgevoerde theaterstuk *De terugkeer van de gouverneurs* werden respectievelijk de historische figuren generaal Van Dopff, tsaar Peter de Grote, freule Poswick en koningin Beatrix ten tonele gevoerd. Onder andere door de energieke bemoeienis van Oostwegel werden in het kader van het 'tricentenaire'-feest de uit het jachtslot Fasanerie in het Duitse Fulda afkomstige portretten van de 11 voormalige gouverneurs van Maastricht in het Bonnefantenmuseum geëxposeerd.

ONDERSCHEIDENDE ARCHITECTUUR

'Architectuur is bevroren muziek,' zei de grote dichter Goethe al. De onder supervisie van Camille Oostwegel sr. tot stand gebrachte projecten doen denken aan een 'Gesamtkunstwerk' waarin elementen en vormen van kunst en (cultuur)historie integreren of elkaar zinvol afwisselen.

In het Kruisherenhotel Maastricht is die verwevenheid ook

duidelijk herkenbaar aanwezig. Het architectenteam Henk Vos (interieur), Rob Brouwers (restauratie), Wil Snelder (tuin) en de befaamde Duitse lichtkunstenaar Ingo Maurer hebben voor een spectaculaire metamorfose van het historische kloostercomplex gezorgd. Er is één groot 'werelds' geheel tot stand gekomen dat inhoud geeft aan het moderne begrip 'designhotel'.

Hubert Slijper schildert Van Dopff in het Bonnefantenmuseum tijdens expositie van de militaire gouverneurs.

In grote lijnen stond het zo in de juryrapporten, behorend bij de in 2005 toegekende Victor de Stuersprijs. De jury vond het 'opmerkelijk, dat een monument met zoveel beperkingen zo gewetensvol is gerestaureerd'. Wim Hazeu, de 'monumentenwethouder' van Maastricht, drukte het bij de feestelijke prijsuitreiking op 8 september in het Regionaal Historisch Centrum Limburg zó uit: 'Camille Oostwegel heeft het Kruisherencomplex een schitterende, nieuwe bestemming gegeven.'

Interieurarchitect Henk Vos.

Precies een maand later, in november 2005, waren ook in Londen de loftuitingen niet van de lucht. 17 internationale hotels waren genomineerd voor The European Hotel Design

Ingo Maurer in de entree van het Kruisherenhotel.

Prins Hendrik van Denemarken plant een boom op St. Gerlach tijdens het Europa Nostra Congres (2002).

Award 2005. De internationaal samengestelde jury prees toen al het architectenwerk. Tussen de andere, internationaal bekende hotels uit Engeland, Frankrijk, Duitsland, Griekenland, Spanje en Slowakije kwam het Kruisherenhotel als beste naar voren en veroverde daarmee de Award, door kenners en insiders ook wel de Oscar onder de hotelprijzen genoemd.

In 2005 werd Château St. Gerlach door de Duitse *Schlummer Atlas 2005* uitgeroepen tot het beste hotel van Nederland.

De 28e editie van die gids testte een groot aantal hotels in West-Europa. Er konden vijf sterren worden toegekend en St. Gerlach was het enige hotel dat ze alle vijf verwierf.

In januari 2005 verdiende chef-kok Otto Nijenhuis van restaurant Château St. Gerlach een Michelin-ster. Met deze ster en die van Château Neercanne was Camille in Nederland bijna drie jaar lang de enige ondernemer met twee sterren op verschillende locaties. Helaas ging de ster van St. Gerlach in november 2007 weer verloren; sindsdien zijn de inspanningen om de onderscheiding te heroveren, drastisch opgevoerd.

In 2006 dong Het Kruisherenhotel in het Franse Cannes mee naar de Mipim Award 2006. Het hotel was genomineerd in de categorie 'Hotels and Tourism Resorts', maar werd in de eindronde nipt verslagen.

In het verleden zijn de bedrijven van Camille Oostwegel sr. bekroond met tal van belangrijke horecaprijzen zoals de Gouden Pollepel, de Gouden Jeneverbes, Nederlandse Gastheer van het jaar, de Limburg Award en de Koninklijke Horeca Nederland Award Limburg.

Persoonlijk is Camille nationaal en internationaal onderscheiden. In 1997 werd hij benoemd tot Ridder in de Orde van Oranje Nassau. Op 28 januari 1999 reikte prins Hendrik van Denemarken hem in Parijs de Europa Nostra Award uit. In 2006 heeft de Venlose Stichting Vrienden van het Limburgs Museum, hem de Goltziuspenning 2006 toegekend. Wegens zijn verdiensten voor onder meer het behoud van cultureel erfgoed en zijn innovatief uitgevoerde projecten kreeg Camille de bronzen

Goltziuspenning 2006.

André Rieu en Camille worden benoemd tot ere-bestuurslid van de Koninklijke Harmonie Sainte Cécile Eijsden (Château Neercanne, mei 2005).

penning, ontworpen door de Maastrichtse beeldend kunstenaar Appie Drielsma, in het museum uitgereikt. Inmiddels ontving hij in Parijs op de residentie van de Nederlandse ambassadeur Hugo Hans Siblesz "Le Trophée des Renommées d'Or du Tourisme International 2007". Deze prijs, die in de jaren 70 aan koningin Juliana is toegekend, betekent een grote erkenning voor Camille en zijn oeuvre. Naast 'Le Trophée' ontving Camille ook het Diplôme de Mérite et de Prestige National en werd hij Membre d'Honneur du Comité de France.

Chef-kok Otto Nijenhuis wordt op Château St. Gerlach door burgemeester C. Nuytens van Valkenburg aan de Geul gehuldigd voor het behalen van zijn Michelin-ster.

Camille Oostwegel sr. met het Diplôme de Mérite et de Prestige en de Trophée des Renommées d'Or.

Familie Oostwegel, Hugo Hans Siblesz (Nederlandse ambassadeur in Frankrijk), Alain de Tilière (President van Comité de France, President van Journal du Parlement).

Toespraak door Camille Oostwegel sr. tijdens uitreiking Trophée des Renommées d'Or.

Camille Oostwegel sr. met le Trophée des Renommées d'Or en Diplôme de Mérite et de Prestige.

Diplôme de Mérite et de Prestige toegekend aan Camille Oostwegel sr. persoonlijk.

Alain de Tilière, Camille Oostwegel sr. en Hugo Hans Siblesz.

Camille Oostwegel sr. in 2007 met de toenmalige Raad van Commissarissen.
V.l.n.r. Jan Janvier, Thijs Brand en Jo Eenens.

Martin Eurlings (gedeputeerde Economie & Toerisme, provincie Limburg), Fernand Jadoul (Consul Honoraire Luxemburg), Huub Dolmans (Consul Honoraire Spanje), Judith en Camille Oostwegel sr., Gert Beijer (Consul Honoraire Duitsland), Paul Schols (Consul Honoraire België), Jos Kievits (kabinetschef van de Commissaris van de Koningin voor de Provincie Limburg).

Het diner na de ceremonie in Le Procope, het oudste café-restaurant van Parijs.

ONDERNEMEN

STRIJDEN EN VECHTEN

Camille Oostwegel sr. is van nature een rustig mens. Als horeca-ondernemer heeft hij vanzelfsprekend de gastvrijheid hoog in het vaandel staan. Maar hij staat ook pal achter zijn onderneming, zeker als het op moeilijke kwesties aankomt. Hij kan als het nodig is wel eens exploderen, aldus zijn vrouw Judith. Hij is slechts enkele keren echt heel kwaad geworden. Lang geleden bij de oplevering van de restauratie van de Winselerhof en in 2005, toen hij in conflict kwam met de welstandscommissie van Maastricht.

'Maar,' zegt Camille, 'twijfels heb ik zelf nooit gehad, ofschoon ik veel hobbels en obstakels heb moeten overwinnen. Want er moet soms gevochten worden. Vechten en strijden horen nu eenmaal bij het ondernemerschap. Daarom ben ik ook geen ambtenaar geworden.'

Camille Oostwegel sr. is terecht trots op zijn bloeiende bedrijven en zijn vak. Zijn droom is uitgekomen. Als topuitbater en tegelijk 'monumentenredder' mag hij als voorbeeld gesteld worden voor beginnende ondernemers en in het bijzonder voor ondernemers in de horeca.

Judith Oostwegel helpt een schuttersmeisje dat tijdens de Gymnich top onwel werd (september 2004).

PASSIE, STIJL EN KWALITEIT

Passie, een woord dat vaak terugkomt in het vocabulaire van Camille Oostwegel sr. Het hoort bij hem, het is een stijlkenmerk, net als kwaliteit. Want Camille Oostwegel sr. heeft een duidelijke hartstocht voor kwaliteit en stijl, die als een soort kunstzinnige, culturele habitus ook uit al zijn uitgevoerde projecten spreekt.

Kwaliteit is alles voor Camille Oostwegel sr.: 'In de horeca betekent kwaliteit in de eerste plaats de cultivering van gastvrijheid. Als je niet van mensen houdt, kun je in dit vak niet slagen. Mijn filosofie is hierop gestoeld: als je mensen iets moois, iets echts geeft, krijg je er veel voor terug. Je verrijkt je immers

Reünie Chevaliers du Tastevin op Château St. Gerlach met minister Anne-Marie Jorritsma.

iedere dag met de kennis en de levenservaring van andere mensen. Het geeft mij een immense vreugde om andere mensen gelukkig te maken.'

Deze eigenschappen van Oostwegel worden bevestigd door de mensen, die hem van nabij kennen. Onder hen zijn alleen al zo'n 500 medewerkers die in zijn restaurants en hotels hun werk vinden.

Die opvatting wordt in het Kruisherenhotel dan ook symbolisch onderstreept door het in de kloostertuin opgestelde beeld 'Gast-Vrijheid' van de Maastrichtse kunstenaar Paul Odekerken. Pieter Ritzen, bekend kasteelheer en restaurant-uitbater van Kasteel Wittem in Zuid-Limburg voegt er desgevraagd nog het volgende aan toe: 'Camille Oostwegels grondprincipe? Ik heb hem lang geleden, voor het forum van studenten van de hotelschool, ietwat plechtig horen zeggen: "Jullie zijn brengers van geluk ..." Anders gezegd, geef de gast wat hem toekomt, hij betaalt er per slot van rekening ook voor en de gast op zijn beurt waardeert dat.'

In Camilles ondernemerschap zijn begrippen als openheid en spontaniteit uitermate belangrijk: 'Mijn werk is een manier van leven. Ik put uit de geschiedenis om toekomst te genereren. Contacten met andere mensen inspireren mij, maar ook kranten

Minister Ben Bot, minister Agnes van Ardenne en Xavier Solana met de ministers van de West-Afrikaanse landen tijdens de Gymnich top op St. Gerlach (2004).

en tijdschriften, mooie romans, de natuur, de geschiedenis, maar vóóral toch de mensen. Het mooiste is 'samen iets creëren' en dat dan commercialiseren. Dat is de kunst. Ik ben geen slavendrijver. De mensen werken graag voor me. Tuinmannen, afwassers, ik heb een leuk contact met iedereen. Hún passie, hún enthousiasme voor hún vak, dat vind ik héél interessant.'

Teaching Hotel Château Bethlehem.

TEACHING HOTEL CHÂTEAU BETHLEHEM

Het hoeft dus niet te verbazen dat Camille altijd het contact is blijven zoeken met de volgende generaties in zijn eigen metier. Dat richt zich in de eerste plaats op de plek waar hij zelf zijn opleiding genoot: Kasteel Bethlehem, waar de Hoge Hotelschool Maastricht gevestigd is, destijds in Camilles studietijd nog Katholieke Hogere Hotelschool geheten. 'Juist toen ik daar in 1969 aankwam,' herinnert Camille zich, 'werd er gestart met een restauratie van het kasteel. Razend interessant vond ik dat.'

Na het afstuderen in 1972 raakt de hotelschool een tijdje letterlijk uit zicht doordat Camille zich in Frankrijk verder in het vak van hotelier wil bekwamen. Maar in de jaren 80 en 90 krijgt hij er toch weer actieve bemoeienis mee als bestuurslid van de school. In 2003 volgt zijn toetreding tot de Advisory Board, een internationaal gezelschap dat de opleiding van adviezen voorziet. 'De complete 'hospitality'-industrie is in de raad vertegenwoordigd. We bekijken twee keer per jaar of de school goed op koers ligt en voldoet aan de vraag van de markt.'

In de adviesraad was in de beginjaren van deze eeuw bezorgdheid ontstaan over de richtlijnen, nadat de Hoge Hotelschool Maastricht onderdeel was geworden van Hogeschool Zuyd, herinnert Camille zich. Er was nog een punt, in feite een grote ergernis voor Camille: 'In mijn eigen studententijd woonden wij tijdens de opleiding in het kasteel. Halverwege de jaren 80 echter werd het hoofdgebouw kantoor voor het personeel van de school. Dat vond ik ongehoord en een slechte zaak voor de hotelschool.'

Alles bij elkaar genomen aanleiding genoeg voor de raad om

Lodewijk van der Grinten

bij het ontstaan van een vacature voor de directeur van de school actief in te zetten op iemand met een hotelschoolopleiding in combinatie met ervaring in het internationale bedrijfsleven. 'Zo kwamen wij bij Lodewijk van der Grinten uit,' weet Camille nog. 'Hij moest officieel solliciteren, maar hij werd het uiteindelijk wel. Voor het eerst sinds 60 jaar kwam er een oud-student van de school aan het hoofd ervan te staan.'

De nieuwe directeur trekt er vanaf het eerste moment hard aan. 'Ik moest soms eerder afgeremd worden door de Advisory Board dan geadviseerd,' blikt hij zeven jaar later terug. Ook Van der Grinten is de administratieve functie die het kasteel had gekregen, een doorn in het oog. Hij komt met een spraakmakende suggestie: maak er een hotel van waar de studenten ervaring kunnen opdoen. Zo ontstaat het idee van wat het Teaching Hotel Bethlehem zal worden.

Maar het gaat Van der Grinten om veel meer dan het verbouwen van het kasteel tot hotel. Hij wil het complete onderwijs op een veel hoger plan brengen en de school (weer) internationaal aanzien geven. 'De boel was erg naar binnen gekeerd,' weet hij nog. Zelfs gold dat in zijn ogen voor de Advisory Board. 'Ik heb geprobeerd door mensen van buiten aan te trekken - van onder meer Nestlé, de KLM en Compass Group - de raad van een wereldser blik te voorzien. Om er mensen in te halen die internationale functies bekleedden; die vanuit hun multinationals voor een complementaire visie zorgden. Zo hoopte ik te bereiken dat de school minder Limburgs, minder provinciaals zou worden.'

De noodzaak tot die ingrepen blijkt de directeur in spe al na het eerste telefoontje waarin Camille hem in 2004 benadert om Van der Grintens interesse te peilen voor de functie van directeur van de Hoge Hotelschool Maastricht. 'Ik kende Camille overigens nauwelijks, want op school was hij voor mij een ouderejaars. In één adem uitte hij tijdens dat gesprek zijn grote bezorgdheid over het niveau van de school en ik moet zeggen, toen ik mij vervolgens oriënteerde op de functie en de locatie kon ik Camille slechts gelijk geven en vaststellen dat de school de grandeur miste die hij had toen wij er zelf studeerden. In tegenstelling tot Camille was ik al jaren niet meer op de hotel-school geweest. Het was een schok te ontdekken dat het kas-teel niet meer exclusief voor de studenten en het onderwijs was bestemd. Hoe was dát in 's hemelsnaam mogelijk! Meteen in het eerste gesprek met de sollicitatiecommissie heb ik al bepleit om deze historische dwaling recht te zetten. Het kasteel moest weer een prominente plaats krijgen. Toen ik eenmaal in gesprek kwam met de sollicitatiecommissie, heb ik direct geopperd of we er niet eens ernstig over zouden moeten nadenken om van het kasteel een hotel te maken. De eerste reactie van de com-missie was dat ze dachten dat ik een grap maakte.'

Lodewijk van der Grinten wordt geïnterviewd door Jo Corten-raedt tijdens opening Teaching Hotel.

Eenmaal directeur zet Van der Grinten niet alleen meteen vaart achter het hotelplan, maar begint hij ook te sleutelen aan de inhoudelijke kant van het onderwijs. 'Het complete studie-eisenpakket moest worden opgehoogd. Bij mijn aantreden konden studenten nog eindeloos herexamens doen. 35 studie-punten in het eerste collegejaar volstonden. Dat is opgetrokken naar 60, waarmee het nu de hoogste norm van heel Nederland is. De verbouwing van het kasteel tot hotel vormde eigenlijk maar de buitenkant, de aanpak van het decorum; waar het we-zenlijk op aankwam was dat de opleiding organisatorisch en in-houdelijk op een veel hoger plan kwam. Ik heb ook bewust aangestuurd op aansluiting bij internationale instituten. Op het eerste gezicht was het idee om mij voor het directeurschap te benaderen, onlogisch. Maar Camille heeft goed ingeschat dat de opleiding reëel gevaar liep en dat een 'onlogische' direc-teurskeuze misschien kon helpen om het tij te keren. Alle ho-telscholen gingen op de internationale tour; in Maastricht wilde men uniek zijn door zich alleen op Nederland te richten. Het werd een gevecht tegen de dorpsmentaliteit. Door minimaal 30% van de studenten van buiten Nederland aan te trekken, heb ik de docenten gedwongen om over de grens te kijken.'

Van der Grinten herinnert zich terdege hoe hij al onmiddellijk werd geconfronteerd met financiële tekorten bij de hotelschool. Bovendien kreeg hij te maken met een bestuur boven hem, na-melijk dat van Hogeschool Zuyd. 'Hoewel ik in figuurlijke zin heel wat met haar af gevochten heb, heeft bestuursvoorzitter

Marianne Dunnewijk toch in positieve zin een doorslaggevende rol gespeeld. Zij kon de bestuurlijke moed opbrengen om ruimte te creëren, inclusief een budget, om de hotelschool een nieuwe weg in te laten slaan.'

Als in de loop van 2004 het licht eenmaal op groen staat om de veranderingen door te voeren en het hotelplan gerealiseerd kan worden, rijst de vraag hoe het allemaal moet worden aangepakt en vorm gegeven, vooral ook om meteen goed en opvallend op de kaart te komen. Van der Grinten vraagt Camille of hij Henk Vos wil benaderen om in te stappen; Vos, de ontwerper en vormgever die dan inmiddels in Zuid-Limburg furore maakt met het Kruisherenhotel. 'Henk werd art director,' blikt Camille terug op het proces. 'Hij kwam met het idee om allemaal verschillende ontwerpers en interieurarchitecten op het hotel los te laten voor de 26 beoogde kamers die daardoor onderling een totaal verschillende sfeer en inrichting zouden krijgen. Onze eigen Bart Kockelkoren heeft in zijn vrije tijd meegewerkt als bouwcoördinator.'

Onder de ontwerpers bekende namen als Piet Hein Eek, Jurgen Bey, Eveline Merkx, Job Smeets en Bart Vos. 'Bijna was het gelukt om Zaha Hadid tot medewerking te bewegen,' herinnert Camille zich, 'maar zij trok zich te elfder ure terug wegens al te drukke werkzaamheden.'

Van der Grinten schetst de rol van Hadid uitgebreider: 'Toen ik Henk Vos vroeg wie hij de beste architect ter wereld vond, noemde hij Zaha Hadid. Mijn reactie: Dan moeten we dié hebben. Henk keek me glazig aan en wees met zijn hand anderhalve meter boven de grond: zo'n stapel post met verzoeken krijgt Hadid elke dag. Mijn antwoord: dan moeten we haar niet per post benaderen! Ik ben begonnen haar te bellen, maar werd natuurlijk afgescheept. Ik heb het evenwel dagelijks herhaald en kwam steeds iets dichter bij haar totdat ik na zeker tien telefoontjes haar rechterhand, Patrik Schumacher, aan de lijn kreeg. Op de vraag wat ik nu eigenlijk wilde, zei ik dat ik bereid was naar elke plek op de wereld te vliegen om Hadid 20 minuten te spreken te krijgen. Zo trof ik Schumacher ten slotte in Londen. En Hadid stemde in om mee te doen. Door een samenloop van omstandigheden en doordat het bouwproces vertraging opliep, ging het uiteindelijk niet door. Maar door haar toezegging kon ik wel andere ontwerpers - met Piet Hein Eek als eerste - zo over de streep trekken.'

Het afvallen van Hadid doet geen afbreuk aan het uiteindelijke resultaat. Wel wordt het oorspronkelijke plan van Vos om voor iedere kamer een andere ontwerper te contracteren 'ingedikt': zij die meewerken nemen meerdere kamers voor hun rekening plus andere onderdelen van het hotel, zoals het restaurant 'L'Étoile de Bethlehem'. Stuk voor stuk in het oog springende ruimten.

Op 1 september 2010 wordt het Teaching Hotel officieel geopend. 'Daarmee,' zegt Camille, 'werd Kasteel Bethlehem voor het eerst een echte hotelschool.' De grote inspirator beleeft dat niet meer mee als directeur, want ruim twee jaar eerder is Lodewijk van der Grinten benoemd tot directeur van Koninklijke Horeca Nederland, de nationale brancheorganisatie voor horeca-ondernemers. Bij de Hoge Hotelschool Maastricht is hij opgevolgd door Ad Smits, een man met een uitgesproken onderwijsachtergrond.

Erg dat hij er op 1 september 2010 niet (meer) stond als directeur? Van der Grinten: 'Ik heb, toen Koninklijke Horeca Nederland mij benaderde, me wel even afgevraagd of dat niet een jaar te vroeg kwam. Toch ben ik overgestapt; een goede beslissing want in plaats van een jaar zou het bouwproces aan de school nog twee jaar vergen. Maar ik kon met een gerust hart vertrekken omdat het *point of no return* naar de ombouw tot hotel toch al was gepasseerd. De rol van Camille in het geheel is wel van enorm belang geweest; neem alleen al het beschikbaar stellen van Bart Kockelkoren. Dat die werd vrijgemaakt ten gunste van het hotelplan, bestempel ik zonder meer als een heldenrol van Camille. Hij heeft, wat ooit 'onze' school was, een grote dienst bewezen.'

Met Teaching Hotel Château Bethlehem is de Hoge Hotelschool Maastricht naar het niveau getild dat past bij de aspiraties van Maastricht en Zuid-Limburg. Voor Camille moet de

Website www.zuidlimburg.nl

Advertentie Zuidlimburg.nl

aanloop erheen de nodige herkenningspunten hebben opge-leverd - min of meer in lijn met wat hij in zijn eigen onder-neming beleefde met Kasteel Erenstein en de Brughof, met de Winselerhof, met Château Neercanne, Château St. Gerlach en vooral het Kruisherenhotel Maastricht.

ZUIDLIMBURG.NL

Hoe breng je al het moois dat Zuid-Limburg te bieden heeft, nu over op het grote publiek. En dan niet alleen vakantie- en carnavalsvierders en mensen met een culinair ontwikkelde smaak, maar ook ondernemers die zich hier willen vestigen en mensen van elders in het land die hier willen komen wonen?

In 1981, min of meer gekoppeld aan de eerste Europese top in Maastricht, was er al eens een poging ondernomen, met daarachter als drijvende kracht onder meer toenmalig gouver-neur Sjeng Kremers. 'Limburg, wig in Europa' heette die pro-motiecampagne met als embleem de kaart van Nederland en daarop Limburg sterk uitvergroot en als pijl Europa in priemend. Ook toen al leefde voluit het besef dat deze meest 'inlandse' provincie zijn ligging binnen Europa zou moeten kunnen verzil-veren. Maar de tijden waren niet gunstig. Economisch ging het de westerse wereld in die jaren lang niet voor de wind en bovendien was Limburg, zeker vanuit de Randstad gezien, nog min of meer een ontwikkelingsgebied.

Maastricht was nog maar net begonnen aan zijn wederopstan-ding als stad met allure en het hele zuiden kampte nog voluit met de naweeën van de mijnsluiting. Er waren allerlei subsidie- en andere regelingen van kracht om de regio weer de rug te laten rechten, maar het was een moeizaam proces waaruit in die jaren nog weinig van een eigen veerkracht bleek. Investe-ringssubsidies moesten bedrijven tot vestiging in Limburg ver-leiden, er was - met landelijk de hoogste werkloosheid - gemakkelijk en volop aan personeel te komen, maar het zou toch een proces blijken van lange adem en van veel vallen en opstaan. In zo'n klimaat gedijt een campagne niet best als die niet krachtig en permanent wordt gevoerd.

In de jaren 90, en zeker na de eeuwwisseling, doet de behoefte aan een nieuwe impuls zich steeds sterker voelen.

Maastricht is intussen een fiere stad geworden en geliefd door heel Nederland én daarbuiten voor een dagje of (lang) weekendje weg. Het heuvelland heeft zijn toeristische aantrekkingskracht behouden en zelfs is de markt daarvoor op een hoger plan gekomen dankzij betere horecavoorzieningen en een gegroeid aantal restaurants met een ster. In dezelfde periode is het massatoerisme de grens overgetrokken naar Spanje en later Turkije. Van een andere orde is dat Zuid-Limburg langzamerhand naam begint te maken als oord voor gezondheids- en wellness-voorzieningen. En er gloort zeer hoogwaardige industrie, onder meer in de sector van zonnecellen en materialen.

Als kort na de eeuwwisseling, ten tijde van de economische-neergang die als 'internet-crisis' bekend werd, de provincie Limburg en de Limburgse ontwikkelingsorganisatie LIOF de koppen bij elkaar steken, begint via een aantal brainstormsessies de bal te rollen. Als een der eerste initiatieven komt daar de ondergrondse versmarkt MosaeForum uit voort. Helaas onvoldoende onderbouwd en geplaagd door bouwkundige tegenslagen, brokkelt dit paradepaardje met zijn opvallende gelijkenis met Columbus Circle in New York (wel een aanzienlijk groter verzorgingsgebied!) al tamelijk snel af.

Camille wordt betrokken in het vormen van de gedachten:

hoe nu verder met het op de kaart zetten van Zuid-Limburg. Hij brengt naar voren dat de regio veel te bieden heeft, maar dat 'we ons onvoldoende in de etalage zetten'.

In 2006 komen alle betrokkenen bij elkaar op Kasteel Vaeshartelt. Er wordt overeengekomen dat alle tot dan toe versnipperde promotie in een eenduidige campagne gegoten wordt. De krachten moesten worden gebundeld en er zullen gelden op tafel moeten komen om een campagne haalbaar te maken.

Maar wie gaat die kar trekken? De provincie weet Peter Elverding te interesseren, die dan (2007) juist is teruggetreden als CEO van DSM. 'Ik was daar wel voor te porren,' zegt hij terugkijkend, 'maar wilde het niet alleen doen; ik heb er Jan Schrijen, oud-burgemeester van Venlo (en later van Valkenburg aan de Geul) en voormalige gedeputeerde, bij gevraagd en Camille Oostwegel sr. Waarom juist die twee? Ik zocht iemand uit een kleiner bedrijf dan DSM met bovendien ervaring in de toeristische sector en iemand uit de bestuurlijke hoek. Als driemanschap konden wij als kwartiermakers optreden om voor Zuid-Limburg een brandingprogramma op te zetten, een programma om Zuid-Limburg als merk, als 'brand', op de kaart te krijgen, inclusief de financiering en organisatie daarvan.'

Dat Elverding juist bij Camille uitkwam, beargumenteert hij met: 'Hij leek mij heel geschikt omdat hij zowel de toeristische sector goed kent als de regio waar het allemaal om moest draaien. Ik kende hem op dat moment van enige afstand. Al snel bleek dat we een succesvol team vormden dat met veel plezier samengewerkt heeft.'

Na circa een jaar ronden de kwartiermakers hun werkzaamheden af. Adviesbureaus Berenschot en Ogilvy krijgen de opdracht om na te gaan wat de regio het beste in de etalage kan zetten en hoe. Daaruit ontstaat de campagne 'Alles wijst op Zuid-Limburg'. Speerpunten worden: de Europese ligging, de innovatie en hoogwaardige maakindustrie en de 'work-life-balance', waarin kwalitatief goede scholen, betaalbaar wonen en het culturele en landschappelijke erfgoed belangrijke elementen zijn.

Om dat te kunnen realiseren is geld nodig. Twee miljoen euro per jaar en dat voor minstens vier jaar, met eventueel een verlenging. Het lukt om net voordat in de zomer van 2008 de financiële crisis losbreekt, de middelen bij elkaar te krijgen. Alle Zuid-Limburgse gemeenten dragen bij à één euro per inwoner, wat een totaalbedrag genereert van zes ton. Ook de provincie fourneert zes ton. De resterende 800.000 euro komt van grote bedrijven en instellingen in het gebied. 'Bij dat laatste,' zegt Elverding, 'is Camille weer nauw betrokken geweest. En nadat we als kwartiermakers onze opdracht hadden afgerond, is Camille gevraagd als voorzitter op te treden van de zogenoemde donateursgroep. De deelnemende bedrijven worden regelmatig onder leiding van Camille op de hoogte gesteld van de voortgang.'

Camille omgekeerd over een eerste gesprek met Peter Elverding dat hij voerde in juli 2007 toen het driemanschap gevormd moest worden: 'Toen al kon je voorvoelen dat er economisch zwaar weer op til was. We hebben in de maanden daarna overal redevoeringen gehouden om de boodschap over te brengen. In september 2008 kon de campagne van start. Het was een dubbeltje op zijn kant met de inmiddels zichtbaar geworden crisis.'

Ruim twee jaar later zegt Camille 'concrete resultaten van de campagne te zien'. 'Als kwartiermakers hebben we destijds Wim Ortjens kunnen aantrekken om directeur van het promotieproject te worden. Hij was eerder de spindoctor van Gerd Leers in diens periode als burgemeester van Maastricht. Door de 'regiobranding' is een nieuwe dynamiek ontstaan in de samenwerking tussen de Zuid-Limburgse gemeenten. En voor onze eigen onderneming zat er ook nog een positieve kant aan het project want op deze manier ben ik aan Peter Elverding gekomen als onze nieuwe president- commissaris.'

Elverding daarover: 'Het verzoek om bij Oostwegel de raad van commissarissen voor te zitten, kwam voor mij totaal onverwacht. Bij mijn besluit om er 'ja' op te zeggen, speelden drie factoren een doorslaggevende rol: Ik kijk bij het maken van keuzes niet alleen naar de inhoud van het werk, maar vooral naar de mensen met wie ik te maken krijg en naar de setting waarin de werkzaamheden plaatsvinden; daarnaast wilde ik graag ook eens in een raad van commissarissen zitten van een middelgroot bedrijf als afwisseling van het werk voor grote ondernemingen. En ten slotte vind ik het altijd leuk om in heel verschillende branches als commissaris actief te zijn. De horeca was nieuw voor me, afgezien van betrokkenheid bij de horecadivisie van de Bijenkorf in een grijs verleden. Ik ben bovendien een enthousiast gebruiker van de horeca. Bovenop die drie overwegingen kwam nog dat ik in het driemanschap heel plezierig met Camille had samengewerkt en dat ik enthousiast ben over zijn betrokkenheid bij de regio. De Oostwegel-hotels en -restaurants kende ik inmiddels goed. Door DSM ben ik in 1988 in Zuid-Limburg komen wonen. Een Limburger word je nooit als je van buiten komt, maar ik voel me hier na bijna een kwart eeuw zeer thuis.' In die zin is Elverding zelf de vleesgeworden promotie van 'Alles wijst naar Zuid-Limburg' of in hedendaagse termen: Zuidlimburg.nl

Vlnr mevr. & dhr. Elverding, mevr. & dhr. Kremers (oud-gouverneur) tijdens 30-jarig jubileum Ans & Peter Harkema.

KUNST

KUNSTZINNIGE INTERESSES EN ACTIVITEITEN

Camille Oostwegel sr. is een belezen man, die de literatuur in zijn hart gesloten heeft en het daarbij niet wil laten. Dat blijkt onder meer op Château St. Gerlach, waar schuin voor zijn hotel een door Chris Rutten vervaardigde buste van de in Schaesberg geboren Frans Erens (1857-1935) staat opgesteld. Op 23 mei 2003 werd het bronzen borstbeeld door de gouverneur van Limburg op Château St. Gerlach onthuld. Tegelijk werd de brochure *Grond-tonen* met tekstfragmenten van de schrijver gepresenteerd.

Frans Erens (1857-1935).
Onthuld op 23 mei 2003.
Sculptuur van Chris Rutten.

Frans Erens was de enige Limburgse vertegenwoordiger van de Tachtigers, een groep literaire kunstenaars die Nederland aan het eind van de 19de eeuw een nieuw kunstklimaat schonk. Hij schreef in hun stijl en geest en was een gewaardeerd medewerker van het tijdschrift de *Nieuwe Gids.*

Erens groeide op in het Zuid-Limburgse land. Hij ging vervolgens naar het artistiek flamboyante Parijs, deed daar veel ervaring op en vertrok daarna naar Amsterdam, waar hij zich al gauw bij de Tachtigers aansloot. Frans Erens verkeerde ruim tien jaar in Amsterdam. Als subtiel schrijvend kosmopoliet leverde hij een belangrijke, uitzonderlijke bijdrage aan het gezamenlijk werk van deze toen toonaangevende groepering in de Nederlandse literatuur. Van 1927 tot zijn dood in 1935 woonde hij in de St. Maartenshof, een eeuwenoud huis in Houthem-St. Gerlach. Camille zegt vooral door Erens' universele vorming in diens werk en leven geïnteresseerd te zijn.

In de loop der jaren heeft Oostwegel zich vaak ingezet voor jonge kunstenaars, die hij onder andere de gelegenheid gaf om te exposeren in zijn hotels en restaurants. Verder is hij betrokken bij een verscheidenheid aan uitgaven, zoals boeken over (cultuur)- geschiedenis, reisboeken (de Capitoolreeks), 'culinaire' en gastronomieboeken en zijn eigen 'château-magazine' met

Grootvader Oostwegel op hoge leeftijd als erelid van de Heerlense schutterij (1967).

Provoost-generaal Camille en Toon Hermans (september 1999).

de toepasselijke titel *Savoir Vivre aux Châteaux*. Eind 2008 verscheen *Joie de Vivre - Genieten van Zuid-Limburg met Camille Oostwegel*. Een standaardwerk dat zowel de 'huizen' belicht van het Oostwegel-concern en hun plek in het Limburgse en ook portretten van de chef-koks, bijzondere leveranciers van de restaurants en een scala aan hoogwaardige recepturen. Het nieuwe boek werd de opvolger van *Les cuisines de Camille*, een gastronomische uitgave die in 2000 verscheen ter gelegenheid van het 20-jarig bestaan van het Oostwegel-concern.

Camilles affiniteit met kunst en cultuur spreekt voorts uit de namen van kamers, suites of delen van zijn hotels. Een aparte, stalen nieuwbouw bij het Kruisherenhotel, waarin drie hotelka-

Camille jr. in klaroenkorps (1999).

mers zijn gerealiseerd, heeft Oostwegel bijvoorbeeld Casa Nova genoemd. Uit die keus blijkt niet alleen Oostwegels bewondering voor Italië, maar tegelijk zijn belangstelling voor de gewoonlijk alleen maar als vrouwenverleider bekend staande Venetiaan Giacomo Casanova (1725-1798). In een interview met het magazine *Chapeau* (2005) zegt hij: 'Ik héb wat met Casanova en met de 18de eeuw in het bijzonder. We kennen doorgaans maar één aspect van Casanova, namelijk de verhalen over zijn amoureuze ervaringen. Maar dat is slechts een heel beperkt deel van zijn persoonlijkheid. Ik heb verschillende boeken over hem gelezen, waaruit blijkt dat hij een begenadigd observator was die trefzeker wist te verwoorden, wat er zich in zijn spannende leven afspeelde. Vooral de postuum verschenen *Memoires* geven een fascinerend beeld van zijn tijd. Wat weinig mensen weten is dat deze Italiaanse avonturier en publicist ook daadwerkelijk in onze Zuid-Limburgse contreien is geweest. En dat maakt het nog net iets specialer.'

Prins Hendrik van Denemarken op Château St. Gerlach (2004).

Dat Camille een verzamelaar is, mag bekend worden verondersteld. Hij is te allen tijde geïnteresseerd in afbeeldingen of geschriften over de historie en de historische ontwikkeling van 'zijn huizen'. Zo heeft hij in zijn bezit 110 tekeningen en aquarellen van Philippe van Gulpen (1792-1862), die nu permanent in het Kruiserenhotel zijn tentoongesteld. Bij toeval vernam Camille dat zich ergens in het noorden van Nederland een verzameling oude prenten bevond in een minstens even oude hutkoffer.

Na onderzoek bleken die tekeningen van de hand van de Maastrichtse heelmeester/arts en tekenaar Van Gulpen te zijn. Deze heeft tussen 1830 en 1860 honderden waardevolle tekeningen gemaakt van landschappen, kastelen, stads- en dorpsgebouwen in Zuid-Limburg, waaronder een fraaie weergave van Château Neercanne.

Oostwegel bedacht zich niet. Hij nam contact met de eigenaar op, kocht de hele collectie en heeft ze een vaste plaats gegeven in een van de fraaie kloostergangen van zijn laatste nieuwe hotel.

De schutterij
Sint Martinus van Houthem

De schutterij van Houthem bestaat inmiddels meer dan 400 jaar. Trekken de schutters in vol ornaat uit, dan lopen daar naast koning en keizer een tweetal deftige heren in rokkostuum. De een, Jan Wortmann, is de beschermheer van de schutterij in navolging van de laatste baron, Robert de Selys de Fanson. Wortmann draagt een blauwe sjerp, een zilveren ketting en een bolhoed.

De andere opvallende persoon met

steek is Camille Oostwegel sr. Op de uiteinden van zijn mouwen zijn gouden biezen geborduurd. Hij is provoost-generaal, in het verleden de toezichthouder van orde en tucht in een legerplaats. Jan Notten schrijft over hem: 'Camille Oostwegel is een man van deze tijd, maar gevoelig voor alles wat met het verleden te maken heeft. Hij is een steunpilaar van de Houthemse schutterij.'

'Als kind stond ik al vol ontzag naar de

langstrekkende schutterij te kijken,' zegt Camille zelf over deze interesse. 'Toen ik in 1980 weer in Limburg kwam wonen, op Kasteel Erenstein, nodigde ik de Houthemse schutters uit ter opluistering van feesten en recepties. Kom je in Houthem te wonen, dan vraagt men of je iets voor Martinus kunt betekenen. In 1990 ben ik erin gestapt. Ik ging een sabel dragen die ik geërfd heb van mr. Herman Viseur, een goede vriend van mijn ouders, die mij als een soort zoon beschouwde. Hij was militair bevelhebber in Maastricht en adjudant van koningin Wilhelmina. Prachtig toch? Een militair attribuut dat je draagt in een vriendenvereniging.

Een mooie bijkomstigheid is dat de schuttersweide, waar de wedstrijden worden gehouden, op ons terrein bij het hotel ligt. Dat is al 30 jaar zo en ik heb notarieel laten vastleggen dat daar geen verandering in zal komen.'

In een fraaie, antiekhouten kast in de bar van Château St. Gerlach wordt een aantal memorabiliën van de Houthemse schutterij bewaard. Een statig zwaard en een aantal koningsplaten. De mooiste is wel die van 'Philippi, ersten kyser van Houythem, anno 1734'.

Voor Jan Wortmann, voormalig vice-president van de rechtbank in Maastricht, heeft de schutterij in een dorp nog steeds zin. 'Het is een stuk eigenheid van de regio. Kleurrijk en feestelijk, maar dat is niet alles.' Over zijn plaats in de schutterij zegt hij: 'Je hebt het gevoel dat je iets handhaaft, iets verdedigt van het eigene, het verworvene, het gemeenschapsgevoel. Hoewel er nergens zo veel rangen en standen zijn, zie je ook nergens zo'n broederschap. Je voelt je wel degelijk overdrager van een bepaalde historische traditie, die de eeuwen heeft overleefd. De schutterij is tijdloos. Je moet meemaken hoe schutters worden begraven in schuttersuniform, met treurmuziek. Dan begrijp je welke plaats de schutterij inneemt in het leven van de leden.'

Camilles affiniteit met kunst en cultuur spreekt voorts uit de namen van kamers, suites of delen van zijn hotels. Een aparte, stalen nieuwbouw bij het Kruisherenhotel, waarin drie hotelkamers zijn gerealiseerd, heeft Oostwegel bijvoorbeeld Casa Nova genoemd. Uit die keus blijkt niet alleen Oostwegels bewondering voor Italië, maar tegelijk zijn belangstelling voor de gewoonlijk alleen maar als vrouwenverleider bekend staande Venetiaan Giacomo Casanova (1725-1798). In een interview met het magazine *Chapeau* (2005) zegt hij: 'Ik héb wat met Casanova en met de 18de eeuw in het bijzonder. We kennen doorgaans maar één aspect van Casanova, namelijk de verhalen over zijn amoureuze ervaringen. Maar dat is slechts een heel beperkt deel van zijn persoonlijkheid. Ik heb verschillende boeken over hem gelezen, waaruit blijkt dat hij een begenadigd observator was die trefzeker wist te verwoorden, wat er zich in zijn spannende leven afspeelde. Vooral de postuum verschenen *Memoires* geven een fascinerend beeld van zijn tijd. Wat weinig mensen weten is dat deze Italiaanse avonturier en publicist ook daadwerkelijk in onze Zuid-Limburgse contreien is geweest. En dat maakt het nog net iets specialer.'

Dat Camille een verzamelaar is, mag bekend worden verondersteld. Hij is te allen tijde geïnteresseerd in afbeeldingen of geschriften over de historie en de historische ontwikkeling van 'zijn huizen'. Zo heeft hij in zijn bezit 110 tekeningen en aquarellen van Philippe van Gulpen (1792-1862), die nu permanent in het Kruisherenhotel zijn tentoongesteld. Bij toeval vernam Camille dat zich ergens in het noorden van Nederland een verzameling oude prenten bevond in een minstens even oude hutkoffer.

Na onderzoek bleken die tekeningen van de hand van de Maastrichtse heelmeester/arts en tekenaar Van Gulpen te zijn. Deze heeft tussen 1830 en 1860 honderden waardevolle tekeningen gemaakt van landschappen, kastelen, stads- en dorpsgebouwen in Zuid-Limburg, waaronder een fraaie weergave van Château Neercanne.

Oostwegel bedacht zich niet. Hij nam contact met de eigenaar op, kocht de hele collectie en heeft ze een vaste plaats gegeven in een van de fraaie kloostergangen van zijn laatste nieuwe hotel.

MUSEUM AAN HET VRIJTHOF*

Wie in Maastricht het centrale plein het Vrijthof oploopt of - rijdt, ontwaart aan de zuidzijde een langgerekt ossenbloedrood gebouw, deels met boogvensters. Het is het voormalige Spaans Gouvernement, waarin al jaren een klein museum zetelt, maar dat nu - in combinatie met een achterliggend monument aan de Papenstraat - wordt verbouwd tot het Museum aan het Vrijthof, dat als alles volgens plan verloopt in mei 2012 zijn deuren opent voor het publiek.

Studiereis naar Chopinmuseum in Warschau ter bestudering audiovisuele toepassingen. Vlnr. Maarten Mevis (binnenhuis-architect/museaal ontwerp), Monique Dickhaut (directeur/conservator), Bart Kockelkoren (bouwcoördinator), Marjon Franssen (hoofd facilitaire zaken), Rob Brouwers (architect) en Camille Oostwegel sr. (voorzitter), mei 2011.

Camille behoort tot de gangmakers van het project. Eind jaren 90 wordt hij door bestuursvoorzitter Marijke Estourgie-Beijer en directeur Monique Dickhaut benaderd met de vraag of hij zitting wil nemen in het bestuur. Het museum is op dat moment voor Camille lang geen onbekend terrein. Het is al eens opgenomen geweest in een van de eerste Cultuurtochten en bovendien heeft Château Neercanne in 1989 de culinaire inbreng verzorgd van een bezoek van de koningin aan het Spaans Gouvernement.

Anno 2011 weet Marijke Estourgie zich te herinneren: 'Ik kende Camille alleen van naam; hij was natuurlijk in al die jaren wel opgevallen door zijn grote projecten in Zuid-Limburg. Een van de andere leden in het bestuur opperde om hem erbij te vragen. Dat idee kreeg unanieme bijval. Wij zochten nadrukkelijk iemand die ons kwam versterken met het oog op de uitbreidingsplannen van het museum. Met zijn betrokkenheid bij het culturele leven in de regio, zijn directe manier van opereren, zijn enthousiasme en zijn enorme relatienetwerk, was Camille eigenlijk dé kandidaat.' Deze gaat op het verzoek in en ziet meteen de kwestie op tafel komen van de te beperkte ruimte voor het museum. Verbouwen? Verhuizen? Het zijn allemaal opties. En dan eist het toeval zijn plaats op. Het is 8 december 2000. Tijdens een vergadering over een alternatieve locatie blijkt dat het Kruisherencomplex vrijkomt.

Bouwwerkzaamheden Museum aan het Vrijthof, mei 2011.

Waar dat toe leidt, is eerder in dit boek behandeld: de stichting van het Kruisherenhotel.

Voor het Spaans Gouvernement rolt er uiteindelijk een oplossing dichter bij huis uit, of nog preciezer: in en om huis. Het rijksmonument achter het eigen gebouw en gelegen aan de Papenstraat kan bij het Spaans Gouvernement worden getrokken en de tussenliggende ruimte worden overhuifd. Maar voor het zover is, vloeit er nog heel wat water door de Maas. Immers, niets gaat vanzelf, alles moet bevochten worden.

In 2004 vraagt Marijke Estourgie aan Camille of hij haar wil opvolgen als voorzitter van het museumbestuur. Die heeft daar wel oren naar, maar nu nog niet. 'Eerst het Kruisherenhotel voltooien, openen en een jaar draaiend hebben. Daarna ben ik beschikbaar.' En zo wordt Camille in 2006 voorzitter. 'Het is in verhouding een groot bestuur boven een kleine organisatie. Daardoor liggen er veel uitvoerende taken bij de leden van het bestuur,' schetst hij het relatief grote tijdsbeslag van zijn nieuwe functie. En Marijke Estourgie: 'Camille maakt heel gemakkelijk veel tijd voor het museum vrij. Hij is altijd beschikbaar. Zelf ben ik wel lid van het bestuur gebleven, maar dan voor alleen de museale portefeuille. Voor het bestuur was het een groot voordeel een voorzitter te krijgen met zo'n enorm netwerk. Zelf miste ik dat doordat ik voordien zeker 20 jaar uit de regio weg was geweest.'

De basis van de museumcollectie is destijds gelegd door de in een stichting ondergebrachte verzameling Wagner-De Wit, aangevuld met de permanente bruikleen door de eveneens in een stichting ondergebrachte collectie Bonhomme-Tielens. Beide waren van origine zeer breed; via aankopen en bruiklenen is gericht toegewerkt naar een kern met objecten met een duidelijke binding met de stad Maastricht. Lange tijd lag daarbij een accent op de tweede helft van de 18de eeuw. In de nieuwe opzet wordt dat verbreed tot vijf eeuwen 'made in Maastricht', mogelijk gemaakt door de dan 2,5 keer groter geworden expositieruimte.

Twee sauskommen (1762-1764), Joannes Andreas L'Herminotte. Collectie: Stichting Bonhomme-Tielens.

Op de route naar het nieuwe plan krijgt allereerst de financiering alle aandacht. De Stichting Elisabeth Strouven is bereid twee miljoen euro ter beschikking te stellen, maar onder de uitdrukkelijke voorwaarde dat de gemeente Maastricht de panden aan de stichting verkoopt cq overdoet. 'Fondsen', weet Camille dan al uit ruime ervaring, 'komen pas in beweging als ook de gemeente beweegt.' De provincie Limburg wil één miljoen euro bijdragen, eveneens onder een harde voorwaarde: dat vóór 1 januari 2011 de aanbesteding tot verbouwing een feit is. De gemeente is niet happig op verkoop maar bevindt zich in een spagaat want heeft zich eerder vastgelegd op het onderbrengen van de collectie Wagner-De Wit. Het om elkaar heen draaien van alle betrokken partijen kan beginnen, terwijl de tijd wegtikt. Het moet bij Camille déjà vu's hebben opgewekt.

Rob Graafland, Kinderen in de wei, 1911. Collectie: Stichting Wagner-De Wit.

De gemeente hikt aan tegen het overdragen van een pand dat zo waardevol moet zijn, maar als Camille voorstelt om het tegen boekwaarde te doen, kunnen B&W zich daarin vinden. Het over de brug komen door de provincie - die al drie eigen musea heeft - krijgt een duwtje in de rug door het uitbreken van de financiële crisis in 2008. Stimulering van de werkgelegenheid in de bouw wordt ineens een issue en in combinatie met de wens Maastricht klaar te maken voor Europese Culturele Hoofdstad in 2018, trekt dat de provincie over de streep. Toch wordt het nog een dubbeltje op zijn kant: de aanbesteding komt tot stand in de laatste dagen van december 2010. Daarbij leent Camille zijn technische directeur Bart Kockelkoren

uit als bouwcoördinator voor het museumproject.

Met het rondkomen van financiële steun door de overheden, valt de route naar potentiële sponsors open. Uiteindelijk neemt een partij met internationale uitstraling het voortouw: Tefaf Maastricht, 's werelds belangrijkste kunst- en antiekbeurs, wordt hoofdsponsor van het Museum aan het Vrijthof.

Daarnaast wordt geen middel onbeproefd gelaten om fondsen voor het museum en de grote verbouwing te werven. Was Camille eerder al succesvol in het betrekken van particulieren bij het Kruisheren-project, nu gebeurt dat voor het Museum aan het Vrijthof opnieuw. In de late zomer van 2010 start met een feestelijke bijeenkomst in de Sint Jan op het Vrijthof een actie waarmee iedere gegadigde - persoon, onderneming of instelling - een museumonderdeel kan adopteren of sponsoren. Onder meer wordt de mogelijkheid geschapen om persoonlijke teksten in vloertegels in het nieuwe museum te laten graveren. Directie en museumbestuur worden voorts omringd en versterkt door een businessclub, een vriendenkring, een comité van aanbeveling en, absoluut onmisbaar, een cirkel van vrijwilligers voor het dagelijkse reilen en zeilen van het particuliere museum.

Op 17 januari 2011 kan met de verbouwing en uitbreiding van Museum aan het Vrijthof worden begonnen. Aan een officiële tegellegging doen mee de dan nog kersverse nieuwe burgemeester van Maastricht Onno Hoes, Noël Lebens als plaatsvervanger van de Limburgse gedeputeerde voor kunst en cultuur Odile Wolfs, Ed Klomp als voorzitter van de Stichting Elisabeth Strouven, mevrouw R. Meijers als echtgenote van de kort tevoren overleden stichtingsdirecteur Jan Meijers, chairman Ben Janssens van het executive commitee van Tefaf, Gert Beijer als voorzitter van Stichting Wagner-De Wit en Max Haan als voorzitter van de Stichting Bonhomme-Tielens.

De expositieprimeur valt in het vroege voorjaar van 2012 toe aan de hoofdsponsor, die zijn zilveren jubileum viert. Het dan vrijwel voltooide museum is in maart het toneel van een preview over de jubilerende Tefaf Maastricht.

CULTUURTOCHTEN

Toen Camille eind jaren 80 de leiding van Erenstein uit handen gaf aan een directeur, ontstond al snel het gemis aan het contact met zijn gasten. Hij zocht naar een nieuwe gastheerrol waarmee hij zijn directeuren niet voor de voeten liep. In 1994 lanceerde hij zijn eerste zogenaamde cultuurtocht, een fenomeen dat sindsdien bij een groeiend aantal vaste gasten van Camilles hotels bekend werd.

Het zijn tochten waaraan hij zelf deelneemt, in zeker opzicht ook het middelpunt vormt. Een Camille die met een groep van circa 50 deelnemers Zuid-Limburg voor zijn gasten openlegt. En ruimer dan die maat, want de grensgebieden delen er in mee: Luik, Hasselt, Tongeren, Maaseik, de Voerstreek, Val-Dieu en wijngoed Genoelselderen in de Belgische Haspengouw als ook Aken, Monschau en Kornelimünster over die andere grens, de Duitse. Hogerop in de eigen provincie werden al eens Roermond, Thorn en Stevensweert bezocht.

's Avonds bij aperitief en diner schuiven steevast Camilles gezinsleden aan. Echtgenote Judith, dochters Michelle en Françoise en zoon Camille jr. De laatste was overigens gedurende vele jaren ook vaste begeleider van de dagprogramma's. Menig cultuurtochtdeelnemer zal zich het blonde jochie van destijds herinneren als degene die in de bus zorgde voor de fouragering met pepermuntjes en die graag de leiding naar zich toetrok (aardje naar zijn vaartje?) bij de onvermijdelijke quiz aan het einde van de 'reis'.

De programma's bestaan uit een afgewogen afwisseling van cultuur, natuur en culinaire genoegens. Musea, kastelen, kerken, kloosters en historische boerderijen of watermolens worden bezocht, maar ook tuinen ontbreken nimmer. Ontbijten op de eigen Oostwegel-locaties openen de dag, diners op Camilles verschillende châteaus besluiten ze, maar tussendoor is er steeds weer de verrassende lunch en/of borrel op plekken die onderweg worden aangedaan. Veelal zorgt Camille zelf voor uitleg, maar net zo vaak worden gastrondleiders toegevoegd, bijvoorbeeld als een stad wordt aangedaan. Of een wandeling wordt gemaakt door de Voerstreek, het Zuid-Limburgse Ingendael of Gerendal of de Belgische Hoge Venen.

Hoe de tochten in de smaak vallen mag blijken uit het feit dat ze nog altijd bestaan. Begonnen in 1994 - en diezelfde zomer zelfs herhaald bij overweldigende intekening - dacht Camille eerst het na vijf edities voor gezien te zullen houden. De druk uit de inmiddels opgebouwde achterban - tal van deelnemers 'liepen' de tochten meerdere keren en raakten ook onderling bevriend - zorgde ervoor dat een traditie ontstond en in standgehouden werd. Voor de zomer van 2011 staat nu al de 18de editie gepland.

Cultuurtocht

Een ander 'gevolg' van het initiatief: sommige deelnemers raken zo begeesterd door Zuid-Limburg dat ze er zelfs naar toe verhuizen. In de zomer van 2006 werd in Klimmen door Camille en zijn gasten een boerderij bezocht - de historische hoeve De Carishof - waar vier jaar eerder bewoners neerstreken die halverwege de jaren 90 behoorden tot de cultuurtochtdeelnemers van het eerste uur. En wie kon beter Camilles passie voor zijn eigen streek verwoorden dan een der eigenaren van deze carré-boerderij? 'Hij (Camille) vertelt over Limburg alsof hij het zelf heeft gemaakt!'

CULTUREEL ERFGOED

Tijdens de officiële opening van het vernieuwde Museum aan het Vrijthof op vrijdag 1 juni 2012, klinken mooie woorden. Camille sr., sinds 1997 Ridder in de Orde van Oranje-Nassau, wordt bij bevordering benoemd tot Officier in de Orde van Oranje-Nassau. De reden is zijn jarenlange inzet voor het behoud van cultureel erfgoed in Limburg, maar ook zijn vele andere vrijwilligerswerk, zowel nationaal als internationaal. Als voorzitter van het stichtingsbestuur was hij nauw betrokken bij de verbouwing en de uitbreiding van het voormalige Spaans Gouvernement, waar tussen 1519 en 1550 onder anderen Karel V en Filips II diverse malen verbleven. Camille sr. speelde daarnaast een cruciale en onmisbare rol bij het verkrijgen van de nodige financiële middelen voor de verbouwing van het rijksmonument.

'De heer Oostwegel is er de afgelopen jaren op meesterlijke wijze in geslaagd om de kracht van de regio Zuid-Limburg op de kaart te zetten. Als hoeder van het cultuurhistorisch erfgoed, als gastronoom en als Honorair Consul van Frankrijk,' aldus de Valkenburgse burgemeester Martin Eurlings tijdens de feestelijke uitreiking van de koninklijke onderscheiding.

A.F.Th. van der Heijden

TERG EN VERBLIJD

Weg uit Amsterdam - wie dat niet geregeld doet, maakt van de stad een krank-
zinnigengesticht, en manoeuvreert zichzelf in de dubbelrol van verpleegde en
verpleger. Juni 1999: kunstenaar Peter
Giele, het brein achter discotempel Roxy,
tuimelt met een hersenbloeding van zijn

scooter. Na zijn uitvaart, met bootjes vol
vuurspuwers over de Amstel, vloog tijdens
de herdenkingsbijeenkomst 's avonds
door afgestoken vuurwerk de Roxy in de
fik, om tot de grond toe af te branden.
Toen ik de zwarte rookkolom boven het
Singel zag staan wiegelen, dacht ik moe-

deloos aan Gerard Reves typering van Amsterdam als 'een lugubere feesttent'.

'Dat grote familiehotel in Valkenburg,' zei ik tegen mijn vrouw, 'waar je vroeger wel met je ouders kwam, bestaat dat nog?'

We reden er op een zondag heen. Ja, het bedoelde hotel was nog in bedrijf, maar in de lange gangen stonden onafzienbare rijen rollators en rolstoelen. Het rook er, met alle respect, naar nette ouderdom. Nee, hier zou ik geen pen op papier kunnen krijgen. Na wat doelloos rondrijden door de omgeving begonnen ons de bordjes CHÂTEAU ST. GERLACH op te vallen. 'Proberen?'

'Ja, dat nog, en dan op huis aan, want het is een hopeloze onderneming.'

Het was een donkere zomerdag, en het regende. We reden de groene tunnel van een natte kastanjelaan in. De slagboom aan het eind ging automatisch omhoog - en daar ontvouwde zich, oplichtend ondanks de laaghangende bewolking, het landgoed van Château St. Gerlach. De gele gevel van het kasteel en de rode kolos van de voormalige herenboerderij, waar nu de hotelvlaggen zwaar van regen terneer hingen. Ertussen de mathematisch aangelegde beeldentuin, afgezoomd met eeuwenoude bomen. Ik heb de gebouwen van Château St. Gerlach sindsdien vaak van een afstand bij elkaar zien liggen. Vooral aan wie het landgoed vanaf de Geul over het woeste terrein met de wilde paarden nadert, doet het geheel zich voor als een oude feodale gemeenschap. Kerk, kasteel, klooster en pachtboerderij hurken in adellijke en clericale saamhorigheid bijeen, met het dorp op eerbiedige afstand.

'Hier kan ik werken,' riep ik uit.

'Zou je niet eerst eens de kamers bekijken?' vroeg mijn vrouw. Ze stopte voor het rode gebouw, waar de receptie was. Er werden ons, zonder opdringerigheid, enkele fraaie suites getoond, maar ik was er met mijn gedachten al niet meer bij: ik zou hier werken. Een paar dagen later trok ik met mijn papierwinkel in appartement 505, bijgenaamd De Gele Anemoon. Gonzende rust, doorfloten stilte. Ik was in die tijd nog maar net begonnen aan wat de romancyclus *Homo duplex* moest worden, en mijn verblijf in De Gele Anemoon betekende, om Mao te parafraseren, een enorme Culturele Sprong Voorwaarts. De lispelende Geul fluisterde me de juiste ideeën in.

Zo wist ik opeens wat de verhoogde activiteit was die de gewonde hoofdpersoon waarnam in het Brandwondencentrum van Beverwijk: de slachtoffers van de vuurwerkramp in de Roxy werden binnengebracht. Ver weg, de waanzin van Amsterdam.

's Avonds at ik in de Bistrot de Liège*, in het hoofdgebouw van het kasteel, of ik wandelde in de namiddag naar de Geulhemer Molen, een oude watermolen in de Geul, dat een eetcafé huisvestte - gewoontes die ik ook in later jaren hier koesterde. Aan de overkant van de rivier staat een bord met BERG EN TERBLIJT. In de loop van de tijd heeft die naam zich in mijn hoofd vanzelf omgesmeed tot zoiets als de dubieuze wapenspreuk van mijn schrijverij: 'Terg en Verblijd'.

Ik ben sindsdien regelmatig naar Château St. Gerlach teruggekeerd, er altijd voor zorgend dat appartement 505 voor me gereserveerd werd - een privilege dat me altijd geruisloos verleend is. Ik vestig me er in de loop van het voorjaar, en blijf er dan, met Amsterdamse onderbrekingen, tot diep in de zomer of ook wel, als er per se een boek af moet, tot in het najaar, wanneer de bomen in St. Gerlach's Julianapark een voor een kleur bekennen. Tussen mei en oktober 2002 voltooide ik in De Gele Anemoon *De Movo Tapes*. In dezelfde periode een jaar later werkte ik er, tijdens een schitterende zomer, aan nog te publiceren delen van *Homo duplex*. Mijn vrouw bezocht me in de weekends, boeken en manuscripten aanslepend of weer mee naar huis nemend.

Voor de werksters moet het nogal lastig zijn, zo'n tot schrijfhonk verbouwd appartement, vol ordners, schema's en schrijfwaren, maar ik heb nooit een klacht vernomen. Ik voelde me er blijkbaar zo thuis dat ik niet schroomde om met de hotelière, Sita Tadema (die later enige tijd het Kruisherenhotel in Maastricht beheerde), in correspondentie te treden over de toegenomen kraaienpopulatie, die met haar hese gekras alle vogelgefluit dreigde te gaan overstemmen. Later heeft Camille Oostwegel, door het laten kappen van een aantal populieren, de roeken in een oppositionele minderheid gedrongen.

In het voorjaar van 2007 arriveerde ik nog vroeger dan anders in Houthem-St. Gerlach: begin april, toen een ontijdige voorzomer inzette, kolkend van bloesem en licht. In Amsterdam, die lugubere feesttent, werd mijn huis verbouwd, en dat terwijl ik beloofd had een boek te schrijven bij de 80ste verjaardag van Harry Mulisch.

Door de laaiende lente kwam er van werken voorlopig niet veel. Château St. Gerlach beleefde euforische wijnproeverijen in de barre zon. Aan het eind van die aprilmaand kwam de biografie uit van Camille Oostwegel, het genie achter tot horecaparadijzen verbouwde rijksmonumenten als Kasteel Erenstein, Château Neercanne en Château St. Gerlach. De ontvangst in de glazen ontbijtzaal, later voortgezet in de rozentuin, waar de champagne voorbij schuimde als een bergbeek, het massadiner in een bovenzaal van het kasteel - het was allemaal van een Bourgondische gulheid, alleen getemperd door de boorden van het Geuldal.

De roman *In Nederland* van Cees Nooteboom, waarin ons land blijkt te zijn uitgebreid met een bergachtige fantasieprovincie, is in het Engels vertaald als *In the Dutch Mountains*. Ik weet nu dat ze bestaan, de Hollandse bergen: ze liggen aan de Geul, en het leven verschilt er hemelsbreed van dat in de westelijk gelegen moerasdelta, gepamperd door een waterkering.

Het lijkt me onvermijdelijk dat ik ooit

een roman zal schrijven die op Château St. Gerlach speelt. Ik zie de dag van publicatie met enige vrees tegemoet, want ja, wie zou de vriendelijke leiding en het behulpzame personeel in verlegenheid willen brengen met een verhaal van moord en doodslag binnen de muren van hun landgoed? De mensen nemen tegenwoordig alles letterlijk, en het gerucht als zou het daar 'niet pluis' zijn is gauw de wereld in geholpen.

Een paar jaar geleden hoorde ik een goedlachs Gerlachs kamermeisje, dat het Nederlands nog niet goed machtig was, naar een collegaatje roepen: 'Grote schip gestrand in Geulrivier.' Ik weet tot op de dag van vandaag niet wat ze nou werkelijk riep, maar soms blijken verkeerd opgevangen woorden ingrijpender dan goed verstane. Ik had juist vernomen dat het mooiste meisje van mijn geboortedorp, dat wereldwijd triomfen had gevierd als fotomodel, getrouwd was met de kapitein van een onmetelijk cruiseschip, en daarop voortaan, als legende in ruste, aan het diner zat met de uitverkoren passagiers. Door de misverstane kreet van het kamermeisje zag ik dat cruiseschip met averij in een Rotterdams dok liggen, terwijl de honderden opvarenden, van tientallen nationaliteiten, met touringcars naar allerlei vijfsterrenhotels her en der in den lande werden vervoerd - zo ook naar Château St. Gerlach, dat daarmee in een spraakverwarrende Toren van Babel veranderde. Het schip was uiteindelijk gestrand in het Geuldal.

Tot zover niets aan de hand. Maar wat gebeurt er wanneer het ex-fotomodel, als begeleidster van een groep passagiers, in het Château opduikt, waar toevallig ook de schrijver verblijft? Men zal zien dat de kapitein spoorloos is. Ik zal de roman naar eer en geweten schrijven, dan is er een kans dat ik het boek, *Terg en Verblijd*, op St. Gerlach ten doop mag houden. Zonder vuurspuwers uiteraard.

Amsterdam, 19 september 2007

NAAR
NIEUWE TIJDEN

DE FINANCIËLE CRISIS

Op- en neergaande conjunctuurgolven behoren bij het economisch leven en iedere ondernemer is er min of meer mee vertrouwd, vooral als hij of zij al iets langer meedraait. Soms neemt zo'n neergang de vorm van een crisis aan, zoals in het begin van de nieuwe eeuw na het uiteenspatten van de internetzeepbel, maar de *baisse* die de wereld in 2008 treft, is tot dan toe toch ongekend. Wat eerst de 'kredietcrisis' heet, maar allengs een veel bredere financiële crisis blijkt, gaat de perken van bestaande (en houvast biedende) economische theorieën ruim te buiten en stelt beleidsmakers voor schier onoplosbare problemen. Op nationale niveaus worden her en der in vooral de westerse wereld soms draconische en in elk geval onorthodoxe maatregelen genomen. Het vrijwel nationaliseren van de grootste banken in Nederland is er een voorbeeld van. Waar doorgewinterde economen en beleidsmakers op sommige momenten vrijwel met de handen in het haar zitten, mogen van degenen die ondernemingen leiden, geen wonderen worden verwacht. Het is roeien met voorhanden riemen, doorlopend bijsturen met de vinger scherp aan de pols, hopen dat genomen beslissingen de juiste zijn en dat de storm ondanks al zijn hevigheid snel overwaait.

Camille herinnert zich dat hij er al in de zomer van 2007 niet gerust op is. Vanuit de Verenigde Staten duiken met enige tussenpozen berichten op die te denken geven. Zoals de in luttele jaren sterk gestegen Amerikaanse staatsschuld, de eerste haperingen in het systeem van vastgoed en hypotheken en de almaar hogere bonussen bij grote bedrijven, de financiële instellingen voorop, die geen enkele gelijke tred meer houden met waarvoor ze bedoeld zijn: belonen naar prestatie.

In juni 2008 en de weken daarna gaat het compleet mis als reuzen onder de multinationals wankelen en zelfs omvallen. Met de ondergang van Lehman Brothers als dieptepunt. Binnen enkele weken zien nationale regeringen zich geconfronteerd met economische krimpcijfers die zelfs die van de Grote Depressie van de jaren 30 van de 20ste eeuw naar de kroon steken of nog overtreffen.

Het hoeft weinig betoog dat de sector waarin Camille met zijn onderneming werkzaam is, als een der eerste in hoog tempo zwaar getroffen wordt. Bedrijven die vooral voor doordeweekse dagen van eminent belang zijn voor de bezettingsgraad van hotels en restaurants, laten het vrijwel van de ene op de andere dag afweten. Camille kent het fenomeen van de internetcrisis, een jaar of zes, zeven eerder, en zeker zo heftig: 11 september 2001 en de nasleep van de aanslagen op de New Yorkse Twin Towers. Maar cijfermatig blijken de gevolgen van de financiële crisis daar op geen stukken na mee te vergelijken. Ineens dienen zich omzet-minnen van ruim meer dan 10% als spook-verschijningen aan.

Camille: 'In die laatste maanden van 2008 ging het nog wel, maar eenmaal in 2009 sloeg het effect genadeloos toe. Heel 2009 leverde uiteindelijk een teruggang in de omzet op van 13%. We hebben meteen bij het uitbreken van de crisis maatregelen getroffen, zoals een vacaturestop. We hebben geen mensen hoeven te ontslaan, maar er is wel in enkele gevallen sprake geweest van niet verlengde contracten. Wat voor mij vanaf het begin vaststond is dat we niet aan prijsdumping zouden doen, zoals je dat op grote schaal zag gebeuren bij de tophotels in bijvoorbeeld Amsterdam. Als je daarin meegaat, kom je jezelf tegen wanneer het economisch weer beter gaat, want die dumping haal je nooit meer in. Wel hebben we tot verschillende prijsvriendelijke arrangementen besloten.'

Dat moeilijke tijden kunnen leiden naar creatieve oplossingen, toont de gang van zaken op Château Neercanne in 2009 aan.

'Peter Harkema kwam op het idee om het feit dat Neercanne 25 jaar bij ons concern behoorde, aan te grijpen voor een luncharrangement dat dan 25 euro zou moeten kosten. Het bleek een gouden greep. Harkema's uitgangspunt was geweest om geen concessies aan de kwaliteit te doen noch aan de (procentuele) marges en daarom uiterst scherp te onderhandelen met de leveranciers.' Belangrijk element is voorts dat voor deze arrangementen wordt afgestapt van dure ingrediënten als

Peter en Ans Harkema, 2009.

bijvoorbeeld kreeft en kaviaar. Ineens ziet een veel breder dan tot dan toe gangbaar publiek zich de weg geopend naar Neercanne. Werd voor een lunch voorheen gemakkelijk 85 euro neergeteld - uiteraard van zeer hoog niveau en vier gangen bestrijkend - nu kon men er van drie gangen genieten voor een prijs van minder dan eenderde van dat niveau. Er gaan mails over het arrangement uit naar alle klanten en mond-tot-mond-reclame doet de rest. Binnen een maand zit Neercanne dagelijks vol. 'Het werd een hype,' beaamt Camille. 'En het gevolg is geweest dat Neercanne over dat problematische jaar 2009 een prachtige nettowinst presenteren kon.'

Tot de maatregelen die Camille treft met betrekking tot zijn personeel behoort behalve een vacaturestop, ook een andere inzetbaarheid van de mensen. Er wordt veel minder dan voorheen gewerkt met parttimers en werknemers worden ingezet daar waar het op dat moment het drukste is. Om deze verregaande flexibilisering goed te begeleiden, uit te leggen en zijn mensen te stimuleren, klimt Camille zelf, zoals hij het noemt, 'bij elke vestiging zeker drie keer per jaar op de zeepkist'.

Terugblikkend op 2009 zegt hij: 'Het was het eerste jaar waarin we verlies hebben gedraaid. Een unicum tot dan toe. Maar als ik het afmeet aan hoe het elders ging, kan ik slechts constateren dat we er nog redelijk vanaf gekomen zijn. Neercanne heeft zoals opgemerkt nog een heel mooi resultaat bereikt en het Kruisherenhotel kon het nog net tot winst brengen. Erenstein en Brughof, de Winselerhof en St. Gerlach hebben echter zware klappen te verduren gehad. En met 2009 waren we er nog niet, want 2010 begon nog beroerder. In januari maakten we zelfs een omzetdaling mee van meer dan 30%. In maart werd het ineens beter, mede dankzij Tefaf Maastricht die voor ons altijd heel belangrijk is.'

Winters landschap, Château
Neercanne, december 2010.

Het echte keerpunt ten goede wordt genomen in juli 2010. Dan mag Camille zelfs de hoogste juli-omzet ooit begroeten. Het is zowel te danken aan bedrijven die weer boeken als aan particulieren. 'Overigens,' stelt Camille, 'is die particuliere markt niet eens zo sterk door de crisis beïnvloed geweest. Het waren vooral de bedrijven die wegbleven.'

Uiteindelijk kan 2010 worden afgesloten met een 3% hogere vergelijkbare omzet en met een positief bedrijfsresultaat. 'Maar,' tekent Camille in april 2011 aan bij de presentatie van de cijfers over het jongste boekjaar, 'we zijn nog niet terug op het niveau van voor de crisis.' En dan was er in december, voor de horeca zo'n belangrijke maand, nog de tegenvaller van langdurige en overvloedige sneeuwval. Op 23 december sneeuwt het de gehele dag boven een dan al enkele weken wit Zuid-Limburg. Op de 24ste komt daar nog een flink pak bij waardoor sneeuwhoogtes tot 50 centimeter worden gemeten. De wegen, en zeker die in het heuvelland, zijn nauwelijks begaanbaar en de horeca, dus ook Camille, krijgt te maken met een ongekend aantal annuleringen op kerstavond en eerste kerstdag, juist data waarvan bedrijven als het Oostwegel-concern het moeten hebben. Meteen erna volgt een opleving: 'Het trok direct na de kerst flink aan en ook Oud en Nieuw waren beter. Uiteindelijk heeft januari 2011 zelfs een verbetering van 11% laten zien.'

Camille, zijn directeuren en de raad van commissarissen hebben voor 2011 heel voorzichtig begroot en bovendien worden de ramingen doorlopend aangepast aan eventuele veranderde situaties. Het nieuwe boekjaar is goed ingezet met een omzetplus over het eerste kwartaal van ruim 5%. Met de aantekening van Camille: 'De verwachtingen voor heel 2011 zijn gematigd positief.' De crisis is daarmee overleefd en zelfs redelijk glansrijk doorstaan.

En Camille weet ook het waarom daarvan wel: 'We hebben een heel sterke vermogenspositie met een eigen vermogen van rond de 50% dat zelfs nog beter is geworden de afgelopen periode als gevolg van aflossingen. De cash flow in 2009 en 2010 was goed en we zijn de hele tijd blijven investeren, zoals op de Winselerhof waar de cour ingrijpend veranderd is.'

De afstoting van Kasteel Erenstein en Hotel Brughof moet helemaal los van de crisis en de crisismaatregelen worden gezien; die ingreep had een andere achtergrond, zoals hieronder uit de doeken wordt gedaan. Van een verbetering van de financiële cijfers als gevolg van een boekwinst op de afstoting, is geen sprake, want de Brughof is nog niet aan de nieuwe uitbater verkocht, maar wordt aan hem verhuurd (overigens met een koopplicht per uiterlijk 1 april 2015). Uiteraard zijn wel de door Erenstein en Brughof in 2009 geleden verliezen niet meer in de boeken van 2010 terug te vinden, althans na 1 april, en zorgt de ontvangen huur voor een plus.

Terugblikkend op de enerverende periode die de financiële crisis voor het Oostwegel-concern betekende, zegt Camille: 'Wat we er vooral van hebben geleerd, is dat we met de maatregelen in de sfeer van speciale arrangementen veel hebben kunnen opvangen terwijl we er ook veel goodwill mee hebben gekweekt. We willen dit beleid daarom ook volhouden, al zullen we bijvoorbeeld de lunches op Neercanne weer anders gaan prijzen en invullen. Dit jaar grijpen we aan om de persoonlijke (30-jarige) jubilea van enkele belangrijke medewerkers op Neercanne te vertalen in een luncharrangement van 30 euro. En het 25-jarig bestaan van de Winselerhof maken we zichtbaar door een lunchmenu voor 25 euro in de trattoría en - voor het eerst - ook een dinermogelijkheid daar te creëren, eveneens 25 euro voor drie gangen. Zo heeft de financiële crisis ons behalve een hoop zorgen toch ook de nodige nieuwe inzichten verschaft.'

HET LOSLATEN VAN ERENSTEIN

Op de ochtend van 1 maart 2010 belt Camille, kort voor het doen uitgaan van een officieel bericht, met vrienden: 'Ik ga iets doen wat ik nog nooit gedaan heb!' Dat kan dus geen aankoop zijn of een nieuw project. Het tegendeel misschien? En dan komt de aap uit de mouw: Erenstein wordt afgestoten. Camilles eersteling stapt uit de Oostwegel-familie en -formule en gaat per 1 april over naar de Fletcher Hotel Group. In het kielzog reist Hotel Brughof mee, om in totaliteit samen verder te gaan als Hotel Kasteel Erenstein. De locatie waarmee Oostwegel bijna 30 jaar eerder zijn concern begon, was de laatste jaren wat afgedreven van de groep. Of, zoals dat in het officiële persbericht heette: 'Kasteel Erenstein en Hotel Brughof hebben zich de laatste jaren - mede door verandering van de doelgroepen - in een iets andere richting ontwikkeld dan de overige hotels en restaurants van het Oostwegel-horecaconcern, waardoor de profielen van de verschillende locaties gaandeweg verder uit elkaar gingen lopen.' Daarachter school ook het gegeven dat Erenstein en Brughof financieel minder presteerden dan de overige 'huizen' van de groep en feitelijk door deze overeind moesten worden gehouden. Er kwam nog bij dat Kasteel Erenstein werd gehuurd van de gemeente Kerkrade en dus geen bezit van het Oostwegel-concern was en, aldus Camille, ' wij geen zin hadden in het noodzakelijke onderhoud'. Maar doorslaggevend bij de beslissing tot afstoting was toch dat Erenstein en Brughof een ander segment in het Zuid-Limburgse

Vernieuwde binnenplaats Winselerhof, 2017.

toeristische gamma begonnen in te kleuren. Niet in de laatste plaats geactiveerd door de komst van grote toeristische attracties in de regio, zoals de dierentuin GaiaZoo. Dat had eerder de weg geopend voor een samenwerking met GaiaZoo - waarbij Hotel Brughof werd omgedoopt in Zoohotel Brughof en daarbij via een poortje een directe verbinding met het dierenpark kreeg - maar deed al spoedig ook de groeiende behoefte voelen om met een grotere hotelketen op de nieuwe markt-omstandigheden te kunnen inspelen.

Een jaar later blikt Camille terug op het loslaten van zijn eer-steling. 'De eerste keer dat we begonnen te denken aan een eventueel afstoten van Kasteel Erenstein en Hotel Brughof dateert al van rond 2000. In de loop van de 20 jaren daarvoor was de economische infrastructuur van Kerkrade gaandeweg veranderd met grote invloed op het reilen en zeilen van onze vestiging daar. Terwijl we bij de start van de onderneming nog konden profiteren van de overheidsstimulering als uitvloeisel van de mijnsluiting, waren die gunstige effecten langzaamaan weggeëbd. We zijn toen gaan sleutelen aan de formule, maar hebben toen meteen al besloten: als dat niet werkt, stoten we Erenstein en Brughof af. Voor een definitieve beslissing wilden we echter wel ruimschoots de tijd nemen.'

Over de samenwerking met GaiaZoo zegt Camille in februari 2011, een klein jaar na de afstoting van het hotel en restaurant: 'Dat kwam niet echt goed van de grond. Onder meer door de ellenlange besluitvorming door de gemeente om toestemming te verlenen voor het laten grazen van elanden in de boomgaard rond Hotel Brughof. Het hotel zou daardoor midden in de dierentuin komen te staan. Toen dat te lang ging duren, hebben we de knoop doorgehakt: afstoten.'

Terugkijkend op die beslissing, zegt hij: 'Ik heb er steeds een goed gevoel over gehad. Het was goed voor het concern en alle aanwezige medewerkers van Erenstein en Brughof konden, als ze dat wilden, mee over naar de nieuwe exploitant. Boven-dien zijn we er met Fletcher Hotel Group in geslaagd een partij te interesseren die dynamiek in het restaurant en het hotel kon brengen. Dat is nu, een jaar later, goed zichtbaar. Emotioneel heb ik er geen moeite mee gehad. Voor Judith ligt dat anders. Voor haar had Kasteel Erenstein iets speciaal omdat ze mij leerde kennen toen ik daar net de onderneming had gestart en met Hotel Brughof halverwege de restauratie zat. Wij hebben ons huwelijk op Kasteel Erenstein gevierd en ons eerste huis bewoonden we aan de Hof van Erenstein. Maar zelf ben ik de afgelopen jaren aan de gedachte gewend geraakt dat we Kasteel Erenstein en Hotel Brughof zouden gaan afstoten. Bovendien ben ik niet iemand die coûte que coûte aan iets blijft vasthouden.'

AFSCHEID VAN JO EENENS

Woensdag 18 augustus 2010 zal in de Oostwegel-annalen een met droefenis en melancholie omklede datum blijven. Jo Eenens overlijdt, een maand na zijn 79ste verjaardag. De man die van meer dan onschatbare waarde is geweest voor de opbouw en vormgeving van Camilles concern. Bij de start van de onderneming in 1980 met Kasteel Erenstein, is Eenens wethouder Economische Zaken van Kerkrade, de gemeente die tot dan toe het kasteel voor eigen rekening exploiteert. Niet alleen kan de overdracht dankzij Eenens soepel verlopen, zijn inzichten en kennis blijken ook waardevol voor de beoogde verwerving van de Winselerhof en de Brughof. Groot voordeel is dat Eenens het ambtelijke 'bedrijf' van binnenuit kent in tegenstelling tot Camille, die nogal eens oploopt tegen de muren van ambtelijke bastions. In de jaren 90 wordt Eenens zelfs meermaals 'in stelling gebracht' om Château St. Gerlach aan het Oostwegel-concern te kunnen toevoegen; de eindeloze touwtrekkerij met de RK parochie van Houthem over die overdracht plus de voorwaarden waaronder, trekken een behoorlijke wissel op Eenens die, vaak tegen elke redelijkheid in, maar moet zien het hoofd koel te houden en de plooien glad.

Na zijn terugtreden als wethouder, wordt Eenens in 1982 de eerste president-commissaris van Camilles dan nog jonge bedrijf. De oud-politicus zal die rol met verve blijven vervullen tot november 2009 als zijn dan al sterk achteruit gaande gezond-

heid hem noopt tot een stap terug. Een maand later wordt Eenens als voorzitter van de raad van commissarissen opgevolgd door oud-DSM-topman Peter Elverding, maar de scheidend voorzitter blijft erecommissaris van het concern.

Zij die hem meemaakten in zijn activiteiten voor Oostwegel, maar ook zijn vele werkzaamheden voordien, leerden Jo Eenens kennen als niet alleen een kundig bestuurder, maar bovenal een zeer aimabel mens. Illustratief is dat hij en zijn echtgenote Louise op Château Neercanne, waar zij regelmatig kwamen, voor het personeel een soort vertrouwenspersonen waren bij wie zij nog wel eens hun hart kwamen uitstorten.

Voor Camille moet Eenens, zeker in zakelijk opzicht, een soort vaderfiguur zijn geweest die zijn 'zoon' rijkelijk voorzag van raadgevingen en - soms - waarschuwingen. Camille refereert daar ook nadrukkelijk aan in zijn rede bij het afscheid van Eenens: 'Jo was authentiek, had een natuurlijk gezag en was betrouwbaar. Een vriend, maar tegelijk ook een vaderlijke figuur bij wie je je veilig voelde. Ja, eigenlijk leek Jo ook een beetje op mijn vader en ik weet dat hij dat ook zo heeft gevoeld.'

En even verder: 'Bij alle cruciale besprekingen voor de onderneming was Jo aanwezig en wist door zijn duidelijke stellingname en overtuigingskracht ingewikkelde problemen tot de kern terug te brengen en zo mede op te lossen.'

Op feesten van het bedrijf, maar ook privé in huize-Oostwegel was Jo Eenens met zijn innemende persoonlijkheid, samen met Louise, een graag geziene gast. Niemand in Camilles vriendenkring kan volhouden dat Eenens geen indruk op hem of haar heeft gemaakt. De overlijdensannonce die Camille en Judith, mede namens het concern deden uitgaan, spreekt boekdelen: 'Zijn heldere visie, wijsheid, natuurlijk gezag en doortastendheid waren van grote betekenis voor de ontwikkeling en groei van onze bedrijven...' en: 'Wij zullen Jo Eenens in herinnering houden als een zéér toegewijde, geïnteresseerde en integere commissaris met een goed gevoel voor de onderlinge verhoudingen en oog voor de belangen van onze medewerkers. Ook verliezen we in Jo Eenens een persoonlijke vriend en raadgever. Wij zijn hem veel dank verschuldigd.'

Eenens is op een prachtige, zomerse, zonovergoten zaterdag 21 augustus 2010 begraven op het kerkhof van de eeuwenoude Kerkraadse abdij Rolduc. Binnen het Oostwegel-concern en bij de familie Oostwegel leeft hij voort in warme herinnering. Zijn beeltenis is terug te vinden op verschillende pagina's in dit boek en - op jongere leeftijd - in de buste (zie pagina 65) die beeldhouwer Peter Schuijren (1944-2006) van hem maakte in opdracht van een zorginstelling en die nu prijkt op een ereplaats in de beeldentuin van Château St. Gerlach, de tuin die een initiatief van Jo Eenens was.

DE OPVOLGING

Ieder werkend mens, dus ook elke ondernemer, komt vroeg of laat voor de dag te staan waarop hij het stokje moet doorgeven. Camille Oostwegel sr. vormt daarop geen uitzondering. Want hoewel nog jong van lijf, leden en bovenal instelling, nadert voor hem toch het moment waarop hij de onderneming zal moeten overdragen aan een nieuwe 'roerganger'. Wordt dat de thans 25-jarige zoon Camille?

Op de vraag of hij zijn oudste kind en enige zoon daarom bewust zijn eigen voornaam heeft gegeven, houdt Camille sr. de boot af. 'Judith wilde dat graag. Ik stond er nogal aarzelend tegenover. Op zeker moment heb ik tegen haar gezegd: oké, maar dan moet onze eerstgeborene wel een jongen zijn en net als ikzelf het sterrenbeeld Waterman hebben.' Dat laatste lukte net: junior sprong drie dagen over de tijdgrens tussen de tekens Steenbok en Waterman heen.

Maar of daarmee op voorhand de opvolging geregeld was? Judith en Camille hebben altijd en van meet af aan het standpunt ingenomen dat hun kinderen hun eigen weg zouden moeten zoeken op grond van hun eigen specifieke talenten. Een eis tot opvolging is nimmer gesteld. Wel liet het zich al in een heel vroeg stadium aanzien dat zoon Camille geïnteresseerd was in de zaak van zijn vader. 'Hij heeft vanaf dat hij een heel klein jongetje was, alles in het bedrijf meegemaakt. Hij trok overal met zijn vader op en stond steeds vooraan. Tot aan de puberteit, toen was het ineens afgelopen.' In die jonge jaren maakte zoon Camille geestdriftig het hele restauratieproces van St. Gerlach mee en liep zelfs vanaf de opening van het château in 1997 in zijn vrije tijd vier jaar lang mee met de technische dienst. Daarna werkte de jonge Camille na schooltijd nog tweeënhalf jaar in Bistrot De Liège* op St. Gerlach. Daarbuiten hielp hij een aantal keren in de bediening bij partijen op Kasteel Erenstein en Château Neercanne.

Cultuurtochtgangers van het eerste uur (1994) herinneren zich een blond jochie van acht dat vanaf de eerste tocht enthousiast en actief van de partij was. Groot was de opwinding

*Tegenwoordig Les Salons

bij de kleine 'Camielke' toen tijdens die eerste cultuurtocht de bus een lekke band opliep en ingewikkeld gemanoeuvreer nodig was om het voertuig weer op dreef te krijgen. De bezoekers van de tweede tocht, 14 dagen later, kregen er in geuren en kleuren verslag van. Net als van de dolle stier in een weiland bij Valdieu waarvoor de gasten hadden moeten rennen. Was deelname wel veilig? vroegen de nieuwe gasten zich af. De kleine Camille kon hen geruststellen. En moest zo'n tocht niet ook gewoon spannend zijn? Gaandeweg de tochten in de erop volgende jaren werd in zoon Camille het kleine ondernemertje zichtbaar. Het voorzien van de gasten van pepermuntjes in de bus werd zíjn taak. En híj stond vooraan bij wat de traditie van de cultuurquiz ging worden.

Vader Camille sr. herinnert zich die vroege jaren: 'Toen Camielke zes was, moest ik een keer op de hotelschool zijn en nam hem mee. Hij wilde daar echt alles zien, te beginnen in de kelder. Toen ik hem vroeg wat hij ervan vond, antwoordde hij: 'Nu weet ik zeker dat ik dit wil!' (later naar de hotelschool gaan, RS). Pas een heel aantal jaren later heb ik het onderwerp van eventuele opvolging voor de tweede keer aangesneden. Onze zoon zat op de mavo in Meerssen en deed het maar matig daar. Ik hield hem voor dat hij dan later niet naar de hotelschool zou kunnen. Ik probeerde hem uit de tent te lokken door te zeggen dat ik, als hij mij niet zou kunnen opvolgen door gebrek aan opleiding, ik me gedwongen zou zien op enig moment de zaak te verkopen of naar de beurs te brengen. Het antwoord van de jonge Camille kwam onmiddellijk: 'Dan koop ik het terug!' Toen er weinig meer dan mavo in leek te zitten, besloten Camille sr. en Judith hun zoon in te schrijven voor de vervolgopleiding aan de middelbare hotelschool in het Belgische Brugge. Maar plotseling keerde het tij. Vader zag in de jaren die volgden hoe zoon ineens beter op school begon te presteren toen hij eenmaal ging golfen. 'Plotseling kwam er discipline in hem. Ik heb hem toen voorgehouden dat als het hem zou lukken de beste in zijn klas te worden, hij een golfset van me kreeg. Die opzet slaagde!' Toen vervolgens daarmee havo als verdere scholing alsnog in zicht kwam, werd te elfder ure daarvoor gekozen. In

Familie Oostwegel tijdens
boekpresentatie eerste druk,
april 2007.

het opleidingstraject was duidelijk een keerpunt genomen.

Terwijl de vader het idee had dat toen zijn zoon een jaar of 16, 17 was, deze lang niet meer zoveel belangstelling toonde voor een eventuele opvolging, mogelijk verband houdend met de puberteit, kijkt zoon Camille daar zelf toch anders op terug: 'Ik worstelde in die periode vooral met de vraag of ik het eigenlijk wel zou kunnen. De passie is er van jongs af aan geweest, daar lag het niet aan. Maar zou ik het wel in me hebben en over voldoende capaciteiten beschikken?' Nu, acht jaar later, weet hij beter: 'Ik ben gaan ervaren dat je je door leren in de ruimste zin van het woord aldoor verder ontwikkelt. Waardoor je gaat beseffen dat niets ontoegankelijk hoeft te blijven. Ik ging steeds meer in mezelf geloven en ben uiteindelijk de vraag gaan omdraaien: waarom zou ik het niét kunnen?'

Camille begon warm te draaien. Na havo volgde vwo en als

kroon op het studeren dat waarom het allemaal begonnen was: de Hoge Hotelschool Maastricht, waar Camille afstudeerde in september 2009. De laatste twee jaren daar werden verrijkt met een praktijkstage bij het Ritz-Carlton in Washington DC en een managementstage bij Grand Hotel Huis ter Duin in Noordwijk. Het afstuderen werd gevolgd door een tijdelijke baan in eigen huis: van september 2009 tot 1 februari 2010 was Camille manager operations op de Winselerhof. Een baan waarin hij extra ruimte kreeg doordat de toenmalige directeur zijn aandacht deels ook moest uitstrekken naar Kasteel Erenstein en Hotel Brughof.

Camille: 'Ik wist op dat moment dat ik in 2010 een lange reis wilde maken en moest daarvoor geld verdienen, maar zocht wel werk waarvan ik iets leerde. Toch heb ik sterk geaarzeld toen mijn vader de Winselerhof opperde. Want hoe zou het personeel reageren op de komst van het zoontje van de baas? Achteraf kan ik echter alleen maar constateren dat ik er fantastisch heb kunnen werken en dat het allemaal heel leerzaam was.'

Camille wist toen al dat hij in februari naar Vancouver zou vertrekken om bij de Olympische Spelen een baan te vervullen in het Holland Heineken House. 'Die ervaring vergeet je nooit,' stelt hij een jaar later nog altijd enthousiast vast. 'Het was keihard werken, zeg maar gerust 24 uur per dag en dat een maand lang, maar het was een belevenis. Ik werkte er in de Olympic Club, het vip-restaurant, en wie schetst mijn verbazing toen bleek dat het managementteam mij had uitverkoren om verantwoordelijk te zijn voor alle eten en drinken voor kroonprins Willem-Alexander en prinses Máxima.' Camille vertelt hoe hij naar Vancouver was gegaan samen met jeugdvriend Laurent Pilgram uit Valkenburg, die ook in het Holland Heineken House kwam te werken. Dezelfde maat met wie hij vanaf eind maart 2010 een maandenlange reis door Zuid-Amerika had gepland. 'Achteraf kun je constateren dat Vancouver de opmaat was tot die reis; in Canada trokken we al veel met elkaar op, in Zuid- Amerika waren we volledig op elkaar aangewezen. En misschien wel heel bijzonder: er is al die weken en maanden geen onvertogen woord gevallen. Na thuiskomst kon ik alleen maar vaststellen

Prix Villégiature | Awards 2019

Uitreiking Prix Villégiature Award voor Kruisherenhotel Maastricht, Grand Prix Best Charming Hotel in Europe, 2019.

dat het allemaal heel goed is geweest om extra mensenkennis op te doen en met volkomen andere culturen in aanraking te komen.' Terug in Nederland, juni 2010, ging de aandacht met-een weer uit naar het bedrijf, nu ter wille van een volkomen nieuw ICT-project voor alle Oostwegel-hotels, waarmee al in 2009 een start was gemaakt. 'Tijdens mijn verblijf in het buiten-land heb ik de implementatie via de e-mail zo goed mogelijk gevolgd,' zegt Camille. Hij wordt direct weer enthousiast over het bereikte: 'We hebben nu alles op het gebied van boekingen in eigen beheer. Met een snellere en meer gebruiksvriendelijke boekings-website, die is gelinkt aan het hotelsysteem en ook aan alle andere boekingssites. Gasten kunnen zo snel en een-voudig wegwijs worden gemaakt als ze een verblijf bij ons over-wegen.'

In september 2010 begon Camille een laatste opleidingstraject: voor Master of Science in Hospitality Management van de Hotelschool Den Haag in combinatie met de Rotterdam School of Management van de Erasmus Universiteit. Als die in september 2011 wordt afgesloten, wil Camille nog een aantal jaren gebruiken voor *traineeships* en andere vormen van verdere bekwaming in het vak van hotelier en restaurateur. Dat begint in september 2011 met 'Vita Futura', het management traineeship van de Starwood Hotels waarvoor Camille voor de duur van 18 maanden wordt gestationeerd in het Westin Palace Hotel in Madrid, Spanje. Daarna komt dan de opvolging echt aan de orde. 'Hij kan dan nog altijd nee zeggen,' meent vader Camille, maar of hij daar echt nog rekening mee houdt? Hij weet: Camille woont soms directie- en raad-van-commissarissenvergaderingen bij en 'thuis gaan gesprekken tussen ons regelmatig over het bedrijf'. Wanneer de overdracht dan aan de orde komt? 'Ik zou vanaf mijn 64ste een jaar met mijn zoon samen willen optrekken, zodat hij een vliegende start kan maken als ik in februari 2015 de leeftijd van 65 bereik.' Voor de zoon is dat tijdpad evenwel geen uitgemaakte zaak. 'Ik wil helemaal klaar zijn inclusief alle voortrajecten van werkervaring elders. Misschien dat mijn vader tegen die tijd al 65 of 66 is als dat jaar van samen optrekken begint.' Camille maakt in elk geval meer dan duidelijk dat hij niet over één nacht ijs wil gaan.

Nagedacht over wat hij straks zal gaan overnemen, heeft de opvolger in spe al uitgebreid, blijkt uit zijn ideeën en plannen. Het personeelsbeleid bijvoorbeeld kan wat hem betreft best nog worden verfijnd. 'Begeleiding, persoonlijke ontwikkelingsplannen, zorgen dat onder de werknemers een intensieve binding met de onderneming ontstaat, noem het een Oostwegel-gevoel. Misschien dat ik alles ook onder een motto wil brengen, maar daarover moet ik nog verder nadenken. Wat ik straks zeker anders ga doen, is meer bij de tijd zien te blijven. Zaken in de bedrijfsonderdelen niet laten verouderen. En zorgen dat je de vernieuwingen op het gebied van ondernemen, van management en marketing op de voet volgt en benut. Als je dat verzaakt, loopt de concurrentie je voorbij.

Investeren in vernieuwingen moet je natuurlijk goed afwegen tegen de kosten die ermee zijn gemoeid, maar het belangrijkste is dat je de gasten geen enkele aanleiding geeft om later op welke manier dan ook een klacht te uiten. En waar dat toch gebeurt, moet je de zaak onmiddellijk en netjes oplossen. Er kan heus wel eens iets misgaan, wij zijn ook mensen, maar los het op en wel meteen. En besef: uit een klacht kan ook weer een nieuwe ambassadeur voor je bedrijf voortkomen. Die instelling wil ik ook creëren bij alle medewerkers.'

Camille beschouwt zichzelf als iemand die nauwgezet op details let. 'Ergens de verf af? Direct opknappen. En je mensen zo met de onderneming verbonden maken dat men niet pas in actie komt als jij de onvolkomenheid hebt gezien, maar als zij die zelf waarnemen. Ik wil ook de financiële opzet van het concern inzichtelijker maken en vooral gedetailleerder om gemakkelijker te kunnen sturen. Daarom is het heel goed dat ik eerst nog enkele jaren elders kan werken en leren hoe het daar toegaat.'

Zoveel nevenactiviteiten als zijn vader in de loop der jaren ontwikkelde (en die elders in dit boek uitgebreid uit de doeken zijn gedaan), ziet Camille ook in de toekomst niet snel op zijn pad komen. 'Voor mij wordt de onderneming helemaal de core business. Het enige wat ik me kan voorstellen om ernaast te doen, is lesgeven op de hotelschool. Bijvoorbeeld één dag per week om mijn passie over te brengen op anderen.'

En die vader zelf ? Hoe ziet die tegen die tijd zijn rol? 'Ik heb wel eens geopperd of ik dan president-commissaris zou moeten worden, maar daarop reageerde Camille meteen met de opmerking dat hij dat tegen die tijd zelf wel zal uitmaken. En voor de rest: ik hoop oppertuinman te kunnen blijven voor de domeinen rond de huizen. En daarnaast zullen we vast veel gaan reizen, Judith en ik. En culturele evenementen gaan bezoeken. Er blijven nu zoveel uitnodigingen liggen. En wat ik in elk geval blijf is honorair consul voor Frankrijk in Maastricht.'

Vertrouwen in zijn zoon als opvolger heeft Camille in elk geval. 'Temeer,' stelt hij vast, 'daar hij het vak met de paplepel ingegoten heeft gekregen. Daarin heeft hij beslist een voorsprong op mij destijds.' Omgekeerd beseft Camille dat ook maar al te goed: 'Mijn vader blijft natuurlijk wel altijd mijn lijntje voor eerste hulp.'

Camille sr. en Camille in het kantoor van Villa Casa Blanca 2009.

DE WEG VAN EENMANSZAAK NAAR FAMILIEBEDRIJF

BIJZONDERE
GASTEN

Eind mei 2012 is Bruce Springsteen te gast op het landgoed. De pop-legende, drie jaar eerder het absolute hoogtepunt van de 40e editie van Pinkpop, doet ook nu weer Landgraaf aan. The Boss zorgt voor een onvergetelijk moment als hij na afloop van een van zijn nummers een jongetje het podium op tilt en hem laat meezingen in zijn microfoon.

Voorafgaand aan het optreden neemt de wereldster op St. Gerlach alle tijd om met Camille sr. en Judith en dochter Michelle op de foto te gaan. Springsteen heeft het enorm naar zijn zin op het landgoed, laat hij weten. Hij verheugt zich zelfs op een volgend bezoek. Bij die gelegenheid zal hij ook alle tijd nemen om zich te verdiepen in de bewogen geschiedenis van Château St. Gerlach, belooft hij Camille sr.

Op donderdagavond 5 juni 2014 kort voor negen uur landt op Maastricht Aachen Airport een bijzonder gezelschap. Dat valt af te leiden uit de bijzondere beschildering die op de buitenkant van de Boeing 767 is aangebracht: de *Tongue and Lips*, het beroemde logo van de Rolling Stones, is vanaf de grond al goed te zien als het vliegtuig honderden meters van de landingsbaan verwijderd is. De Stones hebben de afgelopen week concerten gegeven in achtereenvolgens Lissabon, Zürich en Tel Aviv. Twee dagen later staan ze op Pinkpop in Landgraaf. Het gerucht gaat dat Mick Jagger en de zijnen logeren op Château St. Gerlach. Journalisten die Camille Oostwegel sr. bellen om het nieuws bevestigd te krijgen, komen van een koude kermis thuis. Als het al waar zou zijn, zal hij er niets over zeggen. Zoiets wordt niet alleen maanden van tevoren vastgelegd in contracten, in de hotellerie geldt de ijzeren regel dat er geen mededelingen worden gedaan over welke gast dan ook. Maar het is geen toeval dat de lange rij zwarte auto's die op Maastricht Aachen Airport klaarstaat als bestemming Houthem St. Gerlach heeft. Niet onlogisch ook. Er is in de wijde omtrek geen hotel te vinden dat beter kan worden beveiligd dan het eeuwenoude voormalige klooster in het Limburgse kerkdorp. Dat bleek onder andere tijdens het bezoek van de Amerikaanse president George W. Bush in 2005.

De honderden dolenthousiaste fans die die avond bij de hoofdingang van het landgoed staan opgesteld in de hoop een glimp van hun idolen te kunnen opvangen, krijgen niets te zien. De Stones en hun gevolg zijn via een andere ingang het terrein op gekomen.

Camille sr.: 'Ik heb de menigte toegesproken en gezegd dat ze beter naar huis konden gaan, omdat er die avond toch niets meer zou gebeuren.'

Maar liefst drie dagen zal de beroemdste band ter wereld op het landgoed bivakkeren. 'Heel bijzonder als artiesten van dat kaliber jouw hotel uitkiezen om tot rust te komen,' zegt Camille sr. Zelf is hij nooit een Stones-fanaat geweest.

'Ik zat in het andere kamp, namelijk dat van de Beatles. In die tijd was het zo dat als je fan was van de ene groep, je niet ook aanhanger kon zijn van de andere groep.'

Wat hem het meeste bijgebleven is van het bezoek van de legendarisch rockband? Camille sr. lacht. 'Eigenlijk het hele verblijf. Ze bewogen zich op een heel ontspannen manier tussen de andere gasten. Een grappig detail vind ik wel dat Mick Jagger onze truffelspaghetti zo geweldig vond. Hij heeft dat gerecht diverse keren besteld. Ik herinner me Mick Jagger als een aardige man. Wel was duidelijk dat hij de baas van het gezelschap is. Ik merkte ook dat de anderen daar geen moeite mee hadden.'

De wens van de Stones-voorman om zoveel mogelijk met rust te worden gelaten wordt gerespecteerd. Maar Mick Jagger in huis en dan niet met hem op de foto?

'Ik realiseerde me dat dat een gemiste kans zou zijn. Ik wist dat ik er vooral ook Judith en Françoise een plezier mee zou doen. Uiteindelijk heb ik het toch kunnen regelen via ons hoofd technische dienst. Hij had veelvuldig contact met de crew, dus als er iemand was die een goed woordje zou kunnen doen, dan was hij het wel. Mick Jagger bleek het overigens geen enkel pro-

Camille sr. leidt Ron Wood en Charlie Watts rond in de St. Gerlachus kerk.

bleem te vinden. Integendeel, hij vond het zelfs leuk. Hij kwam ons lachend tegemoet. Natuurlijk wilde hij op de foto.'

De Stones vertrekken die zondagmiddag om drie uur. Om kwart voor twee krijgt Camille sr. een telefoontje dat de bandleden Ron Wood en Charlie Watts een bezoek wilden brengen aan de kerk. 'Waarschijnlijk kwam dat omdat ik een boek over St. Gerlach op hun kamers had gelegd. Ik heb hen rondgeleid door de kerk en zoveel mogelijk verteld over het leven van de heilige en van de bijzondere geschiedenis van de plek. Ik kon aan hun hele doen en laten merken dat ze oprecht geïnteresseerd waren. Ron Wood bleef maar foto's van de fresco's maken.'

Als het gezelschap aankomt op de plek waar de relieken worden bewaard, krijgt Camille sr. een bijzondere verrassing.

'Toen we voor de zilveren buste stonden met daarin de schedel van St. Gerlach heb ik uitgelegd dat er plannen lagen om de heilige met behulp van moderne technieken weer een gezicht te

Mick Jagger met Judith, Camille sr. en Françoise.

geven en dat voor dat doel geld werd ingezameld. Charlie Watts luisterde aandachtig en vroeg: "Mogen wij daar een bijdrage aan leveren?" Ik was verbaasd, maar zei meteen: "Ja, dat mag!" Over hoeveel ze hebben bijgedragen, zeggen we niets. Dat is en blijft vertrouwelijk.'

Ron Wood en Charlie Watts zijn niet de enige wereldsterren op wie de St. Gerlachuskerk diepe indruk maakt. In 2015 treedt Robbie Williams op in Landgraaf. Dat ook hij kiest voor Château St. Gerlach is na het verblijf van Bruce Springsteen en de Rolling Stones niet opmerkelijk.
Camille sr.: 'Het blijft natuurlijk een hele eer, maar er zijn op de meeste plekken in de wereld maar een paar hotels die in aanmerking komen. Als zo iemand ergens overnacht, geldt dat vaak als een aanbeveling.'

Ook Robbie Williams blijkt erg geïnteresseerd in de bijzondere geschiedenis van de kapel. Camille sr.: 'Ik zie hem nog bij ingang staan, samen met zijn vrouw. Toen ik naar hen toe wilde lopen, grepen zijn beveiligers in. Ze gaven me nogal bot te kennen dat ik weg moest wezen. Robbie Williams reageerde fel: "Nee", zei hij, "Jullie moeten allemaal weg".' Zodra Williams binnen was, werd hij onmiddellijk gegrepen door de sfeer. Eerst zat hij een tijdlang op een van de voorste bankjes. Hij had zijn ogen dicht. Kennelijk was hij aan het mediteren. Opeens ging hij op zijn knieën en met gevouwen handen voor het altaar zitten. *I feel the strenght of this place!* riep hij uit. Het moet voor hem een soort mystieke ervaring zijn geweest. Waarschijnlijk hadden de twee Stones dat ook. Het zijn kunstenaars. Die voelen heel goed aan wat hier in de loop der eeuwen is gebeurd.'

PAVILJOEN

Wandelaars en fietsers die bij hun verkenning van het natuurgebied Ingendael door Houthem-St. Gerlach komen, zien aan de rand van de doorgaande weg een prachtig opgeknapte 17e-eeuwse boerderij liggen. Kasteelhoeve Broers, zoals de boerderij vroeger bekendstond, lag er tot de eigendomsoverdracht in 2013 nog grotendeels vervallen bij.

De eigendomsoverdracht, die tot stand komt na jarenlange onderhandelingen met de parochie, is van grote betekenis. Het maakt voor Camille sr. de weg vrij om een strategisch plan in gang te zetten dat moet leiden tot de grootste bedrijfsuitbreiding sinds jaren. Want na de succesvolle restauratie van Château St. Gerlach in 1997 is het Camille sr. al snel duidelijk dat het omvangrijke project nog lang niet af is. Geregeld staan grote marktpartijen op de stoep die interesse hebben om grote evenementen te organiseren. Een goed voorbeeld daarvan is een omvangrijke autoshow in september 1997, die bezocht wordt door honderden autojournalisten uit de hele wereld. Een maand lang lunchen en dineren tientallen van hen in het restaurant van het château. Het management van het château kan weliswaar steeds voorzien in de groeiende behoefte van bedrijven en organisaties, maar het levert elke keer opnieuw veel extra werk op. Er moeten enorme paviljoens worden opgebouwd, die vaak na een paar dagen alweer moeten worden afgebroken. Dat is niet prettig voor de reguliere gasten en tijdelijke paviljoens passen ook niet altijd even goed bij het historische karakter van Château St. Gerlach. Een permanent paviljoen dat qua materiaalgebruik en uitstraling past bij de omgeving, is de meest ideale oplossing. Het bestemmingsplan echter staat de gewenste uitbreiding stevig in de weg. Om het bijzondere karakter van het landgoed in stand te houden, mag er niet meer worden gebouwd.

Met de verwerving van de kasteelhoeve en het bijbehorende stuk grond is de mogelijkheid gecreëerd om een locatie te bouwen die geschikt is voor het organiseren van exclusieve evenementen voor honderden personen. Daardoor kan niet alleen de zakelijke markt beter worden bediend, maar is het bedrijf ook verzekerd van een aanzienlijke omzetgroei. Camille sr. krijgt 15 jaar na de ingebruikname van Château St. Gerlach de mogelijkheid een grootschalig paviljoen te ontwikkelen.

Toparchitecte Francine Houben wordt gevraagd of ze eens wil komen kijken naar de mogelijkheden voor een groot paviljoen

St. Gerlach Paviljoen

Het kunstwerk van Claudia Volders is geïnspireerd op een zilveren munt die bij de bouw van het paviljoen in de grond werd gevonden. De munt werd in 1384 geslagen en uitgegeven door Philips de Stoute (1342-1404), hertog van Bourgondië. Door zijn afstamming uit het Franse koningshuis Valois is Camille Oostwegel sr. niet alleen aantoonbaar bloedverwant met vrijwel de gehele Europese hoge adel, waaronder de hertog van Bourgondië, maar ook met de Franse musketier d'Artagnan, de Amerikaanse president George W. Bush en prinses Margriet der Nederlanden!

op het terrein van de nog te restaureren boerderij.

'Ze heeft een opvallende manier van werken,' zegt Camille sr. er zeven jaar later over. 'Het eerste wat ze deed, was de hele omgeving in zich opnemen. Ze wandelde urenlang, stond af en toe stil en keek rond. In mijn beleving snoof ze als het ware de geschiedenis op. Daarnaast maakte ze doorlopend foto's. Je kunt op een plek als deze heel gemakkelijk iets neerzetten. Maar iets wat op een natuurlijke wijze opgaat in de omgeving, is een ander verhaal. Francine heeft dat heel goed aangevoeld. Het paviljoen dat ze uiteindelijk heeft gerealiseerd, wijkt nauwelijks af van de eerste schetsen die ze heeft gemaakt.'

Het eindresultaat mag gezien worden. Camille sr. beschouwt het als een van de kroonjuwelen van het bedrijf.

'Het is een mooi, futuristisch gebouw geworden dat niet alleen perfect past bij het kasteel, maar ook nog eens op een natuurlijke wijze deel uitmaakt van het landschap. Dat komt door het kleurgebruik, maar ook door de materialen waarvoor is gekozen: hardsteen, mergel en hout. Door het vele glas ontstaat een transparantie die zorgt voor eenheid met de natuur.'

Op 14 juni 2017 wordt het St. Gerlach Paviljoen & Kasteelhoeve feestelijk geopend in aanwezigheid van zo'n 400 gasten. Mr. Pieter van Vollenhoven verzorgt de openingshandeling, samen met zijn echtgenote prinses Margriet. De voormalig bestuursvoorzitter van de Stichting Nationaal Restauratiefonds doet het tegenwoordig wat rustiger aan, maar nog altijd zet hij zich in voor het behoud van cultuurhistorisch waardevolle objecten.

De opening van de meestercreatie van de uit Sittard afkomstige Francine Houben gaat gepaard met de onthulling van twee kunstwerken. Die zijn mede tot stand gekomen dankzij bijdragen van donateurs die het landgoed Château St. Gerlach een warm hart toedragen. Een van de werken is geplaatst in de Johanna van Brabantsalon en is gemaakt door de lokale kunstenares Claudia Volders. Het andere werk is een bronzen Limburgs trekpaard, gemaakt door beeldhouwer Frans van Straaten. Deze 'Bella van St. Gerlach' staat vol trots op een centrale plek tussen de kasteelhoeve en het nieuwe St. Gerlach Paviljoen.

Het 1200 vierkante meter omvattende paviljoen telt drie multifunctionele zalen, die zowel apart als gecombineerd kunnen worden gebruikt. Er kunnen events worden gehouden voor maximaal 750 personen. Het paviljoen is uitgerust met de nieuwste technische snufjes en herbergt verder een grote keuken, die het mogelijk maakt om lunches en diners ter plekke te verzorgen.

Het volledig verbouwde rijksmonument de Kasteelhoeve doet dienst als sfeervolle vergader- en congreslocatie voor kleinere gezelschappen. In een van de vleugels bevindt zich het koffie- en lunchconcept 'Burgemeester Quicx, Coffee & More', een laagdrempelige, eigentijdse horecagelegenheid, waar het verleden in zekere zin nog altijd voelbaar is. De rustieke, herbergachtige omgeving nodigt al snel uit voor een kop koffie en een stukje vlaai, of een mooi glas Limburgse wijn. Binnen, of op de sfeervolle binnenplaats. Het is ook de plek waar het publiek de streekproducten kan kopen die op en rond landgoed Château St. Gerlach worden gemaakt.

De ontwikkeling en renovatie van de kasteelhoeve en het nieuwe St. Gerlach Paviljoen is ook in financieel opzicht allerminst een kleinigheid: de totale investering bedraagt zo'n 11 miljoen euro. De toekomstplannen reiken echter verder. Tegenover de kasteelhoeve wordt een groot stuk grond aangekocht dat het WIJland

Officiële opening St. Gerlach Paviljoen & Kasteelhoeve door Prinses Margriet en prof. mr. Pieter van Vollenhoven, architect Francine Houben uiterst links op de foto.

wordt genoemd en ook dient als groene ontmoetingsplaats voor de bewoners van Houthem. Hier wordt een wijngaard aangelegd en de basis gelegd voor de streekproducten die in de toekomst in toenemende mate gebruikt zullen worden in de keukens van het kasteel. Het gaat onder meer om een keur aan eigen groenten, fruit en kruiden. Daarnaast scharrelen er op het landgoed mergellandhoenders.

EERSTE VIJFSTERREN-HOTEL

Intussen wordt ook in Kruisherenhotel Maastricht stevig aan de weg getimmerd. Koning Willem-Alexander en zijn echtgenote Máxima logeren er in 2013 tijdens hun eerste officiële kennismakingsbezoek als koninklijk paar aan Limburg. Hollywoodster David Hasselhoff, beroemd geworden door televisieseries als Baywatch en Knight Rider, fungeert in 2017 als wandelende reclamespot voor het hotel als hij in het kader van een aantal gastoptredens tijdens de concerten van André Rieu een paar weken in Maastricht verblijft. Hij betitelt het Kruisherenhotel als 'de coolste en meest sexy plek die ik – waar ook ter wereld – heb bezocht.'

Tegenover dagblad De Limburger geeft hij te kennen dat hij er zich zo op zijn gemak voelt, dat hij serieus speelt met de gedachte om met zijn verloofde naar de Limburgse hoofdstad te verhuizen.

Erepenning Provincie Limburg.

The Hoff is zeker niet de enige die als een blok valt voor het architectonische wonder op slechts een paar honderd meter afstand van het Vrijthof. In maart 2016 verblijft de wereldberoemde Spaanse chef Ferran Adrià er. De drijvende kracht achter het in 2011 gesloten restaurant El Bulli is in Maastricht in verband met de tentoonstelling *Ferran Adrià: Notes on Creativity,* die geheel gewijd is aan zijn kookkunsten en zijn revolutionaire, innovatieve kooktechnieken.

Adrià, die drie Michelinsterren bijeensprokkelde in wat jarenlang werd beschouwd als het beste restaurant ter wereld, is helemaal weg van de sfeer in het Kruisherenhotel. Niet zo vreemd, want eigenlijk is hij zelf ook architect. Hij geeft zijn spraakmakende gerechten vorm aan de hand van tekeningen, schetsen en kleimodellen.

Op 31 mei 2017 wordt bekend dat Kruisherenhotel Maastricht als eerste hotel in Limburg de vijfsterren-classificatie in de wacht heeft weten te slepen. Een ontwikkeling die gerust bijzonder mag worden genoemd, vooral ook omdat het Maastrichtse stadsbestuur al zo'n tien jaar onderhandelt over de komst van een internationaal hotelmerk naar de stad.

Dutch Hotel Award:

De toekenning van de vijf sterren wordt die middag gevierd met een bescheiden feestje voor genodigden op de parkeerplaats van het hotel. Na enkele korte toespraken en het uitbrengen van een champagnetoost, richten alle ogen zich op de klaarstaande hijskraan. Die takelt een glazen container de lucht in met daarin een Auping-bed en diverse andere zaken die je op een luxueuze hotelkamer mag verwachten. Luttele seconden later bungelt het gevaarte boven het lommerrijke Kommelplein. Als de aanwezige pers Camille Oostwegel sr. om een toelichting vraagt, verwijst hij naar zijn zoon, op dat moment nog directeur business development.

'Vraag het hem maar, hij heeft het allemaal geregeld.'

Het heeft veel weg van een handig een-tweetje tussen vader en zoon. Camille blijkt zijn woordje meer dan klaar te hebben. Volgens hem zet Oostwegel Collection met de toekenning een belangrijke nieuwe stap in de ontwikkeling van het familiebedrijf. 'Kruisherenhotel Maastricht is al heel lang op het niveau van vier sterren superior, maar met een service die je eerder zou verwachten in een vijfsterrenhotel,' redeneert hij. 'Waarom zouden we dan niet verder naar buiten treden door te laten zien wie we zijn en waar we als bedrijf voor staan?'

Wat de genodigden die zonovergoten middag niet in de gaten hebben, is dat ze niet alleen zijn uitgenodigd om de nieuwe mijlpaal van Oostwegel Collection mee te vieren. Ze figureren zonder het te weten in een heus event, dat speciaal is opgezet met het oog op het binnenhalen van de Dutch Hotel Award. Deze prijs wordt elk jaar uitgereikt aan een hotel met een bijzonder verhaal. Managementteams wordt gevraagd dit verhaal op een unieke manier tot uiting te brengen. Kruisherenhotel Maastricht is dit jaar doorgedrongen tot de finale. De eindopdracht aan de finalisten luidde: schrijf een nieuw hoofdstuk in de geschiedenis van het hotel.

Drie weken later blijkt dat de opzet is geslaagd. De prijs voor het hotel met het beste managementteam, waarvoor nog twee andere Nederlandse hospitalitybedrijven in de race waren, wordt op 22 juni 2017 uitgereikt aan het managementteam van Kruisherenhotel Maastricht.

BRAND BIJ CHÂTEAU NEERCANNE

Het familiebedrijf lijkt louter te zijn gebouwd op hoogtepunten en successen, ook al worden die soms pas bereikt door jarenlange volharding en vasthoudendheid. Maar natuurlijk kent het bedrijf ook kleine en grote tegenslagen: corona en de watersnoodramp zijn al genoemd. Maar nog een ingrijpende tegenslag blijft op het netvlies van de Oostwegels gebrand staan…

Op 19 juli 2017, als Camille sr. en Judith voor het eerst sinds lange tijd op een korte vakantie in Normandië en Bretagne zijn, breekt rond half negen 's avonds brand uit in het Belgische deel van de mergelgrotten bij Château Neercanne. De brand wordt ontdekt door voormalig directeur van Neercanne Peter Harkema, die samen met zijn vrouw Ans in het naastgelegen poortgebouw van het kasteel woont. Omstreeks kwart voor negen ziet hij dat er op verschillende plaatsen rook uit de berg komt. De rookontwikkeling wordt almaar erger. In de grotten valt al snel geen hand voor ogen meer te zien. Betreden van de immense ruimte is geen optie, vanwege instortingsgevaar en de aanwezigheid van koolmonoxide. Op sommige plekken zijn al brokken mergel naar beneden gekomen.

Het Belgische deel van het grottenstelsel onder de Muizenberg – het zuidelijke deel van de Cannerberg - maakt deel uit van het bedrijf van een aardappelteler uit Kanne. De boer heeft er – met medeweten van de gemeente Riemst - zijn koeien en landbouwvoertuigen in ondergebracht. De gangen doen verder dienst als opslagplaats voor aardappelen, stro en hooi. De oorzaak van de brand is snel duidelijk: brandstichting. Volgens de boer kan het bijna niet anders dan dat de onbekenden die hij eerder op de avond met hun auto bij de ingang heeft gezien, hooibalen in brand hebben gestoken.

Terwijl Camille sr. en Judith de kathedraal van Mont St. Michel bezoeken, krijgen ze het telefoontje met het rampzalige nieuws. Ze besluiten meteen hun vakantie af te breken en terug te keren naar Maastricht.

Brand bij Neercanne.

Pogingen van de brandweer om de zaak onder controle te krijgen mislukken. Er zit niets anders op dan de brand gecontroleerd te laten uitdoven. Maar Camille sr. vindt dit een slecht plan. Terug in Maastricht treedt hij in overleg met het crisisteam en uiteindelijk zullen brandweermannen uit Rotterdam, die veel ervaring hebben met scheepsbranden, de brand blussen.

De brand is nationaal nieuws, bewoners worden geëvacueerd en het Jekerdal hangt dagen vol verstikkende rook. Het dagblad *Trouw* besluit een groot verhaal met de conclusie: als de verantwoordelijke overheden hun controlerende taken beter hadden uitgevoerd, had deze rampzalige brand niet kunnen plaatsvinden…

De voorlopige balans wordt opgemaakt: naar het zich laat aanzien loopt de schade in de tonnen. De bijgebouwen, met daarin onder meer een keuken, de wijnkelder en de feestgrot, kunnen volgens experts van de brandweer zeker tweeënhalve maand niet worden gebruikt. Een vervelend vooruitzicht dat al direct een beroep doet op het aanpassingsvermogen van het hele team. Voor de volgende dag staan twee bruiloften gepland. Met het nodige kunst- en vliegwerk – er worden in allerijl twee paviljoens neergezet - kunnen deze toch doorgaan. Voor de bereiding van het eten wordt tijdelijk uitgeweken naar de keuken van Château St. Gerlach. De gerechten worden vervolgens in koelwagens afgeleverd bij Château Neercanne.

De ongeveer 70 gasten die hadden gereserveerd voor het restaurant krijgen een minder goed bericht. Het etentje waarop ze zich zo hadden verheugd, kan helaas niet doorgaan.

Hoewel schade-experts er hun handen aan vol hebben om de financiële gevolgen in kaart te brengen – alle schade wordt uiteindelijk door verzekeraar Donatus gedekt – kan in elk geval over één ding opgelucht adem worden gehaald: het omlijste stukje mergelwand waarop alle regeringsleiders en staatshoofden van de toenmalige Europese Gemeenschap in december 1991 tijdens de onderhandelingen over de toekomst van Europa hun handtekening plaatsten, is onbeschadigd gebleven. Datzelfde geldt voor de talrijke handtekeningen van andere historische figuren die in de loop van de geschiedenis te gast waren op Château Neercanne.

'Het geboortekaartje van de euro' mag dan op wonderbaarlijke wijze zijn ontsnapt aan de rokende sluipmoordenaar, dat geldt niet voor de duizenden flessen wijn die in de eeuwenoude mergelgrotten liggen opgeslagen. Al snel wordt duidelijk dat die als verloren moeten worden beschouwd. Een team van deskundigen en verzekeraars komt tot de conclusie dat de kans aanzienlijk is dat zich roetdeeltjes onder de capsules zullen nestelen, om uiteindelijk via de kurk door te dringen tot de wijn. Omdat de directie niet het risico wil lopen dat de duizenden afgeschreven flessen via een omweg alsnog op de markt belanden, wordt de hele voorraad vernietigd.

Geluk bij een ongeluk is dat de echte wijnschatten – de grands

Heropening grotten na herstel brand, oktober 2017.

crus en andere echt kostbare wijnen – buiten schot gebleven zijn. Deze voorraad lag opgeslagen in de kleine wijnkelder onder het château en is dus aan het rook- en roetgeweld ontsnapt.

Na een grondige reinigings- en opknapbeurt worden de grotten op 1 oktober 2017 weer in gebruik genomen. Restaurant Château Neercanne en l'Auberge hebben geen enkele merkbare schade opgelopen en zijn maar kort gesloten geweest in verband met de rooklucht.

Peter Harkema laat zich bij de heropening van de grotten monter ontvallen dat de vele steunbetuigingen vanuit het hele land - van collega's, maar ook via de social media - hem en zijn team hebben gesterkt in hun wil om het onmogelijke voor elkaar te krijgen. De tijdelijke tegenslag heeft het optimisme over een mooie toekomst voor het huis alleen maar verder aangewakkerd.

VERLIES VAN DE STER

In 2018 krijgt Château Neercanne opnieuw een fikse domper te verwerken. Na afloop van de officiële presentatie van de *Michelingids 2019* in het DeLaMar-theater in Amsterdam, moet Camille zelf ontdekken, in de gids die klaarligt bij de uitgang, dat bij de vermelding van Château Neercanne het zo vertrouwde sterretje ontbreekt.

'We waren onze Michelinster na 33 jaar kwijt. Het was een werkelijk bizarre gewaarwording; je kunt het gewoon niet geloven. De terugreis naar Maastricht met de trein was een emotievolle, waarbij de telefoon roodgloeiend stond.'

Het verliezen van de ster komt in heel Limburg aan als een mokerslag.

'Dat dit nu is gebeurd, is keihard,' stelt de toenmalige chef de

cuisine vast. Hij steekt niet onder stoelen of banken dat er tranen hebben gevloeid.

Ook toenmalig directeur Peter Harkema is ontsteld. Ondanks de brand en de nasleep daarvan is zijn team vol goede moed blijven doordraaien. Het verlies van de ster bevreemdt hem des te meer omdat hij op de avond van de brand voor alle zekerheid een mailtje naar het hoofdkantoor van Michelin heeft gestuurd. Zijn mededeling luidde dat hij tijdelijk moest terugvallen op één vast menu en dat er ook op andere terreinen diende te worden geïmproviseerd. Hij ontving een antwoord met de geruststellende boodschap dat daar natuurlijk alle begrip voor was.

De wegen van Michelin zijn ondoorgrondelijk, zo luidt een bekend cliché in de culinaire wereld. Toch kan het bijna niet anders dan dat de brand en de nasleep daarvan indirect een grote rol gespeeld heeft bij het ingrijpende besluit om Château Neercanne zijn ster te ontnemen.

Camille gaat samen met Peter Harkema en Hans Snijders naar het hoofdkantoor van Michelin in Brussel om de zaak te bespreken.

'Wat er precies gezegd is, is vertrouwelijk,' zegt Camille. 'Maar heel in het kort kwam het erop neer dat de inspecteurs van mening waren dat de kwaliteit van de keuken in de maanden voorafgaand aan het innemen van de ster te wisselend was. Ervan uitgaande dat die conclusie juist is, valt die wisselende kwaliteit alleen te verklaren door de druk en de bijzondere omstandigheden waaronder het hele team in de maanden na de brand heeft moeten werken.'

Het onverwachte verlies van de onderscheiding trekt des te meer de aandacht omdat Camille, Hans en Peter bij de presentatie van de *Michelingids 2016* in hetzelfde DeLaMar-theater nog voor een speciale huldiging op het podium werden uitgenodigd. De aanleiding was dat Château Neercanne het enige Nederlandse restaurant was dat ruim 60 jaar onafgebroken een vermelding in de *Michelingids* had, waarvan 57 jaar met ster.
'Je weet dus dat ze je in Brussel goed in de gaten houden. Maar we hebben geen enkel signaal gekregen dat het ook wel eens de verkeerde kant zou kunnen opgaan,' zegt Camille.
Dat de chefswisseling in november 2017 van serieuze invloed is geweest op de beslissing van Michelin om het iconische restaurant zijn ster te ontnemen, kan hij zich eigenlijk nauwelijks voorstellen. 'Hans Snijders mag op dat moment dan executive chef geweest zijn, hij was nog altijd zeer nauw betrokken bij alles wat er gebeurde in de keuken...'

NIEUW ELAN

Het 17e-eeuwse kasteel pal op de grens tussen Nederland en België zal nog een tijdlang het culinaire nieuws beheersen. In 2019 nemen kort na elkaar twee oudgedienden afscheid van Château Neercanne. Directeur-gastheer Peter Harkema wordt op de dag van zijn vertrek in september 65 jaar en heeft er dan ruim 35 jaar bij Neercanne opzitten. Een geweldig moment om plaats te maken voor een talentvolle opvolger, vindt hij. Die wordt betrekkelijk snel gevonden. Pierre Haenen, een energieke, gedreven twintiger is enkele jaren eerder als uitzendkracht begonnen en heeft via de zogeheten 'Talent Factory' zijn weg naar boven gevonden. Talentontwikkeling vormt bij Oostwegel Collection een belangrijk onderdeel van de bedrijfsvoering. In de Talent Factory krijgen jonge medewerkers de kans om door middel van opleidingen en cursussen door te groeien naar een hogere positie. Het bedrijf draagt op die manier bij aan de persoonlijke ontwikkeling van zijn mensen en het is een beproefde methode om mensen gemotiveerd te houden.

Haenen is de voormalig bistrotmanager van Château St. Gerlach en blijkt niet alleen over uitzonderlijke leidinggevende kwaliteiten te beschikken. Hij heeft ook de gave om gasten op een eigentijdse manier op hun gemak te stellen. Pierre heeft eigen ideeën om Château Neercanne nieuw elan te geven. Die zijn welkom want het is niet de eenvoudigste opdracht die Haenen bij zijn aanstelling meekrijgt. Camille is er stellig in: 'Château Neercanne moet zo snel mogelijk zijn ster terugkrijgen. En misschien zit er meer in,' oppert hij. 'Als je die ambitie hebt, moet je dat gewoon kunnen zeggen.'

De andere grote representant van de oude garde, Hans Snijders, vertrekt per 1 januari, eveneens op 65-jarige leeftijd. Na bijna 40 jaar lang zijn culinaire stempel op het iconische restaurant te hebben gedrukt, vindt ook hij het welletjes. Snijders' afscheid van Château Neercanne zat al een tijdje in de pijplijn. De laatste jaren hield hij als executive chef toezicht op alle keukens. Zijn opvolger Gilbert von Berg kreeg van hem alle ruimte zijn eigen stempel op het restaurant te drukken.

Het neemt niet weg dat Camille met Hans een legendarische chef ziet vertrekken, die een groot deel van de Nederlandse culinaire top opleidde. Hij was een lichtend voorbeeld voor onder anderen Jef Schuur, René Brienen, Alex Clevers en Richard Ekkebus.

Château Neercanne heeft met name aan Snijders zijn reputatie te danken als leerbedrijf waar jonge koks zichzelf kunnen blijven ontwikkelen. Het gebeurt dat mensen vertrekken om hun droom waar te maken en voor zichzelf te beginnen.

'Soms is dat heel jammer,' vindt Camille sr. 'Maar het is in zekere

Peter Harkema overhandigt de sleutel van het château aan Pierre Haenen (september 2019).

zin ook begrijpelijk. Zelf heb ik die keuze 42 jaar geleden ook gemaakt. Sommige talenten vinden hun weg buiten het bedrijf. Je zou kunnen zeggen dat wij in dat opzicht het verlengstuk zijn van de hotelopleidingen. Ergens mag men dat ook van ons verwachten.'

Het vertrouwen dat Château Neercanne in staat is om als een spreekwoordelijke feniks uit de as te herrijzen, wordt alleen maar groter als Camille er in het voorjaar van 2021 in slaagt een chef van grote klasse aan te trekken: Robert Levels. Levels leerde het vak bij culinaire grootmeesters als Emmanuel Mertens en Toine Hermsen. Daarna was hij tien jaar lang de rechterhand van Hans van Wolde.

Dat het jonge team van Château Neercanne in staat is tot iets groots, blijkt al snel uit de enthousiaste reacties in de pers.

TOEKOMST

Camille sr. bewaart mooie herinneringen aan zijn grootouders. De verhalen uit zijn vroegste jeugd hebben hem grotendeels gevormd. Hij koestert de vurige hoop dat ook zijn eigen kleinkinderen over een aantal jaren kunnen terugkijken op een schitterende jeugd. Hoe de wereld eruitziet als de derde generatie Oostwegel over pakweg 30 jaar terugdenkt aan de avonturen die ze in het Maastrichtse huis van bompa Camille en bomma Judith beleefden? Niemand die het weet.

Toch is kijken in de toekomst voor Camille een belangrijk deel van de bedrijfsvoering. 'Als familiebedrijf draag je niet alleen de verantwoordelijkheid voor de cijfers en de medewerkers, je hebt ook een verplichting aan de generaties die na ons komen. Als we de wereld een stukje mooier willen maken voor onze kinderen en kleinkinderen, dan moeten we niet wachten, maar nu in actie komen.'

Camille neemt daarom ook geen enkel besluit zonder dat uitvoerig is gekeken naar de gevolgen voor het milieu. Duurzaamheid is binnen de organisatie in de loop der jaren steeds meer een sleutelbegrip geworden.

'We zijn bijvoorbeeld gestopt met de kleine plastic flesjes shampoo op de kamers,' zegt Camille. 'In plaats daarvan maken we gebruik van grote navulflessen die aan de douchewand hangen. Per jaar scheelt dat al gauw zo'n 100.000 plastic flesjes. Oostwegel Collection heeft wat betreft milieubewustzijn een voorbeeldfunctie. Zo hebben wij in 2016 de ambitie uitgesproken om in 2026 ons energieverbruik flink te hebben teruggeschroefd.'

Als bestuurslid en Founding Partner van de Maas Cleanup zet Camille zich ook in voor het plasticvrij maken van de rivier de Maas.

Naast duurzaamheid is het van belang om als familiebedrijf relevant te blijven in een wereld waar alles voortdurend en in een hoog tempo verandert.

'Je moet blijven investeren in verjonging en vernieuwing. Elk bezoek aan een van onze restaurants of een overnachting in een van onze hotels, moet zorgen voor een onuitwisbare indruk, waar vele jaren later nog over wordt gesproken. Elke gast die we verwelkomen, moet zich op z'n gemak voelen. Onze medewerkers spelen daar tot in de kleinste details op in. Bovendien zorgen we ervoor dat we onze gasten kennen en we hen van dienst kunnen zijn zonder dat ze, bij wijze van spreken, ergens om hoeven vragen.'

Samen met de andere directieleden ziet Camille erop toe dat alle medewerkers het warme familiegevoel waar Oostwegel Collection voor staat, actief uitdragen.

'Het grappige is dat we er eigenlijk niet veel over hoeven te zeggen, maar dat het deels vanzelf gaat. Onze veelal jonge medewerkers weten heel goed hoe je gasten het gevoel kunt geven dat ze van harte welkom zijn. Daar worden ze – aan de hand van onze kernwaarden – ook op geselecteerd.'

De toekomstplannen die er liggen liegen er niet om. Hoewel de vier huizen tijdens de coronacrisis overduidelijk naar elkaar zijn toegegroeid, zullen ze nadrukkelijker in de markt worden gezet als vier afzonderlijke merken.

Château Neercanne moet absoluut terug naar het hoogste culinaire niveau.

'De hele omgeving van het kasteel leent zich ervoor om verwachtingen te overtreffen,' is de visie van Camille. 'Het is een unieke combinatie van allerlei facetten: historische grandeur, een prachtig on-Nederlands uitzicht en een bediening, die precies kan inschatten waar de gast behoefte aan heeft. Mensen gaan niet naar Château Neercanne om te eten, want eten kun je overal. Je gaat voor de gastronomische belevenis. We willen onze gasten laten kennismaken met het verhaal achter de gerechten. Dat je niet één soort tomaat hebt, maar wel 25, en ook nog eens in eigen tuin. En dat actief benadrukken met een kort bezoekje aan de groenten- en kruidentuin. Onze sommeliers worden zo opgeleid dat ze in staat zijn om het verhaal achter de Limburgse wijnen en de passie van de makers goed over te brengen naar de gast. Bestelt die na afloop van de maaltijd een cognac of een armagnac bij de koffie? Wat is er dan leuker dan de gast ervan te overtuigen dat ook in Limburg tegenwoordig hele mooie digestieven worden gemaakt. Elk bezoek aan Château Neercanne moet een onvergetelijke ervaring worden.'

Op Château St. Gerlach worden al jarenlang verschillende doelgroepen bediend. Zakelijke gasten uit binnen- en buitenland, maar ook mensen die graag een weekje of een weekendje naar Zuid-Limburg komen.

'We horen in toenemende mate dat mensen uit de Randstad zich bijvoorbeeld verbazen over het feit dat het hier zo mooi is. Als we mensen dan ook nog eens laten zien dat we hier alle aandacht voor ze hebben, dan bereiken we precies wat we willen, simpelweg omdat we elke verwachting overtreffen.

De restaurantformule van St. Gerlach mag dan vrij ingrijpend zijn gewijzigd, dat neemt niet weg dat een keuken van niveau het uitgangspunt blijft,' zegt Camille beslist.

'Opnieuw een Michelinster? Misschien. Al denk ik dat een groene Michelinster nog beter past bij hetgeen we op Château St. Gerlach precies voor ogen hebben. Net als op Château Neercanne nemen we de gast hier mee in het gastronomische verhaal, wat we koppelen aan de natuur, cultuur, aan wijnbouw. Het landgoed is immers grotendeels zelfvoorzienend, met eigen moestuinen, fruitbomen en kruidentuinen.'

Aan uitbreiding met nieuwe locaties denkt Camille nog niet.

'Al sluit ik het ook niet uit. Het zou natuurlijk best kunnen dat zich na verloop van tijd een unieke kans voordoet die helemaal past bij hetgeen ons voor ogen staat, maar voorlopig richten we al onze aandacht op de verdere ontwikkeling van wat er nu staat.'

Winselerhof voorziet in een andere culinaire behoefte dan Château Neercanne en Château St. Gerlach, stelt Camille.

'Dit huis is misschien wat minder bekend dan de andere drie. Het is er wellicht ook een stuk laagdrempeliger. Jong en oud gaat er met de hele familie naartoe om te genieten van de mediterrane sfeer en de smaak van Italië. Precies datgene waar je naar verlangt als je in Toscane op vakantie gaat. Italiaans. We zouden het mooi vinden een *Michelin Bib Gourmand* voor Restaurant Pirandello te krijgen als waardering voor het concept.'

Grote en ambitieuze plannen zijn er in elk geval met het Kruisherenhotel Maastricht dat binnen enkele jaren via een glazen loopbrug wordt verbonden met het De Stuers-gebouw aan de overkant van de Kruisherengang. Althans, dat is de droom nu. Het gebouw wordt alweer sinds geruime tijd gebruikt door het Maastricht Institute of Arts.

Het gaat om een megaproject met een totale investering van 20 miljoen euro of meer. Als Camille op het hoofdkantoor in Houthem de dikke stapel kleurrijke schetsen erbij pakt, ook dit keer weer van de hand van architect Francine Houben, twinkelen zijn ogen. Die eerste schetsen voor de uitbreiding van het voormalige Kruisherenklooster dateren al van 2012, maar inmiddels is het voorgenomen project in verdere details uitgewerkt.

'In de zomer van 2021 is het plan formeel in gang gezet. Sindsdien worden onder het motto 'Onze buurt, op bezoek bij de buren' ook de omwonenden er intensief bij betrokken. Camille glimlacht bij de herinnering. 'Ik ontken niet dat ik het tijdens de bewonersavond allemaal best een beetje spannend vond, want je weet nooit hoe de buren reageren. Gelukkig was het een zeer positieve bijeenkomst. Maar een beter bedrijf en een betere omgeving gaan wat ons betreft hand in hand. Hier ligt een unieke kans om een nieuw stuk Maastricht te creëren.'

Het belangrijkste doel van het spraakmakende project - er wordt zelfs gekeken of het mogelijk is er een restaurant van topniveau te vestigen - is het Kruisherenhotel Maastricht en het Maastricht Institute of Arts nadrukkelijker betrekken bij de omgeving, zodat als het ware een nieuw, aantrekkelijker stuk Maastricht ontstaat. 'De plannen zullen op den duur leiden tot een verdere ontwikkeling van het huidige concept,' verwoordt Camille zijn visie. 'De hotelfunctie blijft behouden, maar het hele idee wordt anders ingevuld, logisch want je hebt plotseling meer gebouwen ter beschikking. Alles wat er straks staat, heeft de luxe en uitstraling van een vijfsterrenhotel, binnen een omgeving die volledig is toegesneden op een tijd die nog voor ons ligt, maar waarvan we nu al de eerste contouren kunnen zien. Het Kruisherenhotel moet met de uitbreiding van 'De Stuers' een nog hoogwaardiger product worden dan het huidige hotel al is. De gast van de toekomst heeft een andere verwachting als het gaat om een hotel. Hij wil kunnen verblijven in een levendige omgeving die onlosmakelijk onderdeel uitmaakt van de stad. Voor ons betekent dat onder andere dat wij de kunstacademie en de buurt bij onze plannen gaan betrekken.'

Daarmee wordt eenzelfde route gevolgd als na de verwerving van het Kruisherenklooster en de transformatie van dit gebouw naar luxe hotel.

'Een vrij onbekende buurt veranderde in iets moois. Mensen waren trots dat niet alleen het klooster werd verbouwd, maar ook de omgeving eromheen veel meer aanzien kreeg.'

Als het Camille lukt om de locatie van het Kruisherenhotel uit te breiden met de plannen die er liggen, dan bewijst het familiebedrijf opnieuw zijn waarde.

'Niet alleen voor de buurt, maar ook voor onze gasten. Kunst- en cultuurbeleving hebben binnen het bedrijf altijd een belangrijke rol gespeeld. Iets dergelijks zou je je op deze plek ook heel goed kunnen voorstellen. De luxe van een vijfsterrenhotel in combinatie met grootstedelijke dynamiek. Een plek waar gasten tijdens hun verblijf waardevolle ervaringen kunnen opdoen, maar toch alle privacy hebben. Het hotel is in dit concept slechts een onderdeel van het geheel. Mensen komen niet alleen meer hier naartoe om te slapen, maar ook om te werken of samen met anderen nieuwe ideeën op te doen. Het is dynamisch, het leeft, het bruist. Het geeft nieuw elan aan de stad.'

DE CIRKEL IS ROND

Als eerste niet-Fransman in 1972 beginnen bij Novotel, om acht jaar later met betrekkelijk weinig middelen te beginnen als zelfstandig ondernemer en uiteindelijk na ruim 40 jaar de carrière te beëindigen met de hoogste Franse onderscheiding. Terwijl je bovendien in de wetenschap verkeert dat de volgende generatie je uitzonderlijke levenswerk op een gedegen en verstandige wijze voortzet.

'De cirkel is in feite rond,' zegt Camille sr.

Samen met Judith staat hij op vrijdag 2 juli 2021 in de ontvangstruimte van het St. Gerlach Paviljoen te wachten op de Franse ambassadeur Luis Vassy. De jonge diplomaat komt hem namens president Emmanuel Macron de versierselen en het diploma uitreiken die behoren bij zijn benoeming tot Chevalier dans

l'Ordre national de la Légion d'Honneur (Ridder in de Nationale Orde van het Legioen van Eer).

Vassy houdt een prachtige toespraak waarin hij zowel uitgebreid stilstaat bij de 'eminente verdiensten' van Camille sr. in de 18 jaar dat hij als honorair consul actief is geweest voor Frankrijk, maar ook bij de inspanningen die hij via zijn diverse functies heeft gedaan om de banden tussen Frankrijk en Nederland te versterken. 'Belangrijke verdiensten' waarvoor Camille sr. op 26 september 2011 al werd benoemd tot Officier dans l'Ordre National du Mérite (Officier in de Nationale Orde van Verdienste), de tweede Franse nationale orde na La Légion d'Honneur.

Frankrijk bedankt Camille Oostwegel sr. met de hoogst denkbare eer. Maar de nieuwe Franse ridder draait aan het einde van zijn toespraak als een goed en bescheiden gastheer de rollen om. 'Bedankt Frankrijk, heel erg bedankt voor alles wat je me hebt geleerd.'

ALLES IS BEVOCHTEN

Na een leven lang in Houthem te hebben gewoond – met een onderbreking van enkele jaren vanwege werk in onder andere Frankrijk – zijn Camille sr. en Judith begin 2019 naar Maastricht verhuisd. Villa Casa Blanca – het monumentale witte familiehuis waar vier generaties woonden, is verkocht. Het woongedeelte dat vrijkwam na de verhuizing zou deel gaan uitmaken van Villas & Residences, een nieuw concept dat Camille bedacht om bijzondere en monumentale huizen als vakantievilla's toe te voegen aan Oostwegel Collection. Maar de gemeente Valkenburg wilde hiertoe geen vergunning verlenen. In het rechtergedeelte van de villa is nog wel het hoofdkantoor gevestigd, maar dit deel van de villa staat ook te koop.

Maastricht was voor Camille sr. een logische keuze.

'Alle drie de kinderen wonen er. We hebben er bewust voor gekozen daarnaartoe te verhuizen, om ook dicht bij de kleinkinderen te kunnen zijn. Het is bovendien een heel stuk praktischer. We hebben een prachtig verbouwd herenhuis aan de oever van de Maas kunnen betrekken, van waaruit we alles te voet – en met de kinderwagen - kunnen doen. Ons nieuwe huis biedt voldoende ruimte voor al mijn verzamelingen, boeken en objecten.' Spencer, de in 2019 geboren zoon van Camille en Meredith, heeft in het nieuwe huis alle ruimte om rond te rijden met zijn loopautootje, dat steevast geparkeerd staat in de grote gang van het nieuwe huis.

'De derde generatie van ons familiebedrijf kan op die manier al voorzichtig beginnen met het verkennen van de wereld,' lacht Camille sr.

VOORJAAR 2021

Vanuit de houten uitkijkpost midden in de wijngaarden kijkt Camille sr. uit over de omgeving. De plek, verscholen tussen de wijnstokken, ligt op zowat gelijke afstand van het landgoed van Château St. Gerlach als van zijn ouderlijk huis.

Camille sr., die zijn strakke pak heeft ingeruild voor een vlot jasje en een hippe katoenen broek, heeft net een interview achter de rug.

'Anders was ik misschien wel gehuld geweest in een overall,' lacht hij. 'Zeker één dag per week ben ik hier aan het werk als tuinman. Er is op het landgoed genoeg werk te verrichten.'

Sinds hij zijn taken als eigenaar en algemeen directeur officieel heeft overgedragen aan zijn zoon, heeft hij zich nog geen moment verveeld, zegt hij. Of het hem moeite heeft gekost? Camille sr. lacht.

'Kijk eens om je heen,' zegt hij. 'Daar ligt het antwoord. Dit is een stukje Frankrijk of Toscane, maar dan in eigen land. En met drie kleinkinderen heb ik meer dan genoeg omhanden,' verzekert hij.

Zeker in combinatie met de diverse onbezoldigde bestuurs- en adviseursfuncties op cultureel gebied die hij bekleedt.

'Ik word gevraagd voor heel mooie dingen. De kunst is eerder om ervoor te zorgen dat ik niet te veel hooi op mijn vork neem.'

Alles is bevochten, voor Camille sr. althans, die op 1 september 2021 nog een onderscheiding aan zijn palmares toevoegt als hij uit handen van burgemeester Penn-Te Strake het ereteken van de gemeente Maastricht ontvangt, het Teken van Verdienste.

Uitreiking Teken van Verdienste door burgemeester Annemarie Penn-te Strake.

Uitzicht op de wijngaard.

Tekening van de uitbreiding van
het Kruisherenhotel Maastricht.

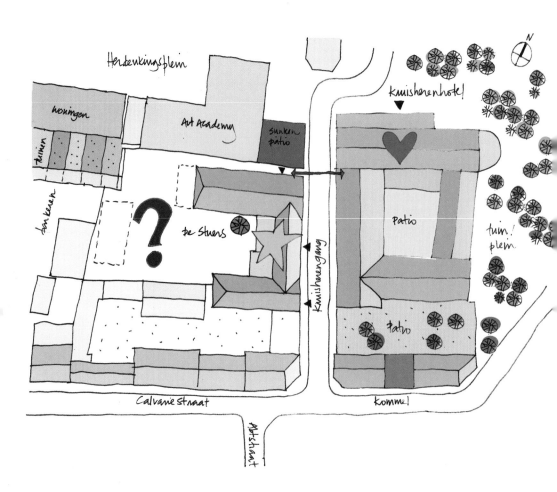